Sandra Kostner, Tanya Lieske (Hg.)

Pandemiepolitik. Freiheit unterm Rad?
Eine interdisziplinäre Essaysammlung

Klartext. Schriften zu Politik und Gesellschaft

herausgegeben von Sandra Kostner

Die Reihe *Klartext* dient der kritischen Analyse von politischen und gesellschaftlichen Entwicklungen. Sie legt einen besonderen Schwerpunkt auf die Ursachen und Folgen ideologiegetriebener Entwicklungen, die auf eine *Transformation* der Gesellschaft hinauslaufen sollen.

Die Reihe zielt darauf ab, durch fundierte Analysen die Gründe für gesellschaftliche Bruchlinien und Verwerfungen herauszuarbeiten. Sie will damit auch einen Beitrag zur Perspektivenvielfalt und zur Meinungsbildung der Leserinnen und Leser leisten. So sollen kritische Stimmen ermutigt werden, sich mit Ideologien auseinanderzusetzen. Dazu braucht es klare Analysen und von Fakten getragene Argumente, wie sie in der Reihe *Klartext* dargelegt werden.

Die Reihe richtet sich an die interessierte Öffentlichkeit, insbesondere an Verantwortliche in Politik, Institutionen und Medien sowie an Wissenschaftlerinnen und Wissenschaftler.

Sandra Kostner, Tanya Lieske (Hg.)

PANDEMIEPOLITIK. FREIHEIT UNTERM RAD?

Eine interdisziplinäre Essaysammlung

Bibliografische Information der Deutschen Nationalbibliothek
Die Deutsche Nationalbibliothek verzeichnet diese Publikation in der Deutschen Nationalbibliografie; detaillierte bibliografische Daten sind im Internet über http://dnb.d-nb.de abrufbar.

Bibliographic information published by the Deutsche Nationalbibliothek
Die Deutsche Nationalbibliothek lists this publication in the Deutsche Nationalbibliografie; detailed bibliographic data are available in the Internet at http://dnb.d-nb.de.

ISBN-13: 978-3-8382-1754-3
© *ibidem*-Verlag, Stuttgart 2022
Alle Rechte vorbehalten

Das Werk einschließlich aller seiner Teile ist urheberrechtlich geschützt. Jede Verwertung außerhalb der engen Grenzen des Urheberrechtsgesetzes ist ohne Zustimmung des Verlages unzulässig und strafbar. Dies gilt insbesondere für Vervielfältigungen, Übersetzungen, Mikroverfilmungen und elektronische Speicherformen sowie die Einspeicherung und Verarbeitung in elektronischen Systemen.

All rights reserved. No part of this publication may be reproduced, stored in or introduced into a retrieval system, or transmitted, in any form, or by any means (electronical, mechanical, photocopying, recording or otherwise) without the prior written permission of the publisher. Any person who does any unauthorized act in relation to this publication may be liable to criminal prosecution and civil claims for damages.

Printed in the EU

Inhaltsverzeichnis

Vorwort

Tanya Lieske
Von Freiheit und Versöhnung 9

Pandemiepolitik und Wissenschaft

Michael Esfeld
Freiheit und Wissenschaft 15

Boris Kotchoubey
Von „Wissenschaft und Religion" und „Wissenschaft
gegen Religion" zu „Wissenschaft als Religion" 21

Salvatore Lavecchia
Wissenschaft als Hebammenkunst.
Bilder der Freiheit 35

Sokrates
Der Hebammendialog 41

Markus Riedenauer
Vom Mythos der wissensbasierten Gesellschaft 45

Pandemiepolitik und Demokratie

Gerd Morgenthaler
Wissenschaft zwischen Freiheit und Politik 53

Robert Obermaier
Entscheidungen unter Ungewissheit:
Worst-Case-Denken und die Folgen 63

Matthias Fechner
Verschobene Debatten.
Zu den Diskursen der Coronajahre 79

Agnes Imhof
Solidarität und Menschenwürde.
Autoritarismus entlarvt sich durch sein Menschenbild 99

Christian Lehmann
Erst Flöte spielen, dann das Rad erfinden 107

Ole Döring
Wie kommen wir vor die Welle?
Zur Urteils- und Handlungsfähigkeit von Demokratie
unter Bedingungen einer infodemischen Symptomatik 117

Pandemiepolitik und Gesellschaft

Sandra Kostner
Droht ein gesellschaftliches Long Covid? 127

Henning Nörenberg
Die Spaltung der Gesellschaft in Zeiten von COVID-19.
Worin sie besteht und wo Ansätze zu ihrer
Überwindung liegen 143

Klaus Buchenau
Raskol – Spaltung auf Russisch.
Corona im Spiegel eines historischen Beispiels 155

Jan Dochhorn
Der Streit um die Coronamaßnahmen
als Gelegenheit zu Demokratieerfahrungen
und Neuentdeckungen am christlichen Glauben 171

Axel Bernd Kunze
Was die Coronakrise mit Bürgerlichkeit
und Bildung zu tun hat 181

Rainer Baule
Monofokalität.
Warum Gesellschaften weiter denken müssen 193

Autorinnen und Autoren 201

Those who would give up essential Liberty,
to purchase a little temporary Safety,
deserve neither Liberty nor Safety.

Benjamin Franklin (1706–1790),
Schreiben vom 11.11.1755
an Governor Robert Hunter Morris

Von Freiheit und Versöhnung

Tanya Lieske

> No Man is an Island[1]
> John Donne

Freiheit ist ein großes Wort, selbst dann noch, wenn es sich wie im vorliegenden Fall im Untertitel eines Essaybandes aufhält und zudem noch mit einem Fragezeichen versehen ist. Der bürgerliche Freiheitsbegriff hat die Bühne des europäischen Denkens bekanntlich mit der Französischen Revolution betreten, wobei das Spannungsverhältnis, in dem dieses Ideal steht, gleich mitvermittelt wurde. Denn Freiheit steht hier in Nachbarschaft zu Gleichheit und Brüderlichkeit – der Solidarität – und kann mit diesen beiden Zielen in bestimmten Situationen in Wettstreit treten. Dies ließ sich in unseren Pandemiezeiten gut beobachten, in den Debatten, welche die verschiedenen Maßnahmen zur Bewältigung der Pandemie begleitet haben. Diese Debatten haben gerade aufgrund verschiedener Ideen von Freiheit einen Zustand der Zerrissenheit in unsere Gesellschaft getragen, der weiter und tiefer geht als die Differenzen, die im Streit um Partikularinteressen üblicherweise entstehen.

So sahen in bestimmten Phasen des Pandemieverlaufs Menschen ihren Bewegungsraum (Freiheit) durch Menschen ohne Impfnachweis beeinträchtigt. Letztere wiederum betonten ihr Recht auf körperliche Selbstbestimmung und die eigene Entscheidungsfindung (Freiheit), sie verwiesen dabei nicht selten auf das Grundgesetz. Brüderlichkeit (Solidarität) können beide für sich beanspruchen, sogar den Anspruch auf Rücksichtnahme auf ihre jeweiligen Interessen (Gleichheit).

Wenn man von der Prämisse ausgeht, dass Freiheit ein Konsensideal unserer westlichen demokratischen Gesellschaft ist, dann erstaunt es doch zu beobachten, welche Turbulenzen dieser Begriff verursachen kann. Eine mögliche Erklärung hierfür ist, dass nicht nur die Nachbarideale der Freiheit, sondern verschiedene Aspekte und Traditionen der Freiheit selbst während des Pandemiegeschehens aufgerufen und in Stellung gebracht wurden. Dazu gehören die *Freiheit zu* und die *Freiheit von* nach Heidegger sowie der Kant'sche Freiheitsbegriff, der sich mit Vernunft und Pflicht verbindet; und Hannah Arendts Freiheitsverständnis wurde, interessanterweise, von Gegnern wie Befürwortern der oben beschriebenen Maßnahmen zitiert.[2] Die Aufzählung ließe sich fortsetzen.

Über all dem schwebt unser Bewusstsein von Freiheit als essentieller Dimension der *Conditio humana* – so weit bekannt, sind wir die einzigen Lebewesen, die sich beim Denken beobachten können. Den kürzesten belegten Beweis hierfür hat René Descartes geliefert. Nur unwesentlich länger ist der Freiheitsbeweis in Michael Esfelds Essay, der sich hier nachlesen lässt.

Wenn man all dies bedenkt, war mein Call for papers, der diesem Band zugrunde liegt, nicht nur ein Akt der Spontaneität, sondern nachgerade publizistischer Wagemut, da ich nie eine genaue Definition von Freiheit vorgegeben hatte: „Schreiben Sie Ihre Sicht auf die Pandemie auf. Beherzigen Sie die Aspekte der Freiheit und der Versöhnung. Tun Sie dies in etwa fünf Seiten, gut nachzuvollziehen für ein breites Publikum. Arbeiten Sie mit Anmerkungen."

Diese Sätze wurden von mir erstmals über einer Tasse Tee im Januar 2022 ausgesprochen, mündlich weitergetragen durch den Philosophen Harald Schwaetzer. Obwohl ich mich an mir gänzlich unbekannte Personen gewendet hatte,[3] wurde mein Aufruf beantwortet – mit den 15 (zum Glück sehr klugen!) hier erstveröffentlichten Essays; ein weiterer Text ist bereits andernorts erschienen.[4] Der Auszug aus Platons Dialog *Theaitetos* schließlich ruft uns die sokratische Mäeutik in Erinnerung. Das Resultat ist eine Publikation, die hoffentlich nicht nur mir den Gedanken nahelegt, dass es sinnvoll ist, künftig mehr als eine Disziplin zu befragen, will man ein komplexes soziales Geschehen betrachten. Tatsächlich wurde die Corona-Epidemie ja vor allem medizinisch bewertet, aus dem Blickwinkel der befragten Virologen und Modellierer, mit inzwischen nachvollziehbarem Ergebnis.

Die Essays, die ab Februar 2022 in meinem Postfach eintrafen und die vor der Drucklegung im Juni überarbeitet wurden, folgen diversen Aspekten der Freiheit durch die Verästelungen des Pandemiegeschehens. Sie befragen die Freiheit des Denkens und der

Wissenschaft (die Philosophen Michael Esfeld, Salvatore Lavecchia, Markus Riedenauer). Sie stellen Wissenschaft auf den Prüfstand, loten Grenzen und Verantwortung aus sowie die Bedingungen des eigenen Wirkens in der Gesellschaft (der Kulturphilosoph Ole Döring, der Psychologe Boris Kotchoubey).

Nachzulesen ist ferner, welche Folgen das Denken in Worst-Case-Szenarien haben kann und wie sich ein monofokaler, auf ein Thema konzentrierter Blick auf eine Krise auswirkt (die Ökonomen Robert Obermaier und Rainer Baule). Ein Historiker und eine Historikerin können den Blick zurück oder auch in die Zukunft werfen (Klaus Buchenau, Sandra Kostner) und zeigen, wie gespaltene Gesellschaften sich entwickeln; diesem Thema widmet sich auch ein Theologe (Jan Dochhorn). Ein Pädagoge blickt in Schulen und auf gesellschaftliche Diskurse, ein Musikwissenschaftler in Chöre (Matthias Fechner, Christian Lehmann). Ein Jurist erklärt die Auswirkungen der Pandemiemaßnahmen auf unser Rechtssystem (Gerd Morgenthaler), eine Islamwissenschaftlerin denkt über die Menschenwürde nach (Agnes Imhof).

Meiner Bitte schließlich, über Wege der Versöhnung zu schreiben, sind ein Theologe und ein Philosoph gefolgt (Axel Bernd Kunze, Henning Nörenberg), auch wenn sich dieser Aspekt in vielen weiteren Essays findet.

Die Genese dieses Bandes verlief parallel zu den verschiedenen Etappen des dritten Pandemiejahres. Im Januar 2022 befanden wir uns noch im Lockdown. Redaktionsschluss ist jetzt, im Sommer, in dem fast alle während der Pandemie getroffenen Maßnahmen aufgehoben sind. Erscheinen werden diese Essays im Oktober.

Wie sich der Herbst 2022 gestalten wird, ist ungewiss. Doch es zeichnet sich eine Entspannung in der Bevölkerung ab, selbst wenn die Inzidenzen steigen. Zudem ist eine neue Verbindlichkeit in der Diktion der meistgefragten Wissenschaftler zu erkennen, ebenso eine spürbare gedankliche Öffnung für Aspekte der Versöhnung.[5] Die Zeit scheint reif für einen neuen, eben interdisziplinären Blick auf das, was hinter uns liegt.

Zum ebenfalls gewichtigen Wort der Versöhnung eine abschließende Bemerkung. Bereitschaft zur Versöhnung ist mehr als eine Tugend. Sie ist ein höchst pragmatisches Instrument, mit dem eine durcheinander geschüttelte Gemeinschaft sich beruhigen kann. Sie braucht nach meiner Erkenntnis im Wesentlichen eine Zutat, nämlich – hier ist eine genaue Formulierung angebracht –: den Verzicht nicht auf Verantwortung, jedoch auf die Zuschreibung von Schuld, von wem und durch wen auch immer.[6]

Wenn sich in den zurückliegenden zweieinhalb Jahren demokratische Diskurse verformt haben, wenn Menschen ausgegrenzt, Wissenschaftler[7] und Politiker stigmatisiert oder bedroht wurden, wenn Familien und Freundschaften vor eine Zerreißprobe gestellt wurden, berufliche Existenzen gefährdet und Kinder psychisch belastet wurden, wenn medizinisches Personal jenseits des Machbaren arbeiten musste, wenn neuartige Substanzen verimpft wurden, deren Wirkung und Nebenwirkungen nicht gänzlich abzusehen waren, lässt sich das nicht ungeschehen machen. Beschreiben, mit ruhigem Blick betrachten, Fehler korrigieren, all das ist aber sicher möglich. Gesellschaften können, genau wie Individuen, Resilienzen[8] entwickeln, aus einer Krise gestärkt hervorgehen, und beim nächsten Mal anders, besser zu handeln. Angesichts der Krisenhaftigkeit unserer Zeit deutet vieles darauf hin, dass wir diese Fähigkeit benötigen werden. Dieses Wir meint: eine Gesellschaft, in der die sie bildenden Menschen in der Lage sind, miteinander zu diskutieren, sich zu verständigen, ohne dies als Spaltung zu erleben.

Mein Wunsch ist es, dass dieser Band hierzu seinen Beitrag leisten möge.

Für das Vertrauen, das mir im Prozess der Veröffentlichung von allen Beteiligten entgegengebracht wurde, bin ich sehr dankbar. Mein besonderer Dank gilt Sandra Kostner für ihre kompetente Beratung, sie hat den Kontakt zum *ibidem*-Verlag vermittelt und ist auf meine Bitte hin Mitherausgeberin geworden. Mein Dank geht auch an Matthias Fechner, der allzeit ein offenes Ohr hatte, sowie an den Verleger Christian Schön, der mit dieser Publikation die Reihe *Klartext* eröffnet.

Düsseldorf, im Juni 2022

Anmerkungen

1. John Donne spricht in seinem berühmten Gedicht, das die Verbundenheit aller Menschen hervorhebt, von *man* und präzisiert später: *mankind*. Das generische Maskulinum in diesem Vorwort und in allen folgenden Texten möge in diesem Sinne verstanden werden. Es schließt alle Leserinnen und alle Frauen mit ein.
2. Siehe dazu: Thomas Mayer, „Wie plötzlich alle zu Philosophen wurden", *FAZ*, 11. Januar 2022: https://www.faz.net/aktuell/feuilleton/debatten/querdenker-missbrauchen-hannah-arendts-freiheitsbegriff-17720139.html.
3. Meine Anfrage richtete sich an eine Gruppe verbundener Wissenschaftler. Einige von ihnen haben im Vorfeld der Impfentscheidung des Bundestages zusammengefunden und gemeinsam eine Stellungnahme gegen die Einführung einer allgemeinen Impfpflicht mit einem Corona-Vakzin erarbeitet. Es ist nicht auszuschließen, dass ihre Expertise die überraschend eindeutige Abstimmung vom April 2022 beeinflusst hat, beweisen lässt sich dies jedoch natürlich nicht. Siehe: 81 Wissenschaftler schreiben an die Abgeordneten. https://7argumente.de/.
4. Bis auf den Beitrag von Christian Lehmann sind alle Texte für diesen Band entstanden. Christian Lehmanns Zwischenruf „Erst Flöte spielen, dann das Rad erfinden" erschien am 14. März 2021 in *Frische Sicht*.
5. So die Stellungnahme des Corona-ExpertInnenrats „Pandemievorbereitung auf Herbst/Winter 2022/23 vom 8. Juni 2022: „Abschließend empfiehlt der ExpertInnenrat, der in Teilen der Gesellschaft wahrnehmbaren polarisierten Haltung in Bezug auf das Corona-Management konstruktiv zu begegnen und wieder in einen Dialog zu treten. Der erfolgreiche Umgang mit der Pandemie und deren Auswirkungen, aber auch anderen großen Herausforderungen der Gegenwart und Zukunft, wird ganz wesentlich von einer konstruktiven Grundhaltung und dem gesellschaftlichen Zusammenhalt abhängen." Siehe: https://www.bundesregierung.de/resource/blob/975196/2048684/0e393c7cf5d2b3a556fa6a8df6352d11/2022-06-08-stellungnahme-expertinnenrat-data.pdf?download=1
6. Umgekehrt geht es auch. Wie ein Schuldnarrativ, etwa „Pandemie der Ungeimpften", Zwietracht in eine Gesellschaft bringt, ließ sich in den zurückliegenden Monaten trefflich beobachten.
7. Ein Beispiel ist dieser Artikel, in dem der Philosoph Michael Esfeld als Nestbeschmutzer bezeichnet wird: Joachim Müller-Jung, „Querdenker-Philosoph dreht auf. Nestbeschmutzer in der Nationalakademie", *FAZ*, 11. Mai 2021: https://www.faz.net/aktuell/wissen/der-querdenker-und-nestbeschmutzer-in-der-nationalakademie-17335955.html.

8 Vergleiche dazu einen Essay des Soziologen Andreas Reckwitz, „Lehren aus der Coronakrise. Die Politik der Resilienz und ihre vier Probleme", *Der Spiegel,* 5. März 2021: https://www.spiegel.de/psychologie/corona-und-politische-resilienz-was-wir-aus-der-krise-lernen-sollten-a-3cea4d87-0002-0001-0000-000176138623

Freiheit und Wissenschaft

Michael Esfeld

Freiheit ist die *condition humaine*. Wenn wir denken und handeln, dann sind wir frei. Das ist deshalb so, weil man für Gedanken und Handlungen – und nur für diese – Gründe und damit Rechtfertigungen verlangen kann. Wenn der Sturm einen Baum umhaut und dadurch ein Mensch zu Schaden kommt, dann kann man den Sturm nicht zur Rechenschaft ziehen. Wenn ein Mensch so etwas tut und einen anderen Menschen verletzt, dann zieht man ihn zur Rechenschaft und wirft ihm vor, zumindest grob fahrlässig gehandelt zu haben. Er hätte anders handeln *sollen* und damit auch anders handeln *können*. Er war und ist frei, so oder anders zu handeln.

Wenn ein Ameisenhaufen Spuren im Boden zieht, welche die syntaktische Form „Wale sind Fische" ergeben, dann würden wir uns wundern, weil das spontane Auftreten einer solchen Bewegungsform äußerst unwahrscheinlich ist; aber wir würden es nicht als eine Behauptung ansehen, für die wir Gründe verlangen bzw. der wir mit Gründen widersprechen. Wenn ein Mensch so etwas macht, würden wir jedoch genau dieses tun. Er hätte sich in diesem Falle erst einmal weitere Informationen beschaffen sollen, statt sich durch die Beobachtung von Walen im Wasser zu der Behauptung verleiten zu lassen, dass Wale Fische sind. Er hätte anders denken *sollen* und damit auch anders denken *können*. Er war und ist frei, so oder anders zu denken.

Sollen impliziert Können. Die Begründung dafür, dass wir im Denken und Handeln frei sind, besteht in der Tat darin, dass wir mit Vernunft ausgestattete Wesen sind; denn nur von solchen Wesen kann man Gründe und damit Rechtfertigungen für ihr Verhalten verlangen. Vernunft und Freiheit gehen zusammen. Deshalb stellt sich nicht das Problem, Freiheit von zufälligem, gesetzes- oder regellosem Geschehen abzugrenzen. Die alltäglichen Vorgänge, in denen wir uns wechselseitig so behandeln, dass wir für unser Verhalten rechenschaftspflichtig sind, zeigen, dass wir in der Tat frei sind. Natürlich kann es punktuell Irrtümer geben – Situationen, in denen jemand sich nicht anders verhalten konnte und deshalb keiner Rechenschaft unterliegt. Aber es kann kein kollektiver Irrtum sein, dass wir uns für frei halten. Die entsprechende Behauptung würde gerade das zum Ausdruck bringen, was sie negiert: Für die Behauptung, dass wir nicht frei sind, müsste man Gründe geben können und würde durch den entsprechenden Versuch gerade zeigen, dass man frei ist.

Folglich kann es kein Wissen geben, aus welcher Quelle auch immer es stammen mag – Naturwissenschaft, Philosophie, Religion –, das uns als unfrei erweist. Diese Grundlage, dass Freiheit vor Wissenschaft steht, ist in der politischen Reaktion auf die Corona-Virenwellen verloren gegangen, ja geradezu umgekehrt worden: Wissenschaft stellt sich vor Freiheit. Bleiben wir noch einen Moment bei den allgemeinen Zusammenhängen, bevor wir mit diesem Rüstzeug dann konkret auf die Corona-Situation eingehen.

Natürlich können Wissenschaften wie insbesondere Neurobiologie und Psychologie Irrtümer der Gestalt aufdecken, dass wir uns manchmal für frei halten, aber lediglich impulsiv oder emotional auf Reize reagiert haben in einer Weise, dass wir in den betreffenden Situationen gar nicht denk- und handlungsfähig waren. Solche Forschungsergebnisse sind daher Aufklärungen darüber, an welchen Stellen wir das Potenzial noch besser realisieren können, das wir als mit Vernunft ausgestattete Wesen haben.[1] Aber wenn man Vernunft gebraucht, ist man frei, weil die biologischen Gegebenheiten das Denken und Handeln nicht vorgeben. Vernunft und Freiheit gehen daher zusammen. Immanuel Kant drückt dieses in den *Prolegomena zu einer jeden zukünftigen Metaphysik* (1783) so aus:

> Wenn uns Erscheinung gegeben ist, so sind wir noch ganz frei, wie wir die Sache daraus beurteilen wollen. (§ 13, Anmerkung III)

Ein Urteil entsteht dadurch, dass eine Person etwas ihr Gegebenes in den Status eines Grundes für einen Gedanken oder eine Handlung erhebt. Dabei stellt sie es in einen Zusammenhang mit anderem ihr Gegebenen: Eine Beobachtung zum Beispiel wird als zuverlässig eingestuft, weil sie durch andere Beobachtungen gestützt wird. So baut die Person einen Begründungs- oder

Rechtfertigungszusammenhang auf. Während Kant mit dem „wir" in der oben zitierten Aussage jeden von uns als transzendentales Subjekt meint (das heißt, als Person, deren Verhalten nicht einfach gemäß Naturgesetzen geschieht), verstehen wir dieses heute, nach dem *linguistic turn* im 20. Jahrhundert, als einen sozialen Prozess. Wir können Urteile nur zusammen, nur in sozialer Interaktion bilden, indem wir uns gegenseitig korrigieren und dadurch Erkenntnisfortschritt, sozialen Fortschritt und auch moralischen Fortschritt erzielen. Wir befreien uns kollektiv von biologischen Zwängen und schaffen genau dadurch individuelle Freiheit.

Erkenntnisfortschritt durch soziale Interaktion setzt voraus, jeden mündigen Menschen als Person anzuerkennen, die Vernunft gebrauchen kann, daher frei ist und zur Selbstbestimmung befähigt ist. Diese Freiheit ist der Wissenschaft vorrangig: Sie ist die Voraussetzung für das Bilden von Urteilen und damit das Schaffen von Wissen. Die Grundrechte von Personen sind damit Wissenschaft entzogen: Sie bedürfen weder einer Begründung durch Wissenschaft, noch könnte Wissenschaft eine solche Begründung leisten. Anders gesagt: Wissenschaft kann nicht ihre eigenen Voraussetzungen begründen. Sie kann diese höchstens zerstören und damit sich selbst zerstören. Genau das ist es, was wir seit Frühjahr 2020 erlebt haben: Die Selbstzerstörung von Wissenschaft im Namen von Wissenschaft und vorangetrieben durch ihre Institutionen (wie unter anderem Akademien).

Bisher gehörte es nur zum Instrumentarium autoritärer Staaten, Grundrechte einzuschränken und dafür Instanzen mit einer intellektuellen und moralischen Reputation zur Legitimation heranzuziehen, wie zum Beispiel Kirchen oder auch die Wissenschaft. Letzteres, das Heranziehen von Wissenschaft zur Legitimation staatlicher Herrschaft, die sich über Grundrechte hinwegsetzt, erfolgt in der Regel nach folgendem Schema: Wissenschaftliche Erkenntnisse zeigen angeblich, dass bestimmte Menschen aufgrund ihres sozialen oder genetischen oder sonstigen gesundheitlichen Status eine Gefahr für das Allgemeinwohl darstellen. Wissenschaft erkennt diese Gefahr als so unmittelbar, dass sofortiges staatliches Handeln über die Grundrechte der betreffenden Menschen hinweg erforderlich ist. Dieses Schema haben wir in Aktion gesehen mit

Gesundheitspässen und 2G-/3G-Regelungen. Wie in allen aus der Geschichte bekannten Fällen löst sich auch in diesem Fall die angebliche wissenschaftliche Legitimation bei genauerem Hinsehen in Schall und Rauch auf: Es gab und gibt keine Pandemie von Ungeimpften,[2] mit der unterschiedliche Rechte aufgrund des Impfstatus begründet werden könnten.

Wenn Wissenschaft sich anmaßt, über den Grundrechten zu stehen und darüber zu entscheiden, wem diese zukommen und wem sie nicht zukommen, dann zerstört sie sich selbst. Auch das haben wir seit Frühjahr 2020 erlebt: nicht den Triumph von Wissenschaft in der Aufklärung der Öffentlichkeit über Gesundheitsrisiken, die für bestimmte Personengruppen von den Corona-Virenwellen ausgehen, sondern die Selbstzerstörung von Wissenschaft durch ihre politische Instrumentalisierung. Ein besonders augenfälliges Beispiel dafür ist das Editorial der Zeitschrift *Science* vom 26. November 2021: „Vax the world". Zunächst sollte nach dem Willen der Verfasser die gesamte Weltbevölkerung regelmäßigen Impfungen gegen das Coronavirus unterzogen werden – und zwar unabhängig davon, ob die einzelnen Menschen das aus eigener Überlegung und Entscheidung tun wollen; danach soll der Klimawandel auf die gleiche Weise angegangen werden.[3] Selbstzerstörung von Wissenschaft ist dieses deshalb, weil die wissenschaftliche Legitimation eines solchen politischen Programmes es verhindert, eine ergebnisoffene und an Wahrheit orientierte wissenschaftliche Untersuchung des betreffenden Gegenstandes (Impfungen, Klimawandel etc.) vorzunehmen.

Bis heute (Mitte 2022) verfügt dasjenige, was als Corona-Impfstoffe angepriesen wird, nur über eine bedingte Zulassung. Eine solche ist für den gezielten Schutz gefährdeter Personen in Notsituationen gedacht und besteht unter der Auflage methodischer Skepsis. Das heißt im Falle von Medikamenten insbesondere, Verdachtsfällen signifikanter Nebenwirkungen systematisch nachzugehen. Es wäre daher erforderlich gewesen, die Zulassungsstudien für die Impfstoffe wie ursprünglich vorgesehen über zwei Jahre durchzuführen, um die Fragen zu Selbstschutz, Fremdschutz und Nebenwirkungen mit den üblichen Standards wissenschaftlicher Sorgfalt zu untersuchen. Was stattdessen geschah, fasst ein Artikel im *British Medical Journal* Ende 2021 treffend so zusammen: „Covid-19 vaccines were widely administered following ‚conditional' authorisation based on short clinical trials, when important questions remained unanswered."[4]

Das gleiche gilt für alle politischen Maßnahmen der letzten zwei Jahre, zu deren Legitimation Wissenschaft herangezogen wurde: Es werden keine systematischen, ergebnisoffenen und an Wahrheit orientierten Untersuchungen über die Wirksamkeit oder Unwirksamkeit der einzelnen Maßnahmen vorangetrieben. Wir wissen nicht, wie viele der als Coronatote deklarierten Personen infolge der Infektion mit dem Virus gestorben sind und bei vielen dieser Personen andere Faktoren die vorrangige Todesursache sind. Die Aussage „im Zusammenhang mit einer Infektion" ist wissenschaftlich gehaltlos: Sie sagt nichts darüber aus, ob eine bloß zeitliche Abfolge vorliegt, oder ob es sich um einen Kausalzusammenhang handelt. Dasselbe gilt für die als Covid-Patienten aufgeführten Krankenhauseinweisungen: keine systematische Untersuchung, ob eine Infektion mit dem Coronavirus oder es etwas anderes die Ursache für die Behandlung im Krankenhaus ist. Wissenschaftliche Forschung wäre hier dringend erforderlich. Wir sind hier Zeugen – und zum Teil auch Opfer – eines eklatanten Versagens von Wissenschaft: ergebnisoffene, wissenschaftliche Neugierde, methodische, disziplinierte Skepsis, um durch kritisches Fragen stichhaltige Erkenntnisse gewinnen zu können, alle diese Mittel wissenschaftlicher Wahrheitsfindung wurden über Bord geworfen, um der Versuchung zu erliegen, Wissenschaft in ein politisches Programm mit entsprechender Macht über das Leben von Menschen zu verwandeln.

Wenn die Menschen allerdings merken, was man ihnen antut, besteht die Gefahr, dass sie sich gegen Wissenschaft als solche wenden. Das wäre fatal für die Zukunft unserer Gesellschaft: Wir verdanken der neuzeitlichen Naturwissenschaft einen enormen technologischen, medizinischen und sozialen Fortschritt, durch den es gelungen ist, einer immer größeren Zahl von Menschen einen Gewinn an Lebensqualität und Lebenszeit zu verschaffen und neue Möglichkeiten für ein selbstbestimmtes Leben zu eröffnen. Dazu trägt Wissenschaft aber nur dann bei, wenn sie respektiert, dass die

Selbstbestimmung und die Grundrechte der Menschen ihr vorrangig sind und nicht ihrer Verfügungsgewalt unterliegen. Dahin zurückzukehren, dieses zu respektieren, ist im grundlegenden Interesse von Wissenschaft, nämlich dem Interesse daran, Erkenntnisse zu gewinnen und Wahrheit über die Tatsachen herauszufinden. Ebenso ist dieses im gesellschaftlichen Interesse, nämlich dem Interesse daran, den Weg technologischen, medizinischen, wirtschaftlichen, medizinischen und sozialen Fortschritts wieder aufzunehmen, der auf der Anerkennung von jedem Menschen als Person beruht.

Anmerkungen

[1] Siehe dazu zum Beispiel Boris Kotchoubey, *Why are you free? Neurobiology and psychology of voluntary action* (New York: Nova Science Publishers, 2012); Alfred R. Mele, *Free: Why science hasn't disproved free will* (Oxford: Oxford University Press, 2014).

[2] Siehe dazu zum Beispiel Günter Kampf, „COVID-19: stigmatising the unvaccinated is not justified", *The Lancet* 398, 20. November 2021, S. 1871.

[3] Madhukar Pai und Ayoade Olatunbosun-Alakija, „Editorial: Vax the world", *Science* 374, 26. November 2021, S. 1031.

[4] Christof Prugger al., „Evaluating covid-19 vaccine efficacy and safety in the post-authorisation phase", *British Medical Journal* 375, e067570, 23. Dezember 2021, hier S. 3.

Von „Wissenschaft und Religion" und „Wissenschaft gegen Religion" zu „Wissenschaft als Religion"

Boris Kotchoubey

Das Experiment von Stanley Milgram ist wahrscheinlich das zweitberühmteste (nach dem pawlowschen Hund) in der Geschichte der Psychologie. Die meisten kennen sein erschreckendes Ergebnis: Probanden, denen gesagt wurde, dass sie einem anderen Menschen bei seinen Fehlern immer stärkere Stromschläge verabreichen sollen, gehorchten dem Befehl. Sie steigerten die Anwendung der Strafmaßnahmen bis zu einer Stromstärke von 300 Volt – die Mehrheit sogar bis zu 450 Volt – trotz der furchtbaren Schmerzensschreie des „Bestraften" und des begründeten Verdachts, dass dieser verletzt oder sogar ohnmächtig werde.[1]

Das Experiment wurde in zahlreichen Fachpublikationen und populären Büchern über Psychologie beschrieben als Beweis dafür, zu welchen Grausamkeiten der Gehorsam gegenüber Autoritäten führen kann. Erich Fromm war der Einzige, der an dieser Stelle fragte: Welche Autoritäten aber?[2] Im Raum der Probanden befand sich kein Vertreter einer „klassischen" Autorität: Weder ein Boss noch ein Militär, weder ein Polizist noch ein Politiker, weder ein Priester noch ein Oberlehrer. Nur ein kleiner, bescheidener Mann im grauen Kittel, der bei jedem Versuch eines Probanden, die Anordnung in Frage zu stellen, das Experiment abzubrechen oder sich zu empören, einen der folgenden Sätze leise von sich gab: „Bitte machen Sie weiter", „Sie müssen weitermachen", „Die Wissenschaft verlangt, dass Sie weitermachen", „Sie haben keine Wahl; Sie müssen weitermachen." Mehr als einen dieser vier Sätze durfte er nicht sagen. Warum also sollen wir verallgemeinert über Autoritäten sprechen, meinte Fromm; was sich hier abspielt, ist der Gehorsam gegenüber der Autorität der Wissenschaft.

> Wissenschaft, die feste Burg geistiger Freiheiten – als Quelle der Grausamkeit und des Terrors? Wie kann man sich das vorstellen?

Wissenschaft als ein spezifisch europäisches Kulturphänomen (im Gegensatz zu *Weisheit*, die in verschiedensten Kulturen der Erde aufblühen kann) entstand als Systematisierung und Organisierung des normalen menschlichen Zweifelns und Misstrauens. Das wissenschaftliche Misstrauen hat drei Ebenen: Das Misstrauen gegenüber den *Autoritäten* der anderen; gegenüber allem, was die anderen, wenn auch sehr weisen Menschen, gesagt und geschrieben haben, herrschte noch in der antiken Philosophie. In der Neuzeit kam, mit dem Aufkommen der experimentellen Forschung, das Misstrauen gegenüber den *wahrgenommenen Naturerscheinungen* hinzu: Man muss stets überprüfen, ob das Sichtbare auch wahr ist. Wir sehen täglich, dass die Sonne auf- und untergeht, und dass eine Feder langsamer fällt als ein Stein. Doch beides ist falsch: Die Erde dreht sich um die Sonne und um die eigene Achse, und die Fallgeschwindigkeiten der Feder und des Steines sind genau gleich, allerdings unter Idealbedingungen eines Vakuums. Zu diesen beiden Formen des Misstrauens kommt die dritte: Das stete Misstrauen gegenüber *sich selbst* und den eigenen Methoden. Aus diesem Selbstzweifel heraus arbeitet die empirische Wissenschaft ständig an immer feineren Methoden der Kontrolle.

„Wissenschaft ist eine organisierte Skepsis", definierte der Begründer der Wissenschaftssoziologie Robert K. Merton.[3] Robert Oppenheimer sagte dazu: „(Der) Wissenschaftler ist frei, jede Frage zu stellen, jede Aussage anzuzweifeln, nach jeder Art Evidenz zu suchen, jeden Fehler zu korrigieren. Nicht nur können und dürfen Wissenschaftler zweifeln; sie sind sogar verpflichtet zu zweifeln, sobald es nur einen Grund scheint zu geben, dass der Zweifel angebracht ist."[4] Der Nobelpreisträger Richard Feynman formulierte diese Idee in den folgenden Worten: „Unter den wissenschaftlichen Aussagen sind einige ziemlich unsicher, andere fast sicher, aber keine absolut sicher. Daher gehen wir, die Wissenschaftler, davon aus, dass es völlig normal ist zu leben, *ohne zu wissen*. […]. Und damit geben wir ein Vorbild für eine demokratische Gesellschaft, die ebenfalls davon ausgeht, dass niemand weiß, wie man einen Staat führt."⁵ All diese Aussagen können aber als Variationen der alten sokratischen Formel betrachtet werden: „Ich weiß, dass ich nichts weiß." Nicht derjenige ist ein Wissenschaftler, der viel weiß, sondern derjenige, der klar sieht, wie viel er noch nicht weiß.

Kein Wunder, dass diese grundsätzliche Skepsis und stetes Infragestellen die Wissenschaft vom Anfang an in eine Opposition zur Religion und zur Kirche, die traditionell mit „ewigen", unhinterfragbaren Wahrheiten operieren, gestellt hat. Während beispielsweise die Bibel behauptet, dass die Welt innerhalb von sechs Tagen erschaffen, dass der Mensch unabhängig von anderen Tieren erschaffen, und dass die Heilige Schrift selbst direkt von Gott inspiriert wurde, setzte die Wissenschaft als Ergebnis ihrer forschenden Arbeit diesen biblischen Aussagen korrektere Aussagen gegenüber: „Die Welt existiert seit etwa 14 Milliarden Jahren"; „Der Mensch entstand von einem affenähnlichen Tier"; „Biblische Texte haben konkrete Autoren und können häufig datiert werden; einige Texte beinhalten Fälschungen und spätere Einschübe"; usw. Wer konnte nur denken, dass in diesem wunderbaren Prozess der Ersetzung alter Dogmen durch neue Erkenntnisse ein verhängnisvoller Fehler steckt, dessen Folgen die Teilnehmer in Milgrams Experiment erleben werden?

Der Fehler besteht darin, dass nicht nur im öffentlichen Bewusstsein, sondern auch im Bewusstsein der Wissenschaftler nicht *der Vorgang* der kontinuierlichen Überwindung der Dogmen durch wissenschaftliche Skepsis, sondern *die wissenschaftlichen Aussagen selbst* in den Vordergrund treten. Indem man die süßen Früchte vom Baum der Erkenntnis genießt, glaubt man, diese Früchte seien das Wesentliche am Baum. Das ist fatal, weil das Wesentliche seine Wurzel ist. Wenn diese vernachlässigt wird, können die Früchte verschwinden – oder sogar giftig werden. Aber sind die wissenschaftlichen Aussagen nicht doch besser, wahrer, korrekter als religiöse Dogmen? Nicht unbedingt. Hier sind einige Aussagen, die zu bestimmten Zeiten als absolute, nicht hinterfragbare wissenschaftliche Wahrheiten angesehen wurden:

1. Brennende Stoffe beinhalten eine spezifische Substanz mit *negativem* Gewicht, die beim Brennen in die Luft ausgeschieden

wird, weshalb der verbrannte Stoff schwerer ist. Wenn keine Substanz mehr im Brennstoff bleibt, endet der Brennprozess.
2. Das gesamte Weltall wird durch eine andere spezifische Substanz erfüllt, nämlich den Lichtäther. Das Licht und andere elektromagnetische Schwankungen sind die Schwankungen des Äthers, wie ein Schall die Schwankungen der Luft ist.
3. Frauen und Männer haben völlig verschiedene kognitive Fähigkeiten; u.a. sind Frauen nicht zum konsequenten analytischen Denken fähig und können deshalb keine Berufe ausführen, die diese Fähigkeit benötigen wie beispielsweise Wissenschaftlerin, Richterin oder Anwältin; womöglich haben Frauen aber andere kognitive Fähigkeiten, die Männern fehlen, wie Einfühlungsvermögen.
4. Verschiedene Menschen haben wertvollere oder weniger wertvolle Erbanlagen, und dies bestimmt den Wert einer menschlichen Person; d.h. von Natur aus gibt es *höherwertige und minderwertige Menschen* und ganze Gruppen von Menschen („Rassen").

Jede dieser Wahrheiten war über längere Zeiten der Gegenstand eines globalen, fachübergreifenden und unangefochtenen wissenschaftlichen Konsensus. Die erste herrschte in der Chemie während des ganzen 18. Jahrhunderts; drei Generationen der besten Chemiker Europas arbeiteten an Entwicklungen und Verfeinerungen dieser These. Die zweite wurde allgemein akzeptiert von einer überwiegenden Mehrheit der Physiker bis zur Entwicklung der Relativitätstheorie von Albert Einstein. Die dritte galt als absolut selbstverständlich von der Antike bis in das 20. Jahrhundert hinein. Die vierte (Eugenik) wurde zwischen ca. 1890 und 1950 von der überwiegenden Mehrheit aller Bio-, Sozial- und Wirtschaftswissenschaftler geteilt, darunter Dutzende Nobelpreisträger, allgemein anerkannte Genies (Ronald Fisher, John Maynard Keynes, Alexander Graham Bell), der UNESCO-Gründer Julian Huxley u.v.a. wissenschaftliche Superstars. Nichtsdestotrotz lag diese Theorie der Ideologie und Praxis der nationalsozialistischen Politik in Deutschland von 1933 bis 1945 zugrunde. Vergleichen wir diese Aussagen etwa mit:

5. „Die Welt wurde in sechs Tagen erschaffen."

und mit:

6. „Maria ist auch nach Geburt Jesu eine Jungfrau geblieben.",

so fällt der Vergleich zugunsten der fünften und der sechsten Aussage aus, die zumindest in einem metaphorischen Sinne eine Bedeutung haben können, während die Thesen eins bis vier einfach bedingungslos falsch sind.

Der Glaube, dass diese falschen Thesen der Vergangenheit gehören, unsere gegenwärtigen Thesen aber wahr seien, ist unbegründet. Jedes Zeitalter glaubt an seine Dogmen, und die Menschen des 22. Jahrhunderts werden unsere heutigen Theorien vermutlich mit demselben Schrecken anschauen wie wir die Theorien der Eugenik. Der berühmte Wissenschaftshistoriker Thomas Kuhn zeigte in seinem Bestseller, dass die Theorien der Vergangenheit, die wir heute leichtsinnig zu „Pseudowissenschaft" oder „Vorwissenschaft" zählen (z.B. Alchemie, Astrologie oder die geozentrische Astronomie), nach genau denselben logischen und methodologischen Prinzipien aufgebaut wurden, wie die modernen wissenschaftlichen Theorien, und dass deshalb die Letzteren genauso viel Chancen haben, sich in der Zukunft als falsch zu erweisen, wie auch die Ersteren sich als falsch erwiesen haben.[6]

Der Unterschied zwischen Wissenschaft und Religion besteht also nicht darin, dass Wissenschaft eigene Aussagen ausstellt, die besser sind als die religiösen Aussagen. Tut sie das, verhält sie sich wie eine andere Religion, nur eine schlechtere, weil ihren Dogmen im Gegensatz zu denen der traditionellen Religionen jegliche transzendente Tiefe fehlt. Der Vorteil der Wissenschaft besteht vielmehr in ihrer Fähigkeit, durch ihr kritisches Vorgehen die Falschheit der eigenen Aussagen zu überwinden. Das Wesen der Wissenschaft liegt in dieser Bewegung von schlechteren hin zu besseren Aussagen, aber nicht in den „wissenschaftlichen Aussagen" als solchen. Daher ist jede ausschließliche Orientierung am „gegenwärtigen Stand der Wissenschaft" ein Verrat an Wissenschaft. Denn deren Aufgabe besteht nicht aus dem Stillstand, sondern aus dem Fortschreiten. Hält sie an, bleibt sie an einer Stelle stehen, so versteinert sie sofort, wie Lots Frau, zu einer dogmatischen Sammlung falscher und – wie das Beispiel der Eugenik zeigt – manchmal sogar gefährlicher Sätze.

> Warum aber bleibt die Wissenschaft stehen? Welches sind die Gründe für ihre dialektische Verwandlung in das eigene Gegenteil, in eine neue Dogmatik?

Der eine Grund wurzelt noch in der Maxime Francis Bacons „Wissen ist Macht" (*scientia potentia est*). Jede Macht berauscht und verdirbt ihren Besitzer. Zunächst war es nur die Macht über die Natur, aber mit der Entwicklung von Sozialwissenschaften kam die Versuchung der Macht über die Mitmenschen dazu. Eine junge Engländerin, die sich wegen einer skandalösen Liebesaffäre in der fernen Schweiz verstecken musste, hat 200 Jahre nach Bacon als erste mit ihrem Roman „Frankenstein oder der moderne Prometheus" dem Schreckensgespenst nachgespürt, das von dieser Formel ausgeht.[7] Ein Wissenschaftler, der das Bewusstsein für die Begrenztheit seiner Kenntnisse verloren hat, wird vom Allmachtwahn ergriffen. Er fühlt sich berufen, die Fehler Gottes zu korrigieren. Statt unserer unvollständigen, fehlerhaften Welt will er auf wissenschaftlicher Basis eine neue, perfekte, absolut gerechte Welt schaffen; statt des alten Menschen mit seinem komischen, von wilden Tieren vererbten Genom einen neuen, idealen, heute würden wir sagen: transhumanen Menschen, einen womöglich virenfreien und makellosen Halbroboter-Halbengel. Selbstverständlich werden all diese größenwahnsinnigen Versuche, wie auch der von Mary Shelleys Held, hoffnungslos scheitern. Wenn das erste eugenische Experiment vor 80 Jahren in Millionen Ermordeten und Hunderttausenden Zwangssterilisierten endete, so mag man sich die Anzahl der Opfer künftiger Experimente der gleichen Art nicht ausmalen.

Der zweite Grund hat wenig mit Philosophie oder Psychologie zu tun. Es geht um die zunehmende Teuerung der Wissenschaft seit der zweiten Hälfte des 20. Jahrhunderts. Man kann heute nicht mehr von Wissenschaft sprechen, ohne von Geld zu sprechen. Die Qualität eines Naturwissenschaftlers wird jetzt daran gemessen, wie viele Drittmittelgelder er erworben hat. Wer forschen will, ist vom Geldgeber abhängig, und wes Brot ich ess, des Lied ich auch sing. Der größte Geldgeber ist der Staat; an zweiter Stelle folgt mit einem sehr großen Abstand die Pharmaindustrie, und dann, in weiter Ferne, hinken alle anderen hinterher. Die enormen Geldmassen, die sich in den letzten Jahren in der Wissenschaft bewegen, ziehen besondere Kategorien von Menschen an, die früher in dieser Welt nichts zu suchen hatten, und produzieren ein neues, nie dagewesenes Phänomen der organisierten Wissenschaftskriminalität. Der Typ des „verrückten Genies" trifft auf den Typ des Hochstaplers und Betrügers.

Als Typen sind sie nicht neu und werden heute weder erfunden noch entdeckt. Mit den ersten, den vom Größenwahn ergriffenen und sich für Gott haltenden Wissenschaftlern, könnte man im Rückgriff auf die letzten 200 Jahre eine ganze Bibliothek füllen.[8] Den zweiten konnte man noch im Mittelalter treffen: Mit tatsächlichen oder erfundenen Magistertiteln erschien er zum Hof eines Fürsten und versprach ihm eine genaue Vorhersage seiner militärischen Erfolge oder das Rezept zur Verwandlung von Eisen ins Gold. Das Produkt sei bereits fast fertig, nur für die letzte Entwicklungs- und Produktionsstufe bräuchte man noch eine gewisse fürstliche Investition, die sich aber selbstverständlich in der kürzesten Zeit lohnen werde. Alles bekannt; aber der Wissenschaftsbetrieb des 21. Jahrhunderts, der allein an formellen Kennzahlen orientiert ist, in dem der wissenschaftliche Wert eines Professors fast ausschließlich durch das Volumen der erworbenen Drittmittel gemessen wird (so dass man auch ohne wissenschaftliche Publikationen einen Lehrstuhl bekommen kann, wenn man Drittmittelgelder im höheren sechsstelligen Bereich erwirbt, und umgekehrt, ein höchst produktiver Forscher Selbstmord begeht, weil er keine 200.000 Britische Pfund jährlich erwerben kann), in dem immer mehr Ergebnisse berichtet werden, die niemand reproduzieren kann, deren wissenschaftlicher Wert also gleich Null ist, in dem die Anzahl der wegen Betrug zurückgezogenen Publikationen stets zunimmt und diese zurückgezogenen Publikationen (die eigentlich nicht existent sind!) weiter zitiert werden, als ob nichts passieren wäre – dieses System bietet den beiden Typen einen Nährboden, den es in der Vergangenheit nicht gab.[9] Sie können miteinander verflechten und zusammenwachsen, denn, wie Psychologie zeigt, Menschen kennen ihre Motive nicht immer. Man arbeitet besonders gerne am Aufbau einer neuen, besseren Welt, wenn man dafür auch ordentlich finanziell belohnt wird – und umgekehrt, wer für sein falsches Vorhaben Millionen bekommt, beginnt selbst an dieses Vorhaben zu glauben.

Der dritte Faktor ist die Säkularisierung der wissenschaftlichen Welt. Solange die meisten Wissenschaftler gläubig waren, stand der Unterschied zwischen Glauben und Wissen immer direkt vor ihren Augen. Unter anderem war ihnen klar, dass man ohne Glauben nichts wissen kann, da doch jedes Wissenssystem notwendigerweise auf Annahmen beruht, die innerhalb dieses Systems nicht überprüfbar sind, sondern geglaubt werden müssen. Ohne an Axiome zu glauben, kann ich kein Theorem beweisen. Doch der Unterschied zwischen diesem und dem dogmatischen Glauben besteht darin, dass Wissenschaftler auch die notwendigerweise geglaubten Axiome – wie jede andere Aussage – anzweifeln und in Frage stellen können. Es war ihnen früher klar, dass man bei der Änderung eines Axioms das gesamte darauf beruhende theoretische Gebäude umbauen muss.

Durch die totale Säkularisierung sind all diese selbstverständlichen Differenzierungen verloren gegangen. Wer nicht mehr den Unterschied zwischen Glauben und Wissen begreift, nimmt seine Annahmen nicht mehr als Annahmen, d.h. als etwas nur Geglaubtes. „Wer nicht weiß, dass er glaubt, der glaubt, dass er weiß." Damit wird die wichtigste Eigenschaft eingebüßt, die einen Experten von einem Laien unterschiedet, nämlich das klare Bewusstsein für die Grenzen seiner Expertise. Daher kommt das typische Phänomen der letzten Jahre: der fanatische Glaube der Wissenschaftler an ihre Modelle. Das säkularisierte Hirn ist unfähig einzusehen, dass ein mathematisches oder physikalisches Modell immer auf Annahmen beruht, und dass, wenn nur eine dieser zugrunde liegenden Annahmen falsch ist, das Modell keinen Pfennig wert ist, egal wie gut es berechnet wurde: *„garbage in, garbage out."*

Neil Ferguson, Professor am Imperial College London, erzählte in einem Interview, wie beeindruckt er war, als die chinesische Regierung im März 2020 von heute auf morgen zehn Millionen menschliche Personen ohne Schuld und ohne Gerichtsurteil eingesperrt hatte. Er hatte sich mit Interesse gefragt: Können wir in der „demokratischen" Welt das gleiche schaffen oder nicht? Können wir vielleicht sogar die Chinesen übertrumpfen und noch mehr Menschen über Nacht einsperren? Natürlich zu ihrem eigenen Wohl, denn ein Professor am Imperial College weiß besser, worin das Wohl von Hunderten Millionen Menschen besteht, als sie selbst.[10] So wurde unter seiner Leitung ein mathematisches Modell entwickelt, das zur Grundlage für die weltweite Einführung des harten Lockdowns 2020/21 wurde. Inzwischen hat man festgestellt, dass das Modell falsch war, da die Forscher die Daten aus drei Ländern, welche die Qualität des Modells gesenkt hätten, nicht berücksichtigt haben, obwohl es sehr unwahrscheinlich ist, dass sie diese Daten nicht kannten. Doch der politische Effekt war schon da, und die meisten Länder der Welt führten Einschränkungen fundamentaler Menschenrechte ein: Laut dem Modell sollten die Maßnahmen die Covid-Sterblichkeit um ganze 98 Prozent reduzieren. Neuere Studien zeigen, dass die Reduktion bei ca. 3,5 Prozent lag, sie war statistisch nicht signifikant. Diese Zahlen sind typisch für die Fehlbarkeit moderner Corona-Modelle, die dennoch zu Panik führen können und die politische Macht der Modellierer festigen.[11]

Säkularisiert wird aber nicht nur die Wissenschaft, sondern auch die Gesellschaft. Sie hat ihre Orientierung und ihre Autoritäten verloren, was aber nicht bedeutet, dass sie keine Autoritäten mehr braucht oder dass sie sich selbständig orientieren kann. Greta Thunbergs Slogan „Folgt der Wissenschaft!" steht auch für den unveränderten Wunsch der Massen, einer Führungskraft zu folgen, statt selbständig den eigenen Weg zu suchen. Wenn sich unsere Vorstellungen über die Massenpsychologie seit den klassischen Studien von Gustave Le Bon[12] leicht geändert haben, da die experimentelle Sozialpsychologie einige Phänomene entdecken konnte, die für eine nicht-experimentierende Psychologie unter dem Radar blieben – nicht aber, weil sich Bedürfnisse und Verhaltensmuster der Massen tatsächlich geändert hätten. Die antiautoritären Bewegungen der Nachkriegszeit sind eine dünne Lackschicht über dem geleugneten aber nicht verschwundenen Autoritätsbedürfnis, nach dem Motto „Du sollst nicht auf Autoritäten hören! Du sollst auf mich hören!"

Eine Lackfarbe deckt im Gegensatz zu einer Lasurfarbe das darunter liegende Material, so dass man nicht mehr sieht, ob es sich um Holz, Metall oder anderes handelt. Aber beim Kratzen am Lack wird der alte Stoff sichtbar, und beim Kratzen an unserer Liberalität kommt das voraufklärerische „Unvermögen, sich seines Verstandes ohne Leitung eines anderen zu bedienen" ans Licht.[13] Doch während unsere Vorfahren ihre Fremdbestimmung ganz naiv und selbstverständlich zugaben, müssen wir, wenn wir die Allgemeinplätze aus dem Mainstream wiedergeben, unbedingt so tun, als ob wir selbständig auf diese Gedanken gekommen wären. In anderen Worten: Wir suchen uns eine solche Autorität, die sich nicht als Autorität, sondern im Schafspelz einer „höheren Vernunft", nämlich der wissenschaftlichen Expertise auftritt. „Wenn wir sagen [...] dass wir der Wissenschaft vertrauen, und handeln, als ob ‚die Wissenschaft sagt' eine absolute Wahrheit wäre, zeigen wir, dass wir unsere Sehnsucht nach Sicherheit lediglich von der Religion auf die Wissenschaft übertragen [...]. Das ist, weil diese Themen keine Gegenstände von Wissenschaft sind, sondern die von *Fantasie* über die Wissenschaft; von etwas, das sich als Wissenschaft maskiert."[14]

Damit kommen die Teile eines Puzzles zusammen. Angebot und Nachfrage passen exakt zueinander: Auf der einen Seite Wissenschaftler in der Rolle von Hohepriestern, die den Ungeweihten ihre Wahrheiten proklamieren und in Form von mathematischen Modellen ihre Zukunftsvisionen wahrsagen. Auf der anderen Seite eine Politik, die sich vor Entscheidungen und Verantwortung scheut, und deshalb ihre wissenschaftliche Bedienung großzügig dafür belohnt, dass sie jede behördliche Vorgabe im Namen der Wissenschaft einsegnen. Schließlich die Masse, der die Gelegenheit gegeben wird, den eigenen Verstand auszuschalten und sich dennoch für gebildet und aufgeklärt zu halten, weil sie glaubt, dass ihre Einsichten „wissenschaftlich bewiesen" seien.

In den letzten zwei Jahren wurden die Ergebnisse dieser Entwicklung offensichtlich. Die meisten antiepidemischen Maßnahmen – Ausgangssperren, Geschäftsschließungen, Schul-schließungen, Zutrittsverbote, engmaschige Überprüfungen, Impfungen – wurden eingeführt, ohne dass ihre Wirksamkeit in seriösen unabhängigen kontrollierten Studien nachgewiesen worden wäre. Ihre

Begründungen waren Modelle und ein „wissenschaftliche Konsensus", obwohl jeder Medizinstudent schon im Vorklinikum lernt, dass Modelle und Konsensus die zwei unzuverlässigsten Quellen der Information sind.[15] In diesem Fall aber wurde der „Konsensus" künstlich erstellt, indem Politik und Medien aus einer großen Menge von Akademikern eine Handvoll ausgewählt haben, die sie den Bürgern als Experten präsentieren. Oft reicht es, einfach von „Experten" zu sprechen, ohne zu erwähnen, wofür sie eigentlich Experten sind. So gibt es im Expertenrat, der jetzt (Sommer 2022) die antiepidemischen Maßnahmen der Regierung evaluieren soll, keinen Epidemiologen.[16] Diese Einseitigkeit ist kein Novum: schon dem Expertenrat, der 2011 die Energiewende wissenschaftlich absegnete, gehörte kein einziger Experte für Energieversorgung an.

Während nun diese regierungsseitig ausgewählten Experten dem Volk erklären, dass die eine oder andere Maßnahme „wissenschaftlich notwendig" sei, werden viele Andersdenkende, auch wenn sie Jahrzehnte einwandfreier Forschungsarbeit und dreistellige Zahlen streng begutachteter internationaler Publikationen vorweisen, als „Pseudoexperten" diffamiert. Dass dies kein deutsches Phänomen ist, bestätigt der renommierte Epidemiologe John Ioannidis für die USA: „Wer kein Epidemiologe und kein Gesundheitsexperte war, wurde plötzlich als ein solcher von Journalisten dargestellt, die zwar von diesen Wissenschaften wenig Ahnung haben, aber genau wissen, was richtig sind. Und umgekehrt wurden einige der besten amerikanischen Epidemiologen und Gesundheitsexperten als unwissende und gefährliche Menschen verleumdet von denjenigen, die sich als Schiedsrichter über wissenschaftliche Debatten darstellten, ohne die Methodologie und die Daten zu verstehen."[17]

Letztendlich wurde aber selbst die Begründung von politischen Maßnahmen (auf der Basis der Ergebnisse schlechter, unkontrollierter Studien, fragwürdiger Modelle und der Aussagen von Experten) als nicht mehr notwendig erachtet. Im Januar 2022 wurden die Personen, die den Impfstoff von Johnson & Johnson bekommen hatten, über Nacht zu Ungeimpften umdefiniert, und ihr Genesenenstatus wurde behördlich von sechs auf drei Monate verkürzt. Aus diesem Vorgehen lässt sich schließen, dass nunmehr die Aussage „wissenschaftliche Daten zeigen, dass..." als hinreichend für behördliche Beschlüsse erachtet wird, auch wenn diese mit schwersten Eingriffen in die Grundrechte einhergehen.

Als Ergebnis haben wir zu jeder aktuellen Frage eine einzige und unhinterfragbare wissenschaftliche Meinung, und jeder Versuch, darüber zu diskutieren, wird als „wissenschaftsfeindlich" gebrandmarkt. Wenn wir unsere Mitmenschen ausgrenzen und isolieren, dann geschieht dies nicht auf den Befehl einer bösen Autorität hin, sondern ausschließlich, weil die Wissenschaft es verlangt. Wie der Assistent in Milgrams Experiment sagte: „Sie haben keine Wahl."

Anmerkungen

1 Stanley Milgram, „Behavioral study of obedience", *Journal of Abnormal and Social Psychology*, 67 (1963), S. 371–378.
2 Erich Fromm, *The Anatomy of Human Destructiveness* (1974), zitiert nach: *Anatomie der menschlichen Destruktivität* (Hamburg: Rowohlt, 2015).
3 Robert K. Merton, *The Sociology of Science. Theoretical and Empirical Investigations* (Chicago: University of Chicago Press, 1973).
4 Im Original: „There is no place for dogmas in science. The scientist is free to ask any question, to doubt any assertion, to seek for any evidence, to correct any error. For scientists it is not only honorable to doubt; it is mandatory to do that when there appears to be evidence in support of the doubt." Siehe: J. Robert Oppenheimer, *The Open Mind* (New York: Simon & Schuster, 1955), S. 94.
5 Im Original: „Scientific knowledge is a body of statements of various degrees of certainty - some most unsure, some nearly sure, none *absolutely* certain. Now, we scientists ... take it for granted that it is perfectly consistent to be unsure - that it is possible to live and *not* know. [...] Our freedom to doubt was born of a struggle against authority in the early days of science. [...] And I think it is important that we do not forget the importance of this struggle and thus perhaps lose what we have gained. This is a responsibility to society [...] This is not a new idea; this is the idea of the age of reason. This is the philosophy that guided the men who made the democracy that we live under. The idea that no one really knew how to rule a government led to the idea that we should arrange a system by which new ideas could be developed, tried out, tossed out, more new ideas brought in; a trial and error system. [...] If we want to solve a problem that we have never solved before, we must leave the door to the unknown ajar." Richard P.

Feynman, „The value of science", *Engineering and Science*, 19 (1955), S. 14–16.

6   Thomas S. Kuhn, *The Structure of Scientific Revolutions* (Chicago: University of Chicago Press, 1962).

7   https://de.wikipedia.org/wiki/Frankenstein_(Roman)

8   Für eine schöne Übersicht siehe Sven Wagner, *The Scientist as God* (Heidelberg: Winter, 2012).

9   https://plus.tagesspiegel.de/politik/kaum-anzeichen-einer-fundierte-akademischen-vergangenheit-die-schwierige-suche-nach-lauterbachs-wissenschaftlicher-kompetenz-488574.html; https://www.timeshighereducation.com/news/imperial-college-professor-stefan-grimm-was-given-grant-income-target/2017369.article; http://www.dcscience.net/2014/12/01/publish-and-perish-at-imperial-college-london-the-death-of-stefan-grimm/; vgl. Steven N. Goodman, Daniele Fanelli und John P.A. Ioannidis, „What does research reproducibility mean?", *Science Translational Medicine*, 8 (2016), S. 341. Der Direktor des NIH Francis Collins gibt explizit zu: „the complex system for ensuring the reproducibility of biomedical research is failing": Francis S. Collins und Lawrence A. Tabak, „Policy: NIH plans to enhance reproducibility", *Nature*, 505 (2014), S. 612f; Daniele Fanelli, „How many scientists fabricate and falsify research? A systematic review and meta-analysis of survey data", *PLoS One* (2009): https://doi.org/10.1371/journal.pone.0005738; Singh Nair et al., „Reasons for article retraction in anesthesiology: a comprehensive analysis", *Canadian Journal of Anesthesia*, 67 (2019), S. 57–63; Charles Piller, „Disgraced COVID-19 studies are still routinely cited", *Science* 371 (6527), (2021), S. 331f.

10 https://www.thetimes.co.uk/article/people-don-t-agree-with-lockdown-and-try-to-undermine-the-scientists-gnms7mp98.

11 Seth Flaxman et al., „Estimating the effects of non-pharmaceutical interventions on COVID-19 in Europe", *Nature*, 584 (2020), S. 257–261; Seth Flaxman et al., „Report 13: Estimating the number of infections and the impact of non-pharmaceutical interventions on COVID-19 in 11 European countries" (2020): https://spiral.imperial.ac.uk/handle/10044/1/77731; Vincent Chin et al., „Effects of non-pharmaceutical interventions on COVID-19: A Tale of Three Models" (2020): https://www.medrxiv.org/content/10.1101/2020.07.22.20160341v3; Jonas Herby, Lars Jonung und Steve H. Hanke, „A literature review and meta-analysis of the effects of lockdowns on Covid-19 mortality", *Studies in Applied Economics*, 210 (Mai 2022); Eran Bendavid et al., „Assessing mandatory stay-at-home and business closure effects on the spread of COVID-19", *European Journal of Clinical Investigations*, 51 (4) (2021), e13484; Sebastian Mader und Tobias Rüttenauer, „The Effects of non-pharmaceutical interventions on COVID-19 mortality: A

generalized synthetic control approach across 169 countries", *Frontiers in Public Health* (2022), doi: 10.3389/fpubh.2022.820642; Jonas Hermann, „Falsche Corona-Prognosen: Manipulation im Namen der Wissenschaft", *Neue Zürcher Zeitung*, 8. Mai 2021.

12 Gustave Le Bon, *Psychologie des foules* (1895), zitiert nach: https://www.textlog.de/le-bon-psychologie.html.

13 Immanuel Kant, „Was ist Ausklärung?", *Berlinische Monatsschrift*, 12 (1784), S. 481–494.

14 Im Original: Many educated people claim to not be "religious," saying instead that they put their "belief" in science, and speak as though science replaces religion, which represents humanity's mythic and irrational need for certainty. But under psychological stress, the quasi-religiosity of so much of that scientific belief emerges. When we say (as some do) that we are science-trusting, and act as though "science says" some univocal truth, which can be revealed, on demand, we show that we are really only transferring the quest for certainty from religion to science. ... That is because these questions are the product not of science, but of a *fantasy* about science, something that masquerades as science. ... We might call that fantasy "consumer science." Siehe: Norman Doidge, „Science says", *Tablet Magazine*, Juni 2020: https://www.tabletmag.com/sections/science/articles/doidge-science-says-plague-journal.

15 Zur Hierarchie der Evidenz siehe zum Beispiel: Patricia B. Burns, Rod J. Rohrich und Kevin C. Chung., „The levels of evidence and their role in evidence-based medicine", *Plastic and Reconstructive Surgery* 128 (2011), S. 305–310; Trisha Greenhalgh, „How to read a paper. Getting your bearings (deciding what the paper is about)", *British Medical Journal* 315 (1997), S. 243–246.

16 Christina Berndt, „Warum Drostens Rückzug aus dem Sachverständigenrat richtig ist", *Süddeutsche Zeitung*, 29. April 2022: https://www.sueddeutsche.de/gesundheit/christian-drosten-expertenrat-austritt-coronavirus-1.5575356.

17 Im Original: „Anyone who was not an epidemiologist or health policy specialist could suddenly be cited as an epidemiologist or health policy specialist by reporters who often knew little about those fields but knew immediately which opinions were true. Conversely, some of the best epidemiologists and health policy specialists in America were smeared as clueless and dangerous by people who believed themselves fit to summarily arbitrate differences of scientific opinion without understanding the methodology or data at issue". Siehe: John P.A. Ioannidis, „How the pandemics is changing the norms of science", *Tablet Magazine*, September 2021: https://www.tabletmag.com/sections/science/articles/pandemic-science.

Wissenschaft als Hebammenkunst. Bilder der Freiheit

Salvatore Lavecchia

Die flächendeckende Durchsetzung von Steuerungsmaßnahmen – Akkreditierungen, Evaluierungen, Zertifizierungen, Rankings, und viel anderes – durch politische Entscheidungstragende charakterisiert seit geraumer Zeit die Landschaft, in der die Praxis der Wissenschaft sich ereignet.[1] Diese Steuerungstendenzen der letzten Jahre wirken auf die Wissenschaft wie Hebammen, die im vorhinein bestimmen möchten, welche Kinder überhaupt geboren werden dürfen, und die eine ruhige Begegnung, ein echtes Gespräch mit den Frauen, die gebären sollen, nie als wesentlich betrachten. Immer mehr erweist sich demzufolge ein altehrwürdiges Bild als dramatisch aktuell: das Bild, das die Geburt einer stimmigen Erkenntnis, und dadurch einer wirklich produktiven Wissenschaft betrifft. Hiermit beziehe ich mich auf das Bild der geistigen Hebammenkunst, das Platon von Sokrates darstellen lässt.[2]

Als Voraussetzung der eigenen Hebammenkunst, durch die er den geistig schwangeren Seelen zur Geburt wahrer Erkenntnis verhilft, bezeichnet Sokrates die Tatsache, dass er von sich aus keine wahre Erkenntnis, keine *sophía* gebärt.[3] Sokrates ist lediglich Geburtshelfer für die Menschen: Sie *selber* sollen doch der Erkenntnis zur Geburt verhelfen, die in ihnen enthalten ist[4], genauso wie eine schwangere Frau *selber* ein Kind gebären soll. Dies bedeutet jedoch nicht, Sokrates hätte nie echtes Wissen geboren; er könnte nämlich sonst nicht als Hebamme für die Seelen wirken. Hebammenkunst darf nämlich nach Sokrates nur von jenen Frauen geübt werden, die geboren haben,[5] da die menschliche Natur zu schwach sei, um Kunstfertigkeit in einem Feld zu erreichen, in dem sie keine Erfahrung erlangt hat.[6] In anderen Worten: Wenn Sokrates das eigene Wirken in Analogie zur Hebammenkunst wahrnimmt, dann *muss* er Erfahrung im Gebären wahrer Erkenntnis gewonnen haben.

Die Tatsache, dass Sokrates als geistige Hebamme nicht gebären will oder wird, hängt damit zusammen, dass er *anderen* Menschen zum Gebären verhelfen soll. Jede Geburt ist wiederum eine einmalige Begegnung der Hebamme mit einmaligen Individualitäten – mit der Individualität der Mutter, des Kindes, der Situation, der Umgebung, in der sich die Geburt ereignet. Auch eine Hebamme mit der reichsten Erfahrung muss dementsprechend stets auf das einmalig *Individuelle* hinhören und hinschauen, das sich bei der *gegenwärtigen* Geburt offenbaren will. So darf die Hebamme den Weg, der zum Ereignis der Geburt führen kann, nicht nur ausgehend vom eigenen in der Vergangenheit erworbenen Wissen, von der eigenen Erfahrung gleichsam im Vorhinein festlegen wollen. Ein Weg, der sich bei unzähligen Müttern und Kindern als fruchtbar wirksam zeigte, könnte sich nämlich für die eine Mutter, für das eine Kind als tödlich erweisen, denen die Hebamme gegenwärtig helfen soll. Die Hebamme muss somit bei jeder Geburt das eigene Wissen und die eigene Erfahrung gleichsam ruhen lassen können, um die Begegnung mit der gegenwärtigen Geburt, wie durch eine fruchtbare Leere, in uneingeschränkter Offenheit für die *Individualität* jener Geburt erleben zu können. Nicht eine vergangene, schon gegebene Geburt soll reproduziert werden: Die Hebamme muss nicht von der Vergangenheit, sondern von der Zukunft ausgehend handeln, das heißt eine generative, kreative Vergegenwärtigung der Zukunft bewirken können.

Sokrates' Hebammenkunst darf als Urbild jeder Begegnung mit der einmaligen Individualität eines Phänomens, und mithin als Urbild jeder schöpferisch offenen, und deshalb freien Wissenschaft sowie Förderung der Wissenschaft wahrgenommen werden. Das uneingeschränkte Vertrauen in die Möglichkeit einer solchen Begegnung, die zur Manifestation eines wirklich *neuen* Phänomens verhelfen kann, ist die *ethische* Tatsache, die authentischer Wissenschaft und Wissenschaftsförderung zugrunde liegt. Das wahrhaftig Neue überragt seinerseits jede Möglichkeit der Antizipation – die allen Illusionen zum Trotz stets vom Gegebenen beziehungsweise Vergangenen ausgehen muss –, der Ableitbarkeit, der Modellierung, der Theoriebildung, der Programmierung, der Steuerung. Denn seine Manifestation ist eben *Geburt*, die sich allein durch schöpferisch intuitive Offenheit der einmaligen Individualität des zu Gebärenden gegenüber ereignen kann. Das Denken, die Intelligenz, der Geist, die eine wirklich freie Wissenschaft und Wissenschaftsförderung ermöglichen und bilden, sowie die von ihnen erreichbaren Ergebnisse, sind demzufolge nicht durch eine steif vorwegnehmende, rigide festlegen wollende Projektmentalität zu planen. Sie können, anders formuliert, nur durch ein authentisch freies Selbst, durch ein freies Ich verwirklicht werden. Es handelt sich hier um ein prägnant *dialogisches Ich*, dessen Leben in der selbstlosen, fruchtbaren Gebärde der *Offenheit* der harmonischen Transparenz anderer Wesen gegenüber besteht.[7] Es handelt sich, in anderen Worten, um eine Mitte ursprünglicher Generativität, deren Wirken stets die Qualität des schöpferischen, unprojektierbaren Plötzlichen behält. Wie kann sich jedoch Plötzliches, das heißt Neues, ereignen, wenn wir immer mehr dazu aufgerufen werden, immer mehr genau zu wissen, was bei unserer wissenschaftlichen Arbeit herauskommen soll, bevor wir diese Arbeit überhaupt konkret beginnen? Wo bleiben hier der Mut und die Wirklichkeit eines echten Anfanges, eines echten Ur-Sprungs?

Steuerungsmaßnahmen und -systeme sind an sich, notgedrungen, instrumentalisierend und verengend, was Forschungsgegenstände und -strategien betrifft. Diese Einengung ist im Begriff der Steuerung an sich mit enthalten, und der moralisierende Einwand „Es kann doch auch in eine gute Richtung gesteuert werden!" ist hier fehl am Platz. Hier geht es nämlich um Entdeckung und Betrachtung von Phänomenen, nicht um Entwicklung beziehungsweise die alleinige Anwendung von Techniken oder Therapien. Auf den Punkt gebracht: Einengung wirkt hier so, als ob jemand irgendwann planen, projektieren und vorschreiben möchte, wie wir eine Landschaft betrachten beziehungsweise was wir darin überhaupt wahrnehmen dürfen, und unsre Betrachtung durch alle mögliche Bedrohungen der Unterbrechung begleiten würde, wenn wir nicht diese oder jene für die Landschaftsbetrachtung formulierten Normen und Vorschriften erfüllen. Wären wir dann mehr auf die Freiheit, auf die Unbefangenheit der Betrachtung oder eher auf die Angst vor der Unterbrechung konzentriert? Würde eine solche beängstigende Verengung überhaupt zu einer wirklichen

Erkenntnis der betrachteten Landschaft führen können? Als umso problematischer erweist sich diese Art der Verengung durch Steuerung, wenn wir das sokratische Bild der wahren Erkenntnis als Geburtsprozess ernst nehmen wollen!

Sicher ist das sokratische Bild der Erkenntnis als Geburtsprozess vollkommen realitätsfern, wenn die Aufgabe von Erkenntnis und Wissenschaft mit der Lieferung von „Produkten" identifiziert wird, die politischen oder wirtschaftlichen Maßstäben zu entsprechen haben. Sie offenbart sich dagegen als unerschöpflich zukunftsträchtig, wenn Erkenntnis und Wissenschaft auf dem Vertrauen in das menschliche Ich als Mitte einer mündigen, freien, der Welt schöpferisch dialogisch begegnenden Tätigkeit fußen soll. Gerade dieses Vertrauen zeigt sich wiederum in letzter Zeit immer mehr als *die* essentielle Voraussetzung für eine menschenwürdige Begegnung mit den Herausforderungen der Gegenwart. Denjenigen aber, die, ausgehend von flächendeckenden, politischen sowie wirtschaftlichen Instrumentalisierungen der Wissenschaft, aufgrund jener Herausforderungen genau die Gewissheit der Freiheit sowie der Fähigkeit zu authentisch *ursprünglich* menschlichen Impulsen gegenüber nachhaltig untergraben möchten, wird der unsteuerbare Sokrates noch heute sicher ein Stein des Anstoßes sein. Soll dies uns beängstigen, oder eher dazu ermuntern, den Mut zur freien Wahrnehmung der Untrennbarkeit von stimmiger Erkenntnis und Menschenwürde gebären zu wollen?

Anmerkungen

1   Für eine kritische Analyse dieses Phänomens vgl. Salvatore Lavecchia, „Im Namen der Un-Schuld. Philosophie für eine unakkreditierte Universität", *Allgemeine Zeitschrift für Philosophie*, 46, 1 (2021), S. 81-101.
2   Platon, *Theaitetos* 148e-151d3. Für eine weitere Vertiefung siehe Salvatore Lavecchia, „Vertrauen in die Ich-Geburt. Führung in Sokrates' Horizont", in Götz Werner-Peter Dellbrügger (Hrsg.), *Wozu Führung? Dimensionen einer Kunst* (Karlsruhe: Karlsruher Institut für Technologie Scientific Publishing, 2013), S. 73-81.
3   Ebd., 150c4-d2.
4   Ebd., 150d7-e1.
5   Ebd., 149b5-c1.

6 Ebd., 149c1-2.
7 Für eine weitere Vertiefung des hier vorausgesetzten Begriffs des Denkens und des Selbst/Ich vgl. Salvatore Lavecchia, „Agathologie. Denken als Wahrnehmung des Guten oder: Auf der Suche nach dem offenbarsten Geheimnis", *Perspektiven der Philosophie* 38 (2012), S. 9-45; ders., „Agathological Realism: Searching for the Good beyond Subjectivity and Objectivity or On the Importance of being Platonic", *Etica & Politica / Ethics & Politics* 16 (2014), S. 533-549, auch in Gabriele De Anna-Riccardo Martinelli (Hrsg.), *Moral Realism and Political Decisions* (Bamberg: University of Bamberg Press, 2015), S. 29-50; ders., „Das Ich und das Gute. Ansätze einer Licht-Philosophie in Anknüpfung an Novalis und Platon", *Perspektiven der Philosophie* 40 (2014), S. 9-46; ders., „Im Namen der Un-Schuld", S. 90-94.

Die sokratische Mäeutik.
Ein Auszug aus Platons Dialog *Theaitetos*.

Übersetzung: Friedrich Daniel Ernst Schleiermacher

THEAITETOS: Wisse nur, Sokrates, ich habe oft versucht, dieses herauszufinden, da ich die von dir herumgehenden Fragen hörte, aber ich kann weder mich selbst überreden, dass ich etwas Genügendes ausgedacht hätte, noch höre ich irgendeinen andern die Sache so, wie du es forderst, erklären. Ebenso wenig aber kann ich jemals ablassen, darauf zu sinnen.
SOKRATES: Du hast eben Geburtsschmerzen, lieber Theaitetos, weil du nicht leer bist, sondern schwanger gehst.
THEAITETOS: Das glaube ich nicht. Wie es mir aber ergeht, das habe ich dir gesagt.
SOKRATES: O Spaßmacher, hast du wohl niemals gehört, dass ich der Sohn einer Hebamme bin, einer sehr berühmten und ehrwürdigen, der Phainarete?
THEAITETOS: Das habe ich wohl schon gehört.
SOKRATES: Etwa auch, dass ich dieselbe Kunst ausübe, hast du gehört?
THEAITETOS: Das keineswegs.
SOKRATES: Wisse dann, dem ist so. Verrate mich aber nicht damit gegen die andern, denn es weiß niemand von mir, Freund, dass ich diese Kunst besitze. Da es nun die Leute nicht wissen, sagen sie mir auch dieses zwar nicht nach, wohl aber, dass ich der wunderlichste aller Menschen wäre und alle zum Zweifeln brächte. Gewiss hast du das auch gehört?
THEAITETOS: Vielfältig.
SOKRATES: Soll ich dir davon die Ursache sagen?
THEAITETOS: Allerdings.
SOKRATES: Überlege dir nur recht alles von den Hebammen, wie es um sie steht, so wirst du leichter merken, was ich will. Denn du weißt doch wohl, dass keine, solange sie noch selbst empfängt und

gebärt, andere entbindet, sondern nur die, welche selbst nicht mehr fähig sind zu gebären, tun es.
THEAITETOS: So ist es allerdings.
SOKRATES: Das soll, wie sie sagen, von der Artemis herrühren, weil dieser, einer Nichtgebärenden, dennoch die Geburtshilfe zuteilgeworden. Nun hat sie zwar den ganz Unfruchtbaren nicht verleihen können, Geburtshelferinnen zu sein, weil die menschliche Natur zu schwach ist, um eine Kunst zu erlangen in Dingen, deren sie ganz unerfahren ist, wohl aber hat sie diese Gabe denen, die des Alters wegen nicht mehr gebären, beigelegt, um doch der Ähnlichkeit mit ihr selbst einen Vorzug einzuräumen.
THEAITETOS: Das scheint annehmlich.
SOKRATES: Ist also wohl auch das annehmlich und notwendig, dass, ob eine schwanger ist oder nicht, besser: von den Geburts-helferinnen erkannt wird als von anderen?
THEAITETOS: Gar sehr.
SOKRATES: Ja es können auch die Hebammen durch Arzneimittel und Beschwörungen die Wehen erregen und, wenn sie wollen, sie auch wieder lindern und den Schwergebärenden zur Geburt helfen, oder auch, wenn diese beschlossen haben, sich des Kindes zu entledigen, können sie es abtreiben, solange es noch ganz klein ist.
THEAITETOS: So ist es.
SOKRATES: So wisse denn, dass sie somit noch mehr wissen, als das mit dem Nabelschnitt. Überlege auch nur: Glaubst du, dass die Pflege nebst Einsammlung der Früchte des Erdbodens und dann wiederum die Einsicht, welchem Boden man jegliches Gesäme und Gewächs anvertrauen muss, zu einer und derselben Kunst gehören oder zu verschiedenen?
THEAITETOS: Nein, sondern zu derselben.
SOKRATES: Bei den Frauen aber glaubst du, dass dieses die eine, und das Einsammeln wieder eine andere Kunst ist?
THEAITETOS: Das ist wenigstens nicht wahrscheinlich.
SOKRATES: Von meiner Hebammenkunst nun gilt übrigens alles, wie von der ihrigen. Ja, auch hierin geht es mir eben wie den Hebammen: Ich verhelfe zur Geburt nicht aus Weisheit, und was mir bereits viele vorgeworfen, dass ich andere zwar fragte, selbst

aber nichts über irgendetwas antwortete, weil ich nämlich nichts Kluges wüsste zu antworten, darin haben sie recht. Die Ursache davon aber ist diese: Geburtshilfe leisten nötigt mich der Gott, erzeugen aber hat er mir gewehrt. Daher bin ich selbst keineswegs etwa weise, habe auch nichts dergleichen aufzuzeigen als von meinem Verstand erzeugt und geboren. Die aber mit mir umgehen, zeigen sich zuerst zwar zum Teil gar sehr ungelehrig, hernach aber, bei fortgesetztem Umgang, machen alle, denen es der Gott vergönnt, wunderbar schnelle Fortschritte, wie es ihnen selbst und andern scheint, und dieses offenbar ohne jemals irgendetwas etwa von mir gelernt zu haben, sondern nur selbst aus sich selbst, entdecken sie viel Schönes und halten es fest, die Geburtshilfe indes leisten dabei der Gott und ich.

Anmerkung: Der berühmte Hebammen-Dialog zwischen Sokrates und seinem Schüler Theätet wurde von Platon niedergeschrieben. Er wurde für den vorliegenden Zweck leicht gekürzt und folgt der Übersetzung Friedrich D. E. Schleiermachers (T.L.).

Vom Mythos der wissensbasierten Gesellschaft

Markus Riedenauer

Wissen wir, was Wissen ist?

Wenn sich eine Gesellschaft wie die unsrige regelmäßig als „wissensbasiert" beschreibt und Wissen als ihre wichtigste Ressource, wäre es gut, wenn sie auch wüsste, was Wissen ist. Das gilt umso mehr, je weniger sie von Traditionen und je mehr sie von angeblich wissensbasierten oder wissenschaftlich fundierten Regeln gesteuert wird. Dazu würde gehören, um das jeweils Nichtgewusste und das Nichtwissbare zu wissen. Die Grenzen seines Wissens zu wissen, war der Vorzug des Sokrates im Vergleich mit den Wissensillusionen seiner Gesprächspartner.[1]

Wissen ist weit mehr als Faktenkenntnis, es impliziert ein Verstehen von Zusammenhängen und Gründen, vom Wissenserwerb – in aufschlussreich technomorpher Weise oft als „Wissensproduktion" bezeichnet – im Zusammenhang mit Interpretationen, von ihrer nur vorläufigen Geltung und womöglich von alternativen Deutungen. Es wird durch Bildung der Person erworben, hängt mit ihren intellektuellen Tugenden zusammen – wie Offenheit, Vorsicht beim Urteilen, Umsicht beim Abwägen, Perspektivierungsvermögen – und wächst im Rahmen einer Lernbiografie. Was in Büchern, Bibliotheken oder Datenbanken gespeichert werden kann, ist eher als Information zu bezeichnen, die erst als angeeignete und kritisch durchdachte wieder zu Wissen in menschlichen Subjekten wird. Hierzu wäre mehr zu sagen, doch genügen diese Andeutungen, um die Verengung des Wissensbegriffs zu verstehen, der sich breit gemacht hat vor allem in der mit dem Internet herangewachsenen Generation und die sich gegenwärtig stark auswirkt.

Wissen wird zunehmend verwechselt mit Information oder mit dem Zugriff auf Daten – was soweit geht, dass Studierende meinen, für Wissen sei es ausreichend, über das Know-how zu verfügen, an welchen (virtuellen) Orten und auf welche Weise Daten abgerufen werden können. Zudem herrscht eine unterkomplexe binäre Struktur von wahr („Fakt") oder falsch, welche die bunte Wirklichkeit auf Schwarz und Weiß reduziert. Am Ende wird dies moralisch aufgeladen und konfundiert mit gut oder böse. Wahres Wissen zu haben und zu äußern, ist gut – eine falsche Meinung zu haben ist nicht einfach ein Irrtum, sondern böse, es verdient Ächtung und Ausschluss aus dem Diskurs. Es wird „Desinformation" genannt und mit Zensur bekämpft. In diesem intellektuellen Klima liegt es nahe, dass Meinungen, Interpretationen und Bewertungen komplexer Sachverhalte auch dem Entweder-oder unterworfen werden – ohne Alternativen, ohne Graduierung von mehr oder weniger gut begründet, ohne Möglichkeit zum Verbessern im argumentativen Diskurs, darum ohne Chance, voneinander und miteinander zu lernen. Ein neuer moralischer Dogmatismus ersetzt die Kraft des besseren Arguments. Das ist ebenso gefährlich wie die relativistische Gleichsetzung von Wissen mit personen- oder kontextabhängiger Meinung (und vermutlich deren dialektischer Umschlag ins gegenteilige Extrem).

Nahegelegt und verstärkt werden diese Simplifizierungen und Kategorienfehler durch ein einseitiges Maßnehmen an empirischen Wissenschaften, während vergessen wird, dass es nicht nur Verfügungs- und Herrschaftswissen, sondern auch Reflexions- und Orientierungswissen gibt, das mehr auf der subjektiven Seite liegt und weniger objektivierbar (aber darum nicht aus dem Raum der Gründe ausgeschlossen) ist. Die häufige Berufung auf „die" Wissenschaft im Singular zeigt: Die Vielfalt von Wissensformen bis hin zu nicht-propositionalem und implizitem Wissen (wie ästhetisches Wissen oder sich auf etwas verstehen) und die Pluralität der Arten von Wissenschaft scheinen zunehmend aus dem Blick zu geraten, ebenso die Interpretationsbedürftigkeit von Daten und der Modellcharakter von Theorien.

Wissen wir, was Wissenschaft ist?

Seit dem kritischen Rationalismus betont die Wissenschaftstheorie die Fallibilität von Wissen, sodass streng genommen Wahrheit von Wissen bedeutet, dass es bisher noch nicht falsifiziert wurde. Davon sowie von Paradigmenwechseln gar weiß die Öffentlichkeit kaum etwas. Soweit dem wissenschaftlichen Wissen zugeschrieben wird, dass es „sicher" sei und sein müsse (unter Ausschluss alternativer Theorien), stehen dahinter starke Sicherheitsbedürfnisse. Unter Bedingungen der Ungewissheit, bei nur begrenztem und vorläufigem Wissen politische Entscheidungen zu treffen, setzt ja Entscheidungsträger hohen Risiken aus – in demokratischen Rechtsstaaten zuletzt dem Risiko, abgewählt oder gar juristisch belangt zu werden. Die Berufung auf einen „Stand der Wissenschaft" impliziert zwar, dass dieser sich ändern kann und benennt seinen vorläufigen Charakter, macht aber die Frage umso dringlicher, wer denn befugt ist, diesen Stand festzustellen. Wenn die Wissenschaft daran festhält, dass allein der freie Diskurs von miteinander konkurrierenden Theorien (und manchmal auch verschiedener Paradigmen) in einem offenen Prozess die jeweils beste Erklärung oder Deutung zum Vorschein bringen kann, ist das keine Strategie, um sich nicht kritisieren oder steuern zu lassen, sondern eine unverzichtbare Funktionsbedingung – und zwar sowohl für die Wissenschaft als auch für eine freie Gesellschaft.

Autoritäre und totalitäre politische Systeme können nicht mit freier, sich selbst korrigierender Wissenschaft koexistieren und unterdrücken sie; plurale und liberale Gesellschaften benötigen real gelebte Wissenschaftsfreiheit, um Kriterien zu gewinnen für komplexe Entscheidungen, die dann aber zu verantworten sind. Ihre Grundrechtskataloge umfassen aus guten Gründen die Freiheiten der Meinungsäußerung, Meinungsbildung, darum der Presse und der Wissenschaft. Freilich kann es moralische Grenzen für jede Freiheit geben, nämlich dann und insoweit, als die Würde und Autonomie von Personen oder die liberale Rechtsordnung selbst gefährdet wird. Grundsätzlich aber ist Freiheit nicht teilbar.

Wie frei sind wir wirklich?

Unfrei wird Wissenschaft nicht nur, wenn sie politisch gesteuert oder eingeschränkt wird, gewissermaßen von außen, sondern auch von innen.[2] Denn real ist sie abhängig vom Geld und in dieser Hinsicht haben sich in den letzten Jahrzehnten bedenkliche Verschiebungen ergeben: Die sogenannten Drittmittel von Unternehmen, Organisationen, Stiftungen und Privatpersonen werden in bestimmte, jeweils erwünschte Forschungsthemen investiert und entfalten schon damit eine Lenkungswirkung, auch wenn keine bestimmten Ergebnisse erwartet werden. Die wirtschaftliche Nutzbarkeit von Wissen ist natürlich ein wesentliches Motiv für die Industriefinanzierung von Forschung. Wer Folgeanträge bewilligt bekommen will, ist dann in Versuchung, sich dem sublimen Erwartungsdruck anzupassen – dies umso mehr, je geringer der Anteil von zweckfreier öffentlicher Finanzierung insgesamt ist.[3] Die Konkurrenz um Ressourcen kann die Konkurrenz um die beste Theorie oder die überzeugendste Interpretation verdrängen. Drittmittelerfolg und wissenschaftliche Reputation bedingen einander wechselseitig und Letztere hängt mit öffentlicher Wahrnehmung und Reputation zusammen. Hier spielen Politik und Medien eine wichtige Rolle – und zwar in den letzten Jahren eine sehr ungünstige.[4] Einzelne Forschungsrichtungen und wissenschaftliche Themen wurden zur Norm „der" Wissenschaft erklärt und abweichende Theorien und Interpretationen nicht mit Sachargumenten, sondern mit Verweis auf einen behaupteten Stand der Wissenschaft unterdrückt und bekämpft. Dieser wird aber immer weniger bestimmt durch den pluralen Diskurs in den Wissenschaften selbst und immer mehr durch Redaktionen von Presse und Fernsehen oder gar anonyme Zensoren von Internetanbietern und Plattformen. Die WHO fördert die Kontrolle von Informationen, welche sie als irreführend und gefährlich definiert und unter dem neuen Kunstwort „infodemic" zusammenfasst, erklärtermaßen durch Zusammenarbeit mit dem technischen Sektor, Medien und der akademischen Welt,[5] dafür bildet sie „infodemic managers" aus, die sie selbst als „Einhörner" bezeichnet.[6]

Diese ganzen Entwicklungen führten auch zu Phänomenen der Selbstzensur, welche die Wissenschaftsfreiheit ebenso von innen aushöhlen wie die vorauseilende Konformität mit Interessen von Drittmittelgebern. Der öffentliche, mediale Druck auf wissenschaftliche Ansätze, Forschungen, Theorien und Evaluationen, welche nicht dem favorisierten Narrativ entsprechen, führt bereits häufig zu illiberalen und unwissenschaftlichen Attacken auf wissenschaftlich Tätige.[7] Das alles fördert eine Haltung bei Universitätsleitungen, Wissenschaftsorganisationen und einzelnen Hochschulangehörigen, die weniger an der Wahrheitssuche orientiert ist als an der Konformität („Gesinnungswissenschaft").

Hinzu kommt, dass einer Wissenschaft, die sich verzwecken lässt, selbst eine neue, ungeahnte Macht zuwachsen kann: Unter der Herrschaft des spätmodernen technokratischen Paradigmas wird sie einerseits unfrei und andererseits zum Partner für illiberale Politik. Sie liefert Instrumente für „social engineering", „enhancement" und „wissenschaftlich fundierte" Biopolitik. Daraus folgt: In einseitiger und unaufgeklärter Weise von wissensbasierter Gesellschaft zu reden, verschleiert nicht nur den Charakter von Wissenschaft, sondern auch reale Machtverhältnisse. Damit werden die Grundlagen der liberalen Gesellschaft gefährdet. Insofern wird ein Mythos gefördert, der Aufklärung und Freiheit behindert, indem er ein angesichts der realen Lage illusorisches gesellschaftliches Selbstbild transportiert.

In welchen Verhältnissen sollen Wissen, Macht, Recht und Ethik stehen?

Der vereinfachende Slogan „Wissen ist Macht" (nach Francis Bacon) verdeckt, dass die (politische oder mediale oder finanzielle) Macht sich Wissenschaft in einer Weise zunutze machen kann, die deren Funktionsbedingungen konterkariert. Was beides, Wissenschaften auf der einen Seite und Machtstrukturen auf der anderen Seite, in ein sinnvolles Verhältnis bringen kann, sind das Recht und das Ethos. Die Ethik als Reflexion auf Ethosformen, auf praktizierte Moralität, darin implizierte Werte und Kriterien braucht ihren eigenen Diskursraum und kann nicht politisch-medial kurzgeschlossen werden. Ebenso schädlich ist die szientistische Behauptung von einer wissenschaftlichen Entscheidbarkeit aller Fragen, auch der moralischen. Wohl hat Wissen, insoweit es gut begründet ist, eine Forderung nach Anerkennung an sich, deren Verweigerung als dumm oder böswillig erscheint. Doch darf nicht verdrängt werden, dass die Frage nach Werten auf einer weiteren Reflexionsebene liegt. Eine Konfundierung von Fakten und Normen verdeckt die genuin moralische Verantwortung für (politische) Entscheidungen – besonders bei Unsicherheit, die sich einem noch unzureichenden oder vorläufigen Wissensstand verdankt.

Die „deliberative" Auseinandersetzung um das Wahre, Gute und Humane ist eines der unverzichtbaren Paradigmen der liberalen, dem Menschen als politischem Lebewesen angemessenen Demokratie.[8] Wissenschaft ist kein Ersatz für normative gesellschaftliche Diskussionen, für politisches Entscheiden und Abwägen. Den Rahmen dafür bietet der Rechtsstaat auf dem Fundament der Menschenrechte. Dies und die Notwendigkeit, Macht durch Gegenmacht auszubalancieren, ist die entscheidende Einsicht der modernen politischen Theorie (wiewohl Ansätze dafür schon in der *Politik* des Aristoteles zu finden sind). Die Legitimation von Macht geht mit ihrer Limitation einher – in der Spätmoderne gehört dazu nicht nur die Gewaltenteilung zwischen Legislative, Exekutive und Judikative, sondern auch die grundsätzliche Begrenzung durch die „roten Linien" der Menschenrechte sowie die Korrekturfunktionen von freier Wissenschaft und freien Medien.

Es ist wichtig, das ganze und komplexe Bild zu sehen: Wissenschaft steht in Bezügen zur Wirtschaft, zur medial vermittelten Öffentlichkeit und zur Politik, die vom Recht zu definieren, d.h. einzugrenzen und zu präfigurieren sind. Sie wirkt auf politische Entscheidungsträger, indem sie nicht Entscheidungen liefert, sondern Grundlagen dafür. Während Entscheidungen Komplexität reduzieren, um Handlungsfähigkeit zu ermöglichen, ist es Aufgabe der Wissenschaft, durch kritische Reflexion Komplexität zu erhöhen: Sie kann der Politik nicht sagen, was diese zu tun hat, sondern welche Faktoren zu berücksichtigen und nach genuin moralischen Kriterien abzuwägen sind. Auf die Gesellschaft wiederum wirken Wissenschaften durch Bildungsprozesse, wobei ethische Reflexion und Orientierungswissen unverzichtbar sind. Im Diskursraum kommunikativer Vernunft müssen politische Entscheidungen hinreichend erörtert werden, um Kurzschlüsse von Macht und Wissenschaft zu verhindern, welche die Freiheit zusammen mit der Vernünftigkeit gefährden.

Daraus ergeben sich ebenso dringende wie wichtige Fragen, die einen breiten wissenschaftlichen und öffentlichen Diskurs erfordern: Was ist dafür zu tun, damit eine kommende Generation nicht meinen wird, nach verheerenden Folgen von Kernspaltung, synthetischer Chemie und *Gain-of-function*-Forschung verdiene die Wissenschaft kein Vertrauen mehr? Wie ist die Ausdifferenzierung relativ autonomer Teilbereiche, welche in der modernen Gesellschaft Freiheit ermöglicht, auch in der Postmoderne aufrecht zu erhalten? Wie können die Leitungen von Universitäten, Stiftungen sowie einzelne Wissenschaftlerinnen und Wissenschaftler das wissenschaftliche Ethos verstärken, damit die Selbstkorrektur durch vorurteilsfreie Suche nach den jeweils besten Methoden, Theorien und Interpretationen funktioniert? Was muss Bildung, vor allem in den Schulen, aber auch auf dem Gebiet der Berufs- und Weiterbildung sowie auf dem Markt der Erwachsenenbildung leisten, um ein aufgeklärtes Verständnis von Wissen zu vermitteln – zusammen mit den rechtsmoralischen Grundlagen einer freien Gesellschaft? Wie können Medien den vitalen Diskursraum öffnen und erweitern, statt ihn moralisierend und zensierend zu verengen? Wie können Kurzschlüsse von Wissenschaft und Macht verhindert werden? Welche rechtlichen, organisatorischen und finanziellen Regelungen sind zu reformieren, damit eine wirklich freie Wissenschaft einer wirklich liberalen Gesellschaft dienen kann?

Anmerkungen

1 So formuliert Cicero (*Academici libri* 1,16) die Stellen in Platons *Apologia* aus, vgl. 21d-22a.
2 Michael Esfeld sieht auch „die liberale Demokratie mit Wissenschaft, Rechtsstaat und Menschenrechten [...] heute akut bedroht" – und zwar von innen, aus der Wissenschaft selbst. „Als politische Programm – ‚follow the science' – zerstört die Wissenschaft sich selbst und die

Gesellschaft" (Michael Esfeld, „Die real existierende Postmoderne", in Konstantin Beck, Andreas Kley, Peter Rohner und Pietro Vernazza (Hrsg.), *Der Corona-Elefant. Vielfältige Perspektiven für einen konstruktiven Dialog* (Zürich: Versus, 2022), S. 245-262; zitiert aus dem preprint: https://www.philosophie.ch/artikel/2021/2020-11-24-esfeld.
3   Vgl. Michael Ignatieff, „Auf den Punkt gebracht", in Wilhelm Hopf (Hrsg.), *Die Freiheit der Wissenschaft und ihre „Feinde"* (Berlin: LIT, 2019), S. 32-39.
4   Das „Abwägen aller Argumente, das kritische Hinterfragen, wäre eigentlich die Aufgabe der ‚vierten Gewalt'. Im Falle von Corona haben die Medien ihren Part in der Demokratie schlecht gespielt. Sie haben die Antworten gewusst, längst bevor sie die Fragen gestellt haben." Zitiert in: Werner Vontobel, „Die Medien kannten die Antworten, bevor sie die Fragen gestellt haben", in Beck et al (Hrsg.), *Der Corona-Elefant*, S. 41-49, Zitat auf S. 48.
5   https://www.who.int/health-topics/infodemic#tab=tab_1.
6   https://cdn.who.int/media/docs/default-source/epi-win/who_booklet_08.06.21.pdf?sfvrsn=b87686ab_4.
7   Vgl. die Beispiele aus den USA, Großbritannien, Deutschland und Österreich bei Hopf, *Die Freiheit der Wissenschaft und ihre „Feinde"*.
8   Siehe Julian Nida-Rümelin, *Die gefährdete Rationalität der Demokratie* (Hamburg: Edition Körber, 2020).

Wissenschaft zwischen Freiheit und Politik

Gerd Morgenthaler

Die Freiheit der Forschung

Mit dem Ruf „*Sapere audete* – habet den Mut zum Wissen!" forderte Philipp Melanchthon einst seine Kollegen zur Universitätsreform auf. Nach Immanuel Kant ist dies auch der Wahlspruch der Aufklärung: „*Sapere aude!* Habe Mut, dich deines eigenen Verstandes zu bedienen!" Kant war wie die anderen Philosophen der Aufklärung überzeugt, dass es gelingen könne, durch Anwendung der Kriterien der reinen und praktischen Vernunft zur Erkenntnis der Wahrheit zu gelangen und mit deren Hilfe das praktische Leben erfolgreich zu gestalten. Welche rechtlichen Vorkehrungen in Gesellschaft und Staat getroffen werden müssen, damit dieser Optimismus plausibel wird, hat nach Kant vor allem Georg Wilhelm Friedrich Hegel systematisch herausgearbeitet, indem er die Idee der bürgerlichen Freiheit auf den Begriff brachte und auf die Bedeutung bestimmter Institutionen der Sittlichkeit hinwies. Sein Zeitgenosse Wilhelm von Humboldt[1] hat dann der spezifisch dem Erkenntnisstreben gewidmeten Institution Universität nicht nur in der Theorie eine dauerhafte Grundlage gegeben, sondern mit der Universität Berlin auch praktisch das Modell etabliert, welches fortan weltweit Maßstäbe setzte.

Humboldt stellte die Berliner Neugründung unter das Motto „Forschung in Einsamkeit und Freiheit" und reagierte damit auf dieselben Gefährdungen, gegen die schon Melanchthon protestiert hatte: die von außen kommende Instrumentalisierung für gesellschaftliche Nutzzwecke oder Glaubenssysteme einerseits und die innere Erstarrung des lebendigen Geistes der Wissenschaft andererseits. Wie Melanchthon den beherrschenden Einfluss der Zünfte und der katholischen Kirche beklagte, wandte sich Humboldt gegen die Dominanz utilitaristisch verflachter Bildungskonzepte der Aufklärung und den aufkommenden Pietismus, die er als gleichermaßen wissenschaftsfeindlich erkannte. Wenn er demgegenüber

„reines Erkenntnisstreben" und „Forschung in Einsamkeit und Freiheit" forderte, meinte Humboldt damit keineswegs, dass sich die Gelehrten von den praktischen Fragen abwenden und sich weltfremd in den Elfenbeinturm zurückziehen sollten. Sie sollten jedoch aufgrund bestimmter organisatorischer Arrangements die Möglichkeit erhalten, die praktischen Fragen, mit denen sie in ihren Fachdisziplinen konfrontiert wurden, in Muße und hinreichender sozialer Distanz von den gesellschaftlichen Forderungen in Angriff zu nehmen.[2] Damit verbunden war die Hoffnung, dass die so Privilegierten ein gemeinsames Ethos entwickeln, welches sie in allein auf objektive Erkenntnis gerichteter Forschung und Lehre bedingungslos nach der Wahrheit streben lässt und sie dazu drängt, sich auch gegen Widerstände zu ihr zu bekennen.

Die Humboldtsche Universitätsreform führte die Wissenschaft zu einer bis dahin ungekannten Blüte. Wer aber wollte leugnen, dass wir inzwischen wieder vor vergleichbaren Herausforderungen stehen wie zu Melanchthons und Humboldts Zeiten? Die Schlagworte sind neu, aber die Probleme sind die alten: Zu tun haben wir es zum einen mit der als *Managerialism* bezeichneten Tendenz, die Hochschulen immer unvermittelter in den Dienst der Wirtschaft zu stellen und sie deshalb auch wie Unternehmen zu organisieren, und zum anderen mit einer Ideologisierung, welche den Freiraum der denkbaren Forschungsthemen, -methoden und -ergebnisse faktisch immer weiter einzuschränken droht und inzwischen häufig in einer regelrechten *Cancel Culture*, einer „Kultur" des Zensierens und Löschens, gipfelt.

An die Stelle des Humboldtschen Modells einer autonomen Wissenschaft wurden in den vergangenen beiden Jahrzehnten hierarchische Modelle der Hochschulorganisation gesetzt. Diese beschnitten die Möglichkeiten der Selbstverwaltungsorgane zur Einwirkung auf die Hochschulleitungen, während sie die Universitäten dem Einfluss neu installierter Universitätsräte öffneten, die gesellschaftliche Interessen repräsentieren, aber selbst keiner institutionalisierten Kontrolle unterliegen. Ein weiterer Trend besteht darin, dass Forscher immer häufiger nur Zeitverträge erhalten anstelle des früher üblichen, auf Lebenszeit angelegten Beamtenstatus, der dazu diente, sie in der Gewissheit voller persönlicher und sachlicher Unabhängigkeit forschen zu lassen. Die abgesenkte Finanzausstattung zwingt die Wissenschaftler, permanent Drittmittel einzuwerben, wobei nicht auszuschließen ist, dass sie sich bei der Formulierung ihrer Forschungsfragen, der Auswahl ihrer Methoden und der Präsentation ihrer Ergebnisse immer stärker nach den Erwartungen der Geldgeber richten. Besonders in den kostenintensiven naturwissenschaftlichen und medizinischen Fächer könnten hier Abhängigkeiten entstanden sein.

Begleitet werden diese organisatorischen Änderungen durch eine Atmosphäre ideologischen Drucks, die auch vor den Universitäten nicht Halt macht. Einige Hochschullehrer haben sich statt dem Humboldtschen Ideal einer postmodernen, zugleich nihilistischen und dezisionistischen Ideologie verschrieben. Sie verwerfen nicht nur die Erkenntnisse und Methoden der traditionellen Wissenschaftsdisziplinen als sexistisch, rassistisch, kolonialistisch usw., sondern leugnen überhaupt den Gedanken einer objektiven Wahrheit und positionieren sich stattdessen als Vorkämpfer einer quasireligiösen Agenda, die alle gesellschaftlichen und staatlichen Institutionen in ihren Dienst stellen oder „dekonstruieren" will. Wer eine vom vorgegebenen Narrativ abweichende Ansicht vertritt und die Einhaltung etablierter wissenschaftlicher Standards anmahnt, wird nicht selten – und zuletzt auch wieder im Zusammenhang mit Corona – als „Leugner" des Problems dargestellt oder gar als „Verschwörungstheoretiker" in die Ecke eines verfassungsfeindlichen Extremismus gerückt. An die Stelle von Sachargumenten tritt dann, wie den Medien zu entnehmen ist, immer häufiger die Verunglimpfung der Person mit dem Ziel, die Kritiker mundtot zu machen, bis hin zur Androhung und Anwendung körperlicher Gewalt.

Die Instrumentalisierung der Wissenschaft

Zweifellos lassen sich viele Hochschullehrer weder konditionieren noch indoktrinieren. Dennoch drohen die bestehenden Rahmenbedingungen die Leistungsfähigkeit und Widerstandskraft der Forschung zu schwächen. Dies wird regelrecht zur Gefahr, wenn wohlorganisierte Interessen versuchen, die Wissenschaft politisch zu missbrauchen.

Wissen ist bekanntlich Macht. Wenn Politiker umstrittene Ziele durchsetzen wollen, ist es für sie immer verlockend, die geplanten Maßnahmen unter Berufung auf „die Wissenschaft" als alternativlos hinzustellen und sie dadurch gegen Kritik immun zu machen. Einige Ereignisse der vergangenen Jahre, insbesondere die Euro- und Migrationskrise, bieten hierfür reiches Anschauungsmaterial. Sie zeigen, wie staatliche Anordnungen, die häufig mit bedenklichen Verschiebungen im verfassungsrechtlich vorgesehenen Kompetenzgefüge und erheblichen Grundrechtseinschränkungen einhergingen und deshalb von der überwiegenden Mehrheit unter normalen Umständen nie akzeptiert worden wären, unter dem Druck vermeintlicher oder tatsächlicher Ausnahmesituationen und unter Berufung auf Experten gerechtfertigt und durchgesetzt wurden.

Nehmen wir als jüngstes Beispiel die Coronakrise: Hier verwiesen die Regierungen und Parlamente zur Begründung der Maßnahmen von der Maskenpflicht über den Lockdown bis zur Impfpflicht regelmäßig auf „die Wissenschaft", die in scheinbarer Einmütigkeit eine hochdramatische Gefährdungslage diagnostizierte und kraft ihres vermeintlich überlegenen Sachverstands eine Reihe geradezu zwingend erscheinender Maßnahmen empfahl. Durch diese Art der Argumentation wurde zum einen der Umstand verdeckt, dass echte Forschung immer nur als ergebnisoffenes Ringen verschiedenster Herangehensweisen und Hypothesen begriffen werden kann. Zum anderen wurde implizit die verfassungsrechtliche Selbstverständlichkeit verdrängt, dass die politische Verantwortung für das Ergreifen konkreter Maßnahmen immer bei den politischen Staatsorganen verbleibt, während Virologen und Epidemiologen bestenfalls aus ihrer fachlichen Perspektive Optionen aufzeigen können, die ihrerseits jeweils mit gesundheitlichen, aber auch wirtschaftlichen, sozialen, psychischen und sonstigen Vor- und Nachteilen verbunden sind, deren Schwere und Eintrittswahrscheinlichkeit ebenfalls in die politische Abwägung einfließen müssen.

Die politischen Entscheidungsträger beriefen sich während der Coronakrise oft auf Einschätzungen des Robert-Koch-Instituts (RKI) und anderer regierungsnaher Einrichtungen, als ob es sich dabei um unabhängige Institutionen handeln würde, und ließen sich deren politische Handlungsempfehlungen vom Deutschen Ethikrat und ähnlichen Gremien moralisch absegnen. Übersehen wurde dabei, dass das RKI als Bundesoberbehörde dem Bundesgesundheitsminister unterstellt und auch der Ethikrat aus von der Bundesregierung und vom Bundestag vorgeschlagenen Personen zusammengesetzt ist. Jene Instanzen sind somit selbst der Exekutive zuzurechnen, die aus politischen Motiven handelt, und müssten gerade dann, wenn sie weit reichende Entscheidungen treffen, mit den Instrumenten des Parlaments und der Justiz streng kontrolliert und von den Medien kritisch begleitet werden.

Seltsamerweise geschieht dies nicht. Stattdessen delegierte der Bundestag in der Krise – ohne größere Debatte – durch Neufassungen des Infektionsschutzgesetzes wesentliche Legislativkompetenzen einschließlich der Möglichkeit gravierendster Grundrechtseinschränkungen für die Dauer der Feststellung einer „epidemischen Lage von nationaler Tragweite" auf die Exekutive, die ihrerseits sogar so weit ging, in Einzelfällen unmittelbar das RKI entscheiden zu lassen wie zuletzt im Februar 2022 in der Frage der Dauer des Genesenenstatus. Exekutivische Entscheidungskompetenzen dieser Art kannte man bisher nur aus Notstandsverfassungen, wobei zu berücksichtigen ist, dass das Grundgesetz zwar Fälle des verfassungsrechtlich geregelten Ausnahmezustands kennt, zum Beispiel im Verteidigungsfall, aber für Naturkatastrophen und Unglücksfälle bewusst keine außergewöhnlichen Rechtsetzungsbefugnisse der Exekutive und keine über das normale Maß hinausgehende Grundrechtseinschränkungen vorsieht.

Die Justiz hätte dem Einhalt gebieten können und müssen, aber sie tat es – von wenigen Ausnahmen abgesehen – nicht, sondern übernahm die Lageeinschätzung der Exekutive. Auch das Bundesverfassungsgericht hat sich in seinen Beschlüssen zur sog. Bundesnotbremse und zur einrichtungsbezogenen Impfpflicht offenbar im Wesentlichen auf die Faktendarlegung des RKI und die daraus abgeleiteten Maßnahmenempfehlungen verlassen, ohne auch die Meinungen dissentierender Sachverständiger einzuholen. Sicherlich musste zu Beginn der Krise notgedrungen auf der Grundlage der damals vorhandenen Erkenntnisse schnell gehandelt werden. Es hätte dem Gericht jedoch gut angestanden, nach fast zwei Jahren Pandemie von Parlament und Regierung zu fordern, dass sie unverzüglich für eine systematische Sammlung und Auswertung der wesentlichen Informationen sorgen.

Ausblick

Aber die Krise erweist sich auch als Chance. Menschen demonstrieren, stellen Fragen. Sie erkennen, dass sie nicht alleinstehen. Wissenschaftler und Journalisten vernetzen sich. Jetzt kommt es darauf an, die Zusammenhänge zu durchleuchten. Warum hat man zum Beispiel viele zentrale Fachbegriffe umdefiniert, die wie etwa ‚Pandemie', ‚Infektion', ‚Inzidenz' ,Impfung', ‚immun' und ‚genesen' als Kriterien für einschneidende Maßnahmen dienten? Warum hat man zur Lagebeurteilung auf Größen zurückgegriffen, bei denen von Anfang an bekannt war, dass sie manipulierbar und statistisch ohne echte Aussagekraft sind wie etwa die Inzidenzwerte, die sich nach Belieben steigern lassen, indem man zum Beispiel landesweite Kindergarten- oder Schultestungen einführt, oder die Belegungszahlen der Intensivstationen, bei denen es finanzielle Anreize gab, für eine Erhöhung der Auslastung zu sorgen? Warum drängt man Personen, die sich bei fehlender gesetzlicher Impfpflicht aufgrund ihres Selbstbestimmungsrechts gegen eine Impfung entscheiden, durch einschneidende Diskriminierungen zur Impfung mit neuartigen, gentechnisch wirkenden Substanzen, für die es bisher nur eine vorläufige Zulassung gibt, was bedeutet, dass sie noch nicht im regulären arzneimittelrechtlichen Verfahren auf ihre Schadwirkungen hin geprüft worden sind? Warum wollte man eine allgemeine Impfpflicht einführen, obwohl einerseits sogar die Befürworter zugeben mussten, dass die Schutzwirkung gegen schwere Krankheitsverläufe nur gering und von zeitlich sehr begrenzter Dauer war, während die eigene Ansteckung und die Weitergabe des Virus überhaupt nicht verhindert wird (sodass man eigentlich gar nicht von „Impfung" reden dürfte), und andererseits namhafte

Mediziner eindringlich auf erhebliche kurz- und langfristige Risiken dieser Substanzen aufmerksam gemacht hatten, was die Gesundheits- und Übersterblichkeitsstatistiken mittlerweile zu bestätigen scheinen?[3]

Das Erfordernis einer gesellschaftlichen Aufarbeitung besteht über die Coronakrise hinaus. Es geht darum, die verfassungsrechtlich vorgesehene Ordnung mit ihren hohen freiheitsrechtlichen Schutzstandards und ihren klaren Aufgaben- und Verantwortungszuweisungen wieder herzustellen. Diese Ordnung, die immer wieder neu erkämpft werden muss, zielt auf die Achtung und den Schutz der Würde des Menschen, dem sie zutraut, sich seines eigenen Verstandes zu bedienen. Daher gelten die Grundrechte bedingungslos. Sie stehen nicht im Ermessen der Staatsorgane und werden nicht je nach Zweckmäßigkeit gewährt, sondern stehen jedem Einzelnen ursprünglich und unentziehbar zu. Einschränkungen, die die Ausnahme bleiben müssen, dürfen grundsätzlich nur durch den parlamentarischen Gesetzgeber vorgenommen werden, der für die Verhältnismäßigkeit solcher Einschränkungen die volle Darlegungslast trägt und einer hohen Sorgfaltspflicht hinsichtlich des Nachweises der Geeignetheit, Erforderlichkeit und Angemessenheit der Maßnahmen unterliegt. Durch die ausschließliche, nicht delegierbare Zuständigkeit des Bundestags und des Bundesrats für die freiheitswesentlichen Entscheidungen wird sichergestellt, dass Grundrechte allenfalls nach einer eingehenden öffentlichen und damit transparenten Debatte eingeschränkt werden und die Bundestagsabgeordneten und Bundesratsmitglieder hierfür gegenüber dem Volk die volle politische Verantwortung übernehmen.

Für den Vollzug der so erlassenen grundrechtseinschränkenden Parlamentsgesetze ist die Regierung zuständig. Dies bedeutet, dass sie selbst entscheiden muss, welche der zur Verfügung stehenden Maßnahmen sie ergreift und ob die rechtlichen und tatsächlichen Voraussetzungen wirklich vorliegen. Die damit verbundene politische Verantwortung darf sie nicht auf untergeordnete Behörden oder „die Wissenschaft" delegieren. Sicherlich kann und muss sie dabei auf den Sachverstand von Bundesoberbehörden wie dem RKI zurückgreifen. Solche Beratungsinstanzen sollten jedoch lediglich den Stand der Forschung zu präzisen Fragen durch

Auswertung der Fachliteratur nachvollziehen und den politischen Entscheidungsträgern die verschiedenen diskutierten Handlungsoptionen mit all ihren Vor- und Nachteilen vor Augen zu führen.

Nicht die skeptische und manchmal schrille Diskussion staatlicher Maßnahmen in sozialen Medien gefährdet die Demokratie, ja nicht einmal die Verbreitung vermeintlicher oder tatsächlicher *Fake News*. Zerstörerisch wirkt vielmehr der Vertrauensverlust, der eintritt, wenn der Eindruck entsteht, dass in wesentlichen Fragen die offene Debatte unterdrückt, eine Agenda verfolgt und die Wahrheit manipuliert werden könnte. Breite Akzeptanz für einschneidende Maßnahmen ist nur zu erwarten, wenn die mündigen Bürger das Für und Wider von Maßnahmen jedenfalls grundsätzlich selbst nachvollziehen können und dort, wo ihr Fachwissen endet, zumindest das beruhigende Gefühl haben, dass es funktionierende Institutionen in Politik, öffentlicher Meinungsbildung und Wissenschaft gibt, die dem Gemeinwohl und der Wahrheit verpflichtet sind und dadurch jedenfalls prinzipiell für vernünftige Lösungen bürgen.

Wir sind an einem politisch kritischen Punkt angelangt. Haben wir den Mut, uns unseres eigenen Verstandes zu bedienen, auch wenn wir mit unserer Meinung Gefahr laufen, nicht opportun zu sein? Ich meine: wir müssen. Nur wenn wir die verfassungsrechtlich vorgezeichnete Ordnung konsequent einfordern, können wir die Freiheit schützen und die Entmachtung des Souveräns verhindern.

Anmerkungen

1   Wilhelm v. Humboldt, *Über die innere und äußere Organisation der höheren wissenschaftlichen Anstalten in Berlin* (1810?). Gesammelte Schriften Bd. X, hrsg. v. d. Preußischen Akademie der Wissenschaften (Berlin: B. Behr, 1903 ff.), S. 250-260; siehe auch ders., *Theorie der Bildung des Menschen* (1793). Gesammelte Schriften Bd. I, S. 282-287.
2   Dazu ausführlich Helmut Schelsky, *Einsamkeit und Freiheit* (Hamburg: Rohwolt, 1963), insb. S. 79-130.

3   Zum aktuellen Stand siehe: https://7argumente.de/ – dort insb. die wissenschaftlichen Quellen, die in den Anlagen nachgewiesen werden.

Entscheidungen unter Ungewissheit: *Worst-Case*-Denken und die Folgen

Robert Obermaier[1]

Ungewissheit und Risiko

Entscheidungen betreffen die Zukunft, sonst bräuchten sie nicht getroffen zu werden. Da die Zukunft aber ungewiss ist, steht jede Entscheidung vor epistemischen und aleatorischen Hindernissen: das erforderliche Wissen von Entscheidungssubjekten über künftige Zustände sowie die eingesetzten Modelle zu deren Vorhersage sind stets unvollkommen und die Umwelt des Entscheidungsproblems beeinflusst über den Zufall das Entscheidungsresultat mehr oder weniger mit. Als wissenschaftlicher Disziplin kommt der Entscheidungstheorie die Aufgabe zu, einerseits (deskriptiv) Erkenntnisse über das menschliche Entscheidungsverhalten zu gewinnen und diese andererseits (präskriptiv) für die Lösung konkreter Entscheidungsprobleme, d.h. als Handlungsempfehlungen für rationale Entscheidungen, zur Verfügung zu stellen.

Die Entscheidungstheorie spricht von *Sicherheit*, wenn bei Wahl einer Alternative jeweils nur ein bestimmter Zustand und damit genau ein Ergebnis zu erwarten ist. Im Fall der *Unsicherheit* werden *a priori* stets mehrere Zustände und damit also mehrere voneinander verschiedene Ergebnisse erwartet.[2] In Zukunft denkbare Zustände bilden sogenannte Szenarien. Diese basieren auf der Bündelung von Annahmen über relevante Einflussgrößen der interessierenden Zielgröße, aus denen dann – je nach Komplexität auch modellgestützt – nach plausiblen und als repräsentativ angesehenen Szenarien (meist ein optimistischer *best case*, ein wahrscheinlichster *trend case* und ein pessimistischer *worst case*) ein Zustandsraum aufgespannt wird. Die Erzeugung dieses Zustandsraums basiert auf vorhandenem (*known knowns*) oder noch zu generierendem Wissen (*known unknowns*). Zudem können *unknown unknowns*, in Form nichtbedachter und damit unberücksichtigter Zustände, verbleiben, die eine epistemische Grenze der Unsicherheits-berücksichtigung bilden. Demgegenüber steht die aleatorische Grenze: je nachdem, ob den jeweiligen Zuständen Wahrscheinlichkeitsinformationen zugeordnet werden können, der Zufall also kalkulierbar gemacht werden kann, wird bei Vorliegen solcher Informationen von *Risiko* und bei deren Nichtvorliegen von *Ungewissheit* gesprochen. Diese klassische Unterscheidung geht auf den Wirtschaftswissenschaftler Frank H. Knight zurück:

> „The practical difference between the two categories, risk and uncertainty, is that in the former the distribution of the outcome in a group of instances is known (either through calculation a priori or from statistics of past experience), while in the case of uncertainty this is not true".[3]

Worst-Case-Szenario und *Maximin*-Prinzip

Risiko macht erwartete Zustände insofern kalkulierbar, als Wahrscheinlichkeiten Gewichtungen verschiedener Erwartungen darstellen und somit einen Erwartungswert als Aggregat einer (gegebenenfalls mit Nutzen bewerteten) Ergebnisverteilung berechenbar machen. Angenommen es kann gewählt werden zwischen einer Lotterie (a) die mit 99,99 Prozent Wahrscheinlichkeit einen Gewinn von 10.000 und mit 0,01 Prozent Wahrscheinlichkeit einen Verlust von -60 verspricht und einer Lotterie (b) die mit 50 Prozent Wahrscheinlichkeit einen Gewinn von 50 und einer 50 Prozent Wahrscheinlichkeit einen Verlust von -50 erbringen könnte, ist offensichtlich, dass Lotterie (a) einen größeren Erwartungswert als Lotterie (b) aufweist.[4] Es müsste schon eine beträchtliche Risikoaversion vorliegen, wenn ein Entscheidungssubjekt tatsächlich Lotterie (b) in Erwägung zöge.

Ungewissheit beschreibt hingegen eine Situation, in der den erwarteten Zuständen, weil man weiß, dass man nichts über sie weiß, keine Eintrittswahrscheinlichkeiten zugeordnet werden können. Die Eintrittswahrscheinlichkeiten sind damit (noch) *known unknowns*. Die Wahl zwischen Lotterie (a) die einen Gewinn von 10.000 und einen Verlust von -60 und Lotterie (b) die einen Gewinn von 50 und einen Verlust von -50 erbringen könnte, stellt sich unter Ungewissheit weitaus weniger klar dar, wenn keine Angaben über Eintrittswahrscheinlichkeiten gemacht werden können.

Gerade in Ungewissheitsituationen erfreut sich das sogenannte *Vorsorgeprinzip* (*precautionary principle*) großer Beliebtheit. „Vorsorge ist besser als Nachsorge" sagt der Volksmund und drückt damit aus, dass es Schadensereignisse gibt, die besser vermieden würden. So banal, so gut. Die Schwäche des Vorsorgeprinzips ist jedoch seine

Unschärfe, bezüglich welchen Schadensereignisses und -ausmaßes ab welcher Risikoschwelle Vorsorge getroffen werden sollte. Das Prinzip liefert dazu weder Auskunft noch Orientierung, führt Entscheider aber fatalerweise nicht selten zu einem ganz bestimmten Entscheidungsprinzip: dem sogenannten *Maximin*-Prinzip, als extremer Ausprägung des Vorsorgeprinzips.[5]

Das *Maximin*-Prinzip („Wähle jene Alternative, die bei Eintritt des *Worst Case* am besten abschneidet!") stellt darauf ab, in einer Ungewissheitssituation den schlimmsten Fall zu verhindern und repräsentiert damit eine extreme Form der Vorsicht.[6] Dem *Maximin*-Prinzip folgend, wird sich die Generierung und Auswahl möglicher Alternativen unweigerlich auf solche fokussieren, die dazu beitragen, das *Worst-Case*-Szenario zu eliminieren. Die Wahl in unserem Beispiel fiele auf Lotterie (b), ganz so, als wäre die Vermeidung eines Verlustes von -60 gegenüber einem Verlust von -50 eine Wahl zwischen Leben und Tod, die die Aussicht auf einen Gewinn von 10.000 völlig unbeachtet lässt.

Ganz offenbar bedarf das *Maximin*-Prinzip als Extremwertregel vernünftigerweise einiger Anforderungen, um seine Anwendung zu rechtfertigen. So wäre als *erste Anforderung* zu nennen, dass es sich bei den *Worst-Case*-Szenarien um gravierende, also potentiell katastrophale Ereignisse handeln muss, denen, so die *zweite Anforderung,* keine Eintrittswahrscheinlichkeiten zugeordnet werden können. Diese Eingrenzung findet eine Grundlage in John Rawls „Theorie der Gerechtigkeit". Demnach sei diejenige Gesellschaftsordnung zu wählen, in der es den am schlechtesten gestellten Individuen im Vergleich zu allen anderen möglichen *freien* Gesellschaftsordnungen am besten geht.[7] Jedoch hat schon der Wirtschaftswissenschaftler John Harsanyi das Prinzip als zutiefst irrational kritisiert:

> „If you took the maximin principle seriously then you could not ever cross a street (after all, you might be hit by a car); you could never drive over a bridge (after all, it might collapse); you could never get married (after all, it might end in a disaster), etc. If anybody really acted this way he would soon end up in a mental institution."[8]

Der pathologische Pessimismus (negative Asymmetrie) des *Maximin*-Prinzips hat zweifellos in der Spieltheorie seine Bedeutung, wo mit rational handelnden Gegenspielern gerechnet wird, die stets nur ihren eigenen Vorteil verfolgen. Wer also beispielsweise strategische

Spielzüge gegen einen Autokraten plant, der militärisch damit droht, ein Land zu überfallen, ist gut beraten, diesen *Worst Case* zum Ausgangspunkt des nächsten eigenen Spielzugs zu machen.[9] In einer Nichtspielsituation allerdings handelt kein rationaler Gegner, sondern es regiert der Zufall – unabhängig von der gewählten Alternative. Damit ist die Situation der Spieltheorie kategorial von der Entscheidungstheorie unter Ungewissheit zu unterscheiden und die Anwendung des *Maximin*-Prinzips nicht ohne weiteres ein angemessenes Entscheidungsprinzip.[10]

Wie gezeigt, ist das *Maximin*-Prinzip eine Extremwertregel, die auf den *Worst Case* fokussiert und alle anderen Zustände außer Acht lässt. Dadurch führt dessen Anwendung zu mitunter ganz erheblichen Verlusten in Form entgangener Gewinne (sog. Opportunitätskosten). Im Beispiel betragen die Opportunitätskosten 9.950, da zur Vermeidung des Verlustes von -60 die Gewinnopportunität der Lotterie (a) von 10.000 gegen jene der Lotterie (b) von 50 gewählt würde. Damit offenbart sich für die Rechtfertigung des *Maximin*-Prinzips eine weitere, *dritte Anforderung*, nämlich die Notwendigkeit einer materiellen Aussage über die Zahlungsbereitschaft zur Vermeidung des *Worst Case*, die damit letztlich eine Aussage über das Ausmaß der Ungewissheitsaversion macht. Die Kernfrage hierfür lautet daher, welche Kosten man bereit ist, für die Beseitigung einer ungewissen *Worst-Case*-Bedrohung aufzubringen.

Politische *Whatever-it-takes*-Mentalität

Im politischen Raum hat sich seit einiger Zeit eine *Whatever-it-takes*-Mentalität Bahn gebrochen, die mit diesem Schlagwort zum Ausdruck bringen will, alles zu tun, was auch immer als nötig erachtet wird, eine bestimmte Krise zu meistern – koste es was es wolle. Deren wortwörtlicher Ursprung dürfte die vom damaligen Präsidenten der Europäischen Zentralbank, Mario Draghi, im Zuge der Finanzkrise 2012 gemachte Äußerung sein: „Within our mandate, the ECB is ready to do whatever it takes to preserve the Euro. And believe me, it will be enough."[11] Aber bereits 2008 traten im Zuge der beginnenden Finanzkrise Bundeskanzlerin Angela Merkel und Bundesfinanzminister Peer Steinbrück vor die Presse und versicherten, die Bundesregierung stehe für sämtliche Spareinlagen ein. Diese Haltung fußt auf dem Verhalten bei strategischen Spielzügen gegenüber rational handelnden

Gegenspielern und soll deren künftiges Verhalten beeinflussen; in Draghis wie Merkels Fall die beunruhigten Finanzmarktakteure, die vom Abzug ihrer Bankeinlagen abgehalten werden sollten. Auch in der Corona-Pandemie bedienten sich verschiedene Politiker und weitere Akteure der *Whatever-it-takes*-Rhetorik. Ihre Anwendung außerhalb der Spieltheorie auf Entscheidungen unter Ungewissheit offenbart allerdings eine kategoriale Fehleinschätzung, denn Ungewissheitssituationen sind Spiele gegen den Zufall, der sich durch eine *Whatever-it-takes*-Drohung nicht wird beeindrucken lassen.

Warum aber verfällt die Politik bei ungewissen Bedrohungen in eine *Whatever-it-takes*-Rhetorik? Zunächst ist nicht auszuschließen, dass lediglich Entschlossenheit signalisiert werden soll. Die damit aber verbundene Aussage, jegliche Maßnahmen zu ergreifen, koste es was es wolle, offenbart des weiteren aber eine verantwortungsethisch höchst problematische schrankenlose Haltung, was die Konsequenzen aber auch was die Mittel des eigenen Handelns angeht. Denn gerade eine notwendige materielle Aussage, welche Kosten man bereit ist, für die Beseitigung einer ungewissen *Worst-Case*-Bedrohung aufzubringen, wird dadurch unterlaufen.

Zusatzinformation als möglicher Übergang von der Ungewissheit zum Risiko

Jenseits einer Reihe von subjektiven Erschwernissen, die mit starken Emotionen gegenüber ungewissen Bedrohungen und Verlustaversionen zusammenhängen, besteht ein objektives Problem der Ungewissheitssituation in einem eklatanten Informationsdefizit: es mangelt an Wahrscheinlichkeiten als *known unknowns*. Solange diese fehlen, entziehen sich bedrohliche Zustände einer Risikobewertung und damit auch einer rationalen Kosten-Nutzen-Analyse möglicher Handlungsalternativen. Allerdings – und das wäre die eigentlich gute Nachricht – stellt die Beschaffung dieser Zusatzinformationen, d.h. einer Abschätzung der Eintrittswahrscheinlichkeiten katastrophaler Bedrohungen, eine vorgelagerte – und mitunter sogar relativ rasch durchführbare – Maßnahme dar, welche freilich auch Kosten verursacht, die aber angesichts des *Worst Case* regelmäßig weitaus geringer ins Gewicht fallen dürften. Quelle dieser Zusatzinformation können wissenschaftliche Studien und Methoden sein, die dazu beitragen, die Ungewissheit zu reduzieren, indem epistemische Grundlagen dafür geschaffen werden, über mehr Wissen und bessere Modelle verfügen zu können, sowie aleatorische Grundlagen, den Zufall besser kalkulierbar zu machen. Der durch letzteres gestiftete Zusatznutzen besteht in der hier relevanten kategorialen Grenzverschiebung von der Ungewissheit zum Risiko.[12]

Im Fall der Corona-Pandemie bestand zu Beginn Ungewissheit über die Letalität des Virus. Würden die denkbaren Folgen einer SARS-CoV-2-Infektion und der möglichen Erkrankung an COVID-19 – hier stark gerafft – mit den Zuständen (a) Genesung und (b) Tod beschrieben, wird offensichtlich, dass das *Worst-Case*-Szenario, einem *Maximin*-Prinzip folgend, um jeden Preis zu vermeiden wäre: jegliche Maßnahme – *whatever it takes* – die den Tod vermiede, wäre erwünscht. Im politischen Diskurs wurden von Experten entsprechende „No-Covid-Strategien"[13] entworfen, nach denen die Politik auch (mehr oder weniger) gehandelt und umfassende Maßnahmen zur Absenkung von Infektionszahlen oder Inzidenzwerten ergriffen hat, die nicht nur mit Blick auf die direkten Kosten sondern auch mit Blick auf die Opportunitätskosten erhebliche Konsequenzen hatten. Hierzu zählen Maßnahmen, die durch ihre Logik von Massentests, Zwangsisolation und des Social Distancing bis hin zu Lockdowns erhebliche Folgekosten sowohl im ökonomischen, durch partielle Stilllegung der Wirtschaft, als auch darüber hinaus in weiteren gesellschaftlichen Bereichen wie der Kultur, der Bildung oder des Sozialen ausgelöst haben.[14]

Kritisch ist zudem zu ergänzen, dass nicht ohne weiteres klar ist, was unter dem *Worst Case*-Szenario zu verstehen ist. Eine Unbestimmtheit der Zielsetzung kann aber in der Tendenz zu inkonsistenten, unwirksamen oder unverhältnismäßigen Maßnahmen führen. Die Corona-Pandemie lieferte jedenfalls im Zeitablauf ein Sammelsurium verschiedener Zielformulierungen: eine Eliminierung von Infektionen („Zero Covid"), eine Absenkung der Infektionszahlen („flatten the curve"), das Unterschreiten eines Schwellwerts von sog. Inzidenzzahlen, eine Reproduktionszahl kleiner 1, eine Orientierung an den freien Intensivbetten („Überlastung des Gesundheitssystem vermeiden") oder die Erreichung einer bestimmten Impfquote.[15] Diese Variationen von Zielsetzungen passen zum Muster des *What-ever-it-takes* und sind Ausfluss der Vagheit des Vorsorgeprinzips.

Interessanterweise wurden im Verlauf der Pandemie sehr bald zahlreiche sogenannte Seroprävalenzstudien durchgeführt, die eine

Infection Fatality Rate, d.h. die Wahrscheinlichkeit für eine infizierte Person, an dieser Infektion zu versterben (Infektionssterblichkeitsrate), bestimmen konnten. Greift man auf Daten einer Metastudie von John Ioannidis zurück, beträgt – in der frühen Phase der Pandemie – über alle Altersgruppen die mittlere Wahrscheinlichkeit (a) der Genesung 99,73 Prozent bzw. (b) des Todes 0,27 Prozent, wobei für unter 70-jährige die mittlere Wahrscheinlichkeit einer Genesung 99,95 Prozent bzw. des Todes 0,05 Prozent beträgt.[16] Insbesondere altersstratifiziert spreizen sich für mittlere und höhere Altersgruppen die Infektionssterblichkeitsraten mitunter deutlich; auch in Abhängigkeit weiterer vorliegender Studien, beispielsweise von Cathrine Axfors und John Ioannidis[17], Andrew Levin et al.[18], Gideon Meyerowitz-Katz und Lea Merone[19] oder von Reed Sorensen et al.[20] Hier ist zunächst relevant, dass schon recht bald Zusatzinformationen zur Infektionssterblichkeit vorlagen und sich die Ungewissheitssituation so graduell zu einer Risikosituation wandelte, was überdies dazu beigetragen hätte, bessere Informationen über zu schützende vulnerable Gruppen zu erhalten, um darauf aufbauend detailliertere Risikoeinschätzungen vornehmen und zielgenauere Maßnahmen z.B. zum Schutz von Risikogruppen („focused protection") entwickeln zu können.

Wahrscheinlichkeitsverdrängung und Angsterzeugung

In starkem Kontrast zu den relativ früh vorliegenden Risikobeurteilungen wurden in dem Corona-Strategiepapier „Wie wir COVID-19 unter Kontrolle bekommen"[21] des deutschen Bundesinnenministeriums vom März 2020 auf der Basis von Modellierungen mögliche Verläufe der Pandemie beschrieben. Dabei wurde insbesondere zwischen einem „bestmöglichen" und vor allem dem *Worst-Case*-Szenario unterschieden, wobei „oberste strategische Priorität" habe, diesen *Worst Case* zu vermeiden und dies auch unmissverständlich zu kommunizieren. Ausdrücklich wurde angestrebt, den Risikofall in eine Ungewissheitssituation zu re-transformieren und keine auf *Infection Fatality Rates* zentrierte Kommunikation zu führen, sondern stattdessen „eine Schockwirkung zu erzielen", indem Ängste, Schuldgefühle und Folgeschäden („Long Covid") im Zentrum der politischen Kommunikation stehen sollten.

Angst hat individuelle und kollektive Dimensionen. Individuell führt Angst grundsätzlich zu kognitiv eingeschränkter Differenzierung, dogmatischem Denken und Stereotypbildung, was insbesondere die Fähigkeit zu rationaler Entscheidungsfindung erheblich einschränkt. Zudem verstärkt Angst die Aversion gegenüber Risiko- und Ungewissheitssituationen; bei Letzteren wirkt sich diese negative Verzerrung sowohl auf die subjektive Einschätzung des Eintretens ungewisser Zustände als auch auf deren negative Konsequenzen aus.[22]

Als kollektives Phänomen kann Angst vor dem *Worst Case* zudem über soziale Prozesse aktiviert werden, bei denen Politiker, Aktivisten, Interessengruppen, Medien sowie Experten auch zu deren Aufrechterhaltung beitragen. Das Szenarienpapier des Bundesinnenministeriums stellt dabei nur einen Ausgangspunkt dar, fand aber seine kontinuierliche Fort- und Umsetzung. Aktivistenkampagnen wie „Zero Covid", die eher einem kapitalismuskritischen Spektrum zuzuordnen sind, aber nicht zuletzt aus dem akademischen Milieu Unterstützung fanden, traten ebenfalls mit *Worst-Case*-Szenarien und der Propagierung drastischer, teils autoritärer Eingriffe in Wirtschaft und Gesellschaft hervor.[23] Auch Experten spielten eine besondere Rolle in dem nicht unproblematischen Beziehungsgeflecht zwischen Politik, Medien und Öffentlichkeit, gerade weil Politik und Medien ihre Positionen durch scheinbar neutralen Sachverstand untermauern wollen; ungeachtet der Tatsache, dass es durchaus kontroverse Ansichten unter Wissenschaftlern gibt, was mitunter zusätzlich zu Verunsicherung führen kann.[24] Soziale Medien befeuerten schließlich Effekte der Gruppenpolarisierung und bewirkten zudem eine globale Ausbreitung ähnlicher Inhalte und Konzepte. Eher vereinzelt wurde auch Kritik über diesen medialen und politischen Diskurs laut. Dennoch war in der Presse zu lesen:

> „Ungewissheit ist ein anderes Wort für Panik, bei der sich am Ende nur jeder noch selber retten will. Die Politik müsste aus Ungewissheit kalkulierbare Risiken machen, damit jeder von uns mit dieser ungewöhnlichen Situation besser umgehen kann. Bisher machte sie nicht den Eindruck, diesen fundamentalen Unterschied überhaupt begriffen zu haben."[25]

Worst-Case-Fixierung

Mit Blick auf die Maßnahmen ist im Ergebnis zu konstatieren, dass die Politik durchweg nicht vom *Maximin*-Prinzip abgelassen hat; eher war eine Aufrechterhaltung, Wiederholung (z.B. Lockdowns) bzw.

Verschärfung von Maßnahmen (z.B. Ausgangssperren, Zugangsbeschränkungen, partielle Impfpflicht) festzustellen. Ein wesentlicher Grund liegt in der kategorialen Fehleinschätzung, eine durch Zusatzinformationen mittlerweile bestehende Risikosituation weiterhin wie eine Ungewissheitssituation zu behandeln. Auch der im November 2021 ernannte Leiter des Corona-Krisenstabs der Bundesregierung Generalmajor Carsten Breuer denkt nach eigener Aussage „als Soldat ... immer in Worst-Case-Szenarien."[26] Es ist vor diesem Hintergrund fraglich, ob ein politisches Interesse an einer rationalen Abwägung von Kosten und Nutzen der Maßnahmen bestand. Faktisch ist festzustellen, dass eine fortdauernde *Worst-Case*-Fixierung mit einer regelrechten Wahrscheinlichkeitsverdrängung einherging und von der politischen Begründung begleitet wurde, dass „eine Unterschätzung der Größenordnung dieser Herausforderung zu immensen, irreversiblen Schäden führen wird."[27] Schwarzmalerei als Gegenentwurf zu rationaler Risikobeurteilung.

Die mediale Begleitung der Corona-Pandemie wurde im Rahmen einer medienwissenschaftlichen Studie mit dem Titel „Die Verengung der Welt" recht bald analysiert und kam zu dem Schluss, dass die mediale Inszenierung der Corona-Pandemie eine Tendenz zur thematischen Verengung und Krisenerhaltung hatte.[28] Zudem wurde der medialen Vermittlung von extrem pessimistischen Szenarien mit dem Begriff des Präventionsparadox eine positive Rückkopplungswirkung beigemessen: die Warnung vor dem *Worst Case* führe zu einer Verhaltensänderung von Individuen, wodurch bestimmte Annahmen des *Worst-Case*-Szenarios nicht mehr erfüllt und somit andere als die erwarteten Konsequenzen einträten. Die Vertreter dieses Präventionsparadox argumentierten: „wir sehen nicht, wie schlimm die Infektionszahlen hätten ausfallen können, weil wir ja Maßnahmen ergriffen haben, um diese Infektion zu stoppen oder aufzuhalten."[29] Das eigentliche Paradox am Präventionsparadox ist jedoch, dass unbewiesen bleibt, ob die Maßnahmen wirksam waren, d.h. ob der *Worst Case* nicht auch ohne Warnung oder Vorsorgemaßnahmen ausgeblieben wäre. Das Präventionsparadox macht sich damit selbst immun gegen Kritik und offenbart sich als rhetorisches Instrument der Aufrechterhaltung des *Worst-Case*-Denkens.

Schrankenlosigkeit der Whatever-it-takes-Haltung

Hinzu kommt, dass eine *Whatever-it-takes*-Haltung angesichts einer Vielzahl von ungewissen Bedrohungen weder ökonomisch noch ethisch aufrechtzuerhalten ist. Angenommen es gibt nicht nur eine, sondern zehn oder auch hundert oder tausend ungewisse katastrophale *Worst-Case*-Bedrohungen. Wie soll verfahren werden, wenn die einsetzbaren Ressourcen knapp sind? Welche Bedrohungen werden berücksichtigt, welche nicht? Das ökonomische wie ethische Problem daran ist, dass die Verfolgung des *Maximin*-Prinzips für einen bestimmten *Worst Case* dazu führen kann, dass die Vermeidung anderer *Worst-Case*-Bedrohungen nicht mehr möglich ist. Es führt daher kein Weg an einer Priorisierung ungewisser *Worst-Case*-Bedrohungen und einer Budgetierung der dafür bestehenden Zahlungsbereitschaften vorbei.

Zwar wurde im Verlauf der Pandemie mitunter die Frage aufgeworfen, „ob die signifikanten wirtschaftliche Schäden durch Lockdown-Maßnahmen gerechtfertigt sind, um die verbleibenden Corona-Fälle weiter zu reduzieren und die Gefahr erneuter Ausbrüche weitestmöglich auszuschließen."[30] Dennoch hielt die Politik an ihrer *Whatever-it-takes*-Haltung fest, mit der sich abzeichnenden Konsequenz zunehmender Schrankenlosigkeit des Staatsgebarens. Mit dem Ziel des Gesundheitsschutzes hat der Staat dabei überdies fundamentale Grundrechte in einem bislang einmaligen Ausmaß und über einen langen Zeitraum ausgehebelt.[31]

Folgende Fragen hätten helfen können, ein weiteres Festhalten am *Maximin*-Prinzip kritisch zu überprüfen: Wurden direkte und indirekte Folgen des Handelns bewertet? Welche milderen aber ebenso wirksamen Alternativen gibt es? Welche Verteilungswirkungen hat das Handeln in der Gesellschaft? Welche Maßnahmen zur Erhöhung der Kapazitäten im Gesundheitswesen wurden ergriffen? Zu deren Beantwortung wären unweigerlich Abwägungen zwischen Kosten und Nutzen der Maßnahmen nötig gewesen. Weder beim Ergreifen noch beim Aufrechterhalten der Maßnahmen schienen solche Analysen zur Entscheidungsfindung aber erwünscht zu sein; der überwiegende Diskurs war eher – ganz nach dem Motto *Whatever-it-takes* – darauf aus, den kritischen Rationalismus zu verhindern bzw. zu diffamieren. Mittlerweile vorliegende evidenzbasierte Studien zur Effektivität der ergriffenen Maßnahmen kommen zu eher ernüchternden Einschätzungen.³²

Offenbar scheut die *Whatever-it-takes*-Haltung also nicht nur vor der Inkaufnahme extremer Kosten und einer Unterdrückung eines kritischen Diskurses zurück, sondern hat sogar in liberalen Demokratien zu bisher allenfalls aus totalitären Regimen bekannten Eingriffen in individuelle Freiheitsrechte geführt; wie z.b. Ausgangssperren, Kontaktbeschränkungen, Schulschließungen, Gewerbebeschränkungen bzw. Einschränkungen der Berufsausübung, indirekte Impfzwänge oder (partielle) Impfpflichten, von denen sich einige sogar als verfassungswidrig herausgestellt haben. Diese in ihrer Verhältnismäßigkeit durchaus umstrittenen Übergriffe, die nicht zuletzt durch Zugangskontrollen und -beschränkungen den sozialen Ausschluss für bestimmte Teile der Bevölkerung bewirkten, haben darüberhinaus zu gravierenden gesellschaftliche Spaltungen (z.B. Geimpfte versus Nichtgeimpfte) geführt. Entsprechend kritisiert der frühere Präsident des Bundesverfassungsgerichts Hans-Jürgen Papier die politischen Entscheider am Beispiel der Corona-Pandemie für eine zunehmende Umgehung geltender Gesetze sowie parlamentarischer Abläufe, wodurch sowohl der liberale Rechtsstaat als auch der soziale Frieden in Gefahr gerate.³³

Angesichts der dem *Maximin*-Prinzip ganz offenbar inhärenten Gefahren paternalistischer Übergriffe des Staates nach dem Motto *Whatever-it-takes* besteht daher Anlass zu kritischer Reflexion und einer Einhegung des *Worst-Case*-Denkens. Richard H. Thaler und Cass R. Sunstein haben mit der Idee des *Nudging* versucht, einen milderen, sogenannten *libertären Paternalismus* zu konzipieren, dessen Absicht im Fall der Ungewissheit so zu formulieren wäre, dass nichts deshalb verboten werden sollte, nur weil eine Möglichkeit besteht, dass ein Schaden eintreten könnte. Ebenso wäre nichts deshalb zu erzwingen, nur weil eine Möglichkeit besteht, dass ein Schaden vermieden werden könnte. Stattdessen wären im Sinne des *Nudging* Entscheidungssituationen so zu konstruieren, dass individuelle Entscheidungen „in a predictable way without forbidding any options or significantly changing their economic incentives" beeinflusst werden. „To count as a mere nudge, the intervention must be easy and cheap to avoid. Nudges are not mandates."³⁴ Eher weiter als weniger weit entfernt davon hat sich jedoch die Corona-Politik in den meisten Ländern bewegt.

Fazit

Entscheidungen unter Ungewissheit stellen eine ganz besondere Herausforderung für Entscheidungsträger dar. Das Prinzip der Vorsorge, insbesondere in der Extremform der *Worst-Case*-Vermeidung nach dem *Maximin*-Prinzip, trägt pathologische Züge, führt tendenziell zu staatlichen Übergriffen und bedarf daher strikter Anwendungsgrenzen: zum ersten, dass es sich bei den *Worst-Case*-Szenarien um potentiell katastrophale Ereignisse handelt, denen zum zweiten keine Eintrittswahrscheinlichkeiten zugeordnet werden können und für die zum dritten notwendigerweise konkrete Aussagen über die Zahlungsbereitschaften zur Vermeidung des *Worst Case* gemacht werden müssen. Zusatzinformationen können dazu beitragen, die Ungewissheitssituation durch explizite Erarbeitung von Wahrscheinlichkeitsaussagen in eine Risikosituation zu transformieren und so einer rationalen Kosten-Nutzen-Analyse besser zugänglich zu machen. Insbesondere die Wissenschaften können ihren Teil dazu beitragen, diese Zusatzinformationen zu beschaffen, um Risiken besser beurteilbar und kalkulierbar zu machen.

Entscheidungsträger, die sich demgegenüber zur einer fortwährenden *Worst-Case*-Fixierung entschließen, begeben sich hingegen auf eine abschüssige Rampe. Am Beispiel der Corona-Pandemie konnte gezeigt werden, dass es sogar trotz früh vorhandener Risikobeurteilung zu einer Verdrängung von Wahrscheinlichkeitsinformationen und damit einer kategorialen Fehleinschätzung gekommen ist. Die andauernde Wahrscheinlichkeitsignoranz hatte zur Folge, dass eine mittlerweile vorliegende Risikosituation in eine Ungewissheitssituation retransfomiert wurde. Eine *Worst-Case*-Angstkultur aber verharrt in Schockstarre wie das Kaninchen vor der Schlange – und macht jedwede rationale Risikobeurteilung zunichte. Die Politik verfängt sich dadurch in einer *Worst-Case*-Schleife, die Angst zum Flächenbrand befeuert, anstatt ihn zu bekämpfen.

Die stattdessen als politische Antwort verwendete *Whatever-it-takes*-Rhetorik unterläuft daher nicht nur eine explizite Anwendungsschranke des *Maximin*-Prinzips, sondern wirkt sich auch fatal auf das Handeln der Akteure aus. Die zunehmende Schrankenlosigkeit der eingesetzten Mittel und ergriffenen Maßnahmen geht mit einer schleichenden Überforderung und Aushöhlung von Wirtschaft, Staat und Gesellschaft einher, die gravierende ökonomische, rechtliche und soziale Verwerfungen nach sich ziehen kann. Die sich nun abzeichnende Inflation mit all ihren desaströsen Konsequenzen ist dabei nur der für jedermann symptomatisch spürbare und letztlich eben doch zu bezahlende Preis für die ökonomische Schrankenlosigkeit mittels Staatsverschuldung und Geldmengenausweitung. Die rechtlichen und gesellschaftlichen Konsequenzen dieser Grenzüberschreitungen sind nicht minder bedeutsam, denn eine Gefährdung des demokratischen Rechtsstaates und des sozialen Friedens setzt letztlich das gesamte Gemeinwesen aufs Spiel.

Anmerkungen

1 Für wertvolle Anmerkungen danke ich insbesondere meinem Kollegen Rainer Baule und meinem Mitarbeiter Matthias Schinnen.
2 Robert Obermaier und Edgar Saliger, *Betriebswirtschaftliche Entscheidungstheorie*, 7. Auflage (de Gruyter, 2020), S. 13.
3 Frank H. Knight, *Risk, Uncertainty, and Profit* (Houghton Mifflin, 1921), S. 233.
4 Der Erwartungswert von Lotterie (a) beträgt 10.000 x 0,9999 + (-60) x 0,0001 = 9.998,994 und der von Lotterie (b) 0.
5 Zu einer umfassenden Kritik des Vorsorgeprinzips siehe Cass R. Sunstein, *Laws of Fear. Beyond the Precautionary Principle* (Cambridge University Press, 2005).
6 Der Ausdruck „Maximin" bedeutet *maximum minimorum*, d.h. Maximum der Minima. Zu weiteren Entscheidungsregeln unter Ungewissheit siehe Obermaier und Saliger, S. 114–123.
7 John Rawls, *Eine Theorie der Gerechtigkeit* (Suhrkamp, 1979), S. 179.
8 John C. Harsányi, „Can the Maximin Principle Serve as a Basis for Morality? A Critique of John Rawls's Theory", *The American Political Science Review*, Vol. 69, No. 2 (1975), S. 595.
9 John von Neumann und Oskar Morgenstern, *Theory of Games and Economics Behavior* (Princeton University Press, 1944), R. Duncan Luce und Howard Raiffa, *Games and Decisions* (Wiley, 1957), Abraham Wald, Statistical decision functions which minimize the maximum risk, *The Annals of Mathematics*, Vol. 46, No. 2 (1945), S. 265–280.
10 Folgendes Beispiel hat es ebenfalls in sich: Bei der Wahl zwischen Lotterie (a), die einen Verlust von 8.000, einen Gewinn von 5.000 oder einen Gewinn von 12.000 verspricht, und einer Lotterie (b), die einen Verlust von 8.000, einen Gewinn von 7.000 oder einen Gewinn von 12.000 verspricht, würden nach dem *Maximin*-Prinzip beide Lotterien als äquivalent betrachtet, obgleich Lotterie (a) von Lotterie (b) dominiert wird. Das bedeutet, dass das *Maximin*-Prinzip sogar dazu führen kann, dass effiziente Alternativen verdrängt werden. Siehe dazu Obermaier und Saliger, S. 114–130.
11 Rede von Mario Draghi, Präsident der Europäischen Zentralbank (EZB) in London am 26. Juli 2012: https://www.ecb.europa.eu/press/key/

date/2012/html/sp120726.en.html, siehe auch: https://www.youtube.com/watch?v=Pq1V0aPEO3c.

12 Diese mögliche Grenzverschiebung macht deutlich, dass es graduelle Übergänge zwischen Ungewissheit und Risiko geben kann. Vollkommene Ungewissheit kann also durch bestimmte Zusatzinformationen graduell zu einer Risikosituation mit bestimmten Wahrscheinlichkeitsaussagen gewandelt werden, die ihrerseits durch weitere Zusatzinformationen entsprechend dem Theorem von Bayes („Bayesianisches Lernen") noch weiter differenzierte Wahrscheinlichkeitsinformationen enthalten können. Siehe Obermaier und Saliger, S. 161–183.

13 Wobei unklar bleibt, wo die Unterschiede bzw. Grenzen zwischen diesem und weiteren propagierten Konzepten wie z.B. „Zero Covid" liegen. Zudem verbergen sich hinter diesen Begriffen durchaus verschiedene Konzeptionen, die von Expertengremien über kapitalismuskritische Aktivistenkampagnen bis hin zu totalitären Politikansätzen wie zu Beginn z.B. in Australien und bis zuletzt in China reichen.

14 Florian Dorn et al., *Die volkswirtschaftlichen Kosten des Corona-Shutdown für Deutschland: Eine Szenarienrechnung*, ifo Institut, München, 2020, ifo Schnelldienst, 2020, 73, Nr. 04, S. 29–35: https://www.ifo.de/publikationen/2020/aufsatz-zeitschrift/die-volkswirtschaftlichen-kosten-des-corona-shutdown-fuer-0.

15 Daran knüpft die moderne Sichtweise einer evidenzbasierten Politik an. Inwieweit diese als Herrschaftsform die Wissenschaft für ihre Zwecke instrumentalisiert, zu einer politisch-administrativen Kontrolle der Gesellschaft führt und sich letztlich in den Fallstricken des Szientismus verfängt diskutiert Richard Münch, *Die Herrschaft der Inzidenzen und Evidenzen: Regieren in den Fallstricken des Szientismus* (Campus, 2022).

16 John P.A. Ioannidis, „Infection fatality rate of COVID-19 inferred from seroprevalence data", *Bulletin World Health Organization*, Vol. 99 (2021), S. 19–33F: https://apps.who.int/iris/bitstream/handle/10665/340124/PMC7947934.pdf?sequence=1&isAllowed=y.

17 Cathrine Axfors und John P.A. Ioannidis, „Infection fatality rate of COVID-19 in community-dwelling populations with emphasis on the elderly: An overview", Preprint, 23. Dezember 2021: https://www.medrxiv.org/content/10.1101/2021.07.08.21260210v2.

18 Andrew T. Levin et al., „Assessing the age specificity of infection fatality rates for COVID-19: systematic review, meta-analysis, and public policy implications", *European Journal of Epidemiology*, Vol. 35, No. 12 (2020), S. 1123–1138: https://www.springermedizin.de/covid-19/assessing-the-age-specificity-of-infection-fatality-rates-for-co/18667556?fulltextView=true.

19 Gideon Meyerowitz-Katz und Lea Merone, „A systematic review and meta-analysis of published research data on COVID-19 infection-fatality rates", Preprint (2020): https://www.medrxiv.org/content/10.1101/2020.05.03.20089854v4.full.pdf.

20 Reed J.D. Sorensen et al., „Variation in the COVID-19 infection–fatality ratio by age, time, and geography during the pre-vaccine era: a systematic

analysis", *The Lancet*, Vol. 399, Issue 10334 (16. April 2022), S. 1469–1488: https://doi.org/10.1016/S0140-6736(21)02867-1.

21 Bundesministerium des Innern, *Wie wir COVID-19 unter Kontrolle bekommen*, Szenarienpapier des BMI, März 2020: https://www.abgeordnetenwatch.de/sites/default/files/media/documents/2020-04/bmi-corona-strategiepapier.pdf.

22 Catharine A. Hartley und Elizabeth A. Phelps, „Anxiety and Decision Making", *Biological Psychiatry*, Vol. 72, (2012), S. 113–118.

23 Jan Fleischhauer, „Das Covid-Kommando: Corona bringt ans Licht, wie autoritär Deutschlands Linke ist", *FOCUS online*, 24. Januar 2021: https://www.focus.de/politik/deutschland/schwarzer-kanal/die-focus-kolumne-von-jan-fleischhauer-das-covid-kommando-corona-bringt-ans-licht-wie-autoritaer-deutschlands-linke-ist_id_12900536.html.

24 Hirschi liefert lehrreiche historische Rückblenden zum Problem der zu großen Nähe von Experten und Politik. Siehe Caspar Hirschi, *Skandalexperten, Expertenskandale – Zur Geschichte eines Gegenwartsproblems* (Matthes & Seitz, 2018). Demgegenüber propagiert Schularick die „dynamische Einbindung" von Wissenschaftlern in Entscheidungsprozesse, bleibt aber die Antwort schuldig, wie vermieden werden kann, dass das theoretisch und historisch gut belegte Phänomen der „Expertokratie", d.h. die Herrschaft vermeintlich wohlwollender „Technokratendiktatoren", durchaus auch problematische Wirkungen zeitigt, weil wissenschaftliche Skepsis abhandenkommt, der wissenschaftliche Streit ausgeblendet wird und die kritische Distanz zur Politik verlorengeht. Siehe Moritz Schularick, *Der entzauberte Staat – Was Deutschland aus der Pandemie lernen muss* (C.H. Beck, 2021).

25 Frank Lübberding, „Ungewissheit und Risiko", *FAZ* vom 14. Dezember 2020: https://www.faz.net/aktuell/feuilleton/medien/tv-kritik-zu-anne-will-der-neue-corona-pandemie-kurs-17101205.html?printPagedArticle=true#pageIndex_4.

26 Eckart Lohse und Heike Schmoll, „Als Soldat denke ich auch immer in Worst-Case-Szenarien", *FAZ* vom 24. Februar 2022: https://www.faz.net/aktuell/politik/inland/corona-krisenstab-leiter-general-carsten-breuer-im-interview-17830482.html.

27 Bundesministerium des Innern, *Wie wir COVID-19 unter Kontrolle bekommen*.

28 Dennis Gräf und Martin Hennig, *Die Verengung der Welt – Zur medialen Konstruktion Deutschlands unter Covid-19 anhand der Formate „ARD Extra – - Die Coronalage" und „ZDF Spezial"* (2020): https://www.digital.uni-passau.de/beitraege/2020/coronakrise-und-medien/.

29 Christian Drosten, *NDR Info Podcast Coronavirus-Update (82): Die Lage ist ernst*, Stand: 31. März 2021: https://www.ndr.de/nachrichten/info/82-Coronavirus-Update-Die-Lage-ist-ernst,podcastcoronavirus300.html.

30 Hubertus Bardt und Michael Hüther, *Aus dem Lockdown ins neue Normal*, IW-Policy Paper, No. 4/2021, Institut der deutschen Wirtschaft (IW), Köln: https://www.econstor.eu/bitstream/10419/231402/1/1749543702.pdf.

31 Zur gefährlichen Grenzüberschreitung einer sogenannten Biopolitik, die das nackte Leben zum Gegenstand der Politik macht, siehe unter Verweis auf Foucault insbesondere Giorgio Agamben, *Homo sacer – Die souveräne Macht und das nackte Leben* (Suhrkamp, 2002).
32 Siehe beispielsweise Douglas W. Allen, „Covid-19 Lockdown Cost/ Benefits: A Critical Assessment of the Literature", *International Journal of the Economics of Business*, Vol. 29, No. 1 (2022), S. 1–32: https://doi.org/10.1080/13571516.2021.1976051.
33 Hans-Jürgen Papier, *Freiheit in Gefahr – Warum unsere Freiheitsrechte bedroht sind und wie wir sie schützen können* (Heyne, 2021). Seine Kritik geht ebenfalls davon aus, dass die Regierung zu Beginn der Pandemie unter Ungewissheit harte Maßnahmen beschlossen habe, deren Verhältnismäßigkeit später jedoch nicht mehr gewahrt gewesen sei. Die Einschränkungen hätten stärkerer Abwägung bedurft, denn ein übergeordnetes Grundrecht auf Sicherheit und Gesundheitsschutz gebe es nicht. Und daher hätten sich diesem die anderen Grundrechte auch nicht pauschal unterzuordnen.
34 Richard H. Thaler und Cass R. Sunstein, *Nudge – Improving decisions about health, wealth and happiness* (Yale University Press, 2008), S. 6.

Verschobene Debatten.
Zu den Diskursen der Coronajahre

Matthias Fechner

Im Sommer 1974 erschien Heinrich Bölls Erzählung *Die verlorene Ehre der Katharina Blum*.[1] Der Literaturnobelpreisträger schildert darin, wie das Leben einer jungen Frau namens Katharina Blum durch die Boulevardmedien (die ZEITUNG) zerstört wird. Nach einer Liebesnacht mit dem als Terroristen gesuchten Ludwig Götten wird Katharina Blum ebenfalls zur Zielscheibe der Sensationsberichterstattung. Der ZEITUNGS-Reporter Tötges bedrängt selbst ihre schwerkranke Mutter, die daraufhin stirbt. Katharina Blum lockt den übergriffigen Journalisten in eine Falle und erschießt ihn. Der Erzähler lässt keinen Zweifel daran, dass er für das Verhalten der Hauptprotagonistin Sympathie empfindet.

Selbstverständlich löste die Publikation der *Katharina Blum* heftige Kontroversen aus. Heinrich Böll plädierte damals für einen gerechteren Umgang mit den Terroristinnen[2] der Roten Armee Fraktion. Deswegen befand er sich mit der übermächtigen *BILD*-Zeitung in einem medialen Dauerkrieg, wobei seine Erzählung eine wichtige Rolle spielte. Unterstützung erhielt er vor allem von Intellektuellen. Und Bölls Verlag war Kiepenheuer und Witsch, eine der besten Adressen im deutschsprachigen Literaturbetrieb. Der *Spiegel* und andere linksliberale Medien räumten dem Kölner Autor darüber hinaus die Möglichkeit zur Verteidigung ein. Obwohl der Nobelpreisträger auch aus damaliger Sicht einen Tabubruch begangen hatte. Denn er entschuldigte – obgleich nur fiktional – den Terrorismus und die brutale Selbstjustiz an einem Journalisten.

Autoritäre Verengung der Diskursräume

Nun wissen wir, dass es nicht immer angebracht ist, historische Vergleiche zu ziehen, besonders zwischen grundverschiedenen politischen Systemen. Hier aber handelt es sich um die Bundesrepublik Deutschland, die in einer historischen Kontinuität steht. Versuchen wir also – rein hypothetisch – diese Konstellation in die Gegenwart zu übertragen. Wäre es vorstellbar, dass ein bekannter Autor eine ähnliche Erzählung verfasst, in der eine von Leitmedien bedrängte, mutmaßliche Querdenkerin einen Journalisten ermordet?[3] Und dass dieser Roman auf eine vergleichbare, positive Beachtung träfe? Trotz unzähliger weiterer Vorbilder in der Literatur[4] finde ich diese Vorstellung gewagt, sogar abstrus. Die Zeiten haben sich geändert. Öffentliche Diskursräume haben sich verengt und verschoben; eine Bewegung, die vielleicht schon mit der Debatte um die Verleihung des Heinrich-Heine-Preises an Peter Handke 2006 begann und die noch nicht beendet scheint.

Dies ließ sich in der Berichterstattung während der Corona-Jahre exemplarisch beobachten. Ausgerechnet die Medien der Springer-Gruppe berichteten in dieser Zeit ergebnisoffen, verteilten Kritik, manchmal Polemik nach allen Seiten. Enger gesteckte thematische Grenzen, Tabus, autoritär anmutende Ausblendungen anderer Sichtweisen sind inzwischen vermehrt in den Medien der gesellschaftlichen Mitte auszumachen, die eine ähnliche Ordnungsfunktion ausüben wie vor Jahrzehnten die reaktionäre Boulevardpresse. Heute stellt sich sogar die Frage, ob eine Heinrich-Böll-Stiftung in ähnlicher Situation für ihren unbequemen Namenspatron Position beziehen würde?

Entpolitisierung der Gegenwartsliteratur?

Doch bleiben wir vorerst bei der (deutschsprachigen) Gegenwartsliteratur. Man könnte erwarten, dass sich die großen Themen der Gesellschaft in einer Vielzahl von Werken niederschlagen und kritisch diskutiert werden, aus ganz unterschiedlichen Perspektiven. Herausforderungen gibt es genug: angefangen mit der Covid-Krise. Gefolgt von einer Digitalisierungswelle, die gesellschaftliche und individuelle Freiräume löscht, wie es etwa von Dave Eggers in *The Every* (2021) höchst detailreich beschrieben wird. Auch die Inflation, mit ihren kaum absehbaren Konsequenzen, könnte ein

Thema sein. Ebenso hätten Ursachen und Auswirkungen der gewaltigen Migrationsbewegungen eine vielschichtige Thematisierung verdient, die das Thema aus dem Einflussbereich rechter und linker Ideologen löste. Der – inzwischen dramatische – Klimawandel hat zwar einen Niederschlag in eher trivial angehauchter Literatur gefunden, auch das Zeitalter des Anthropozän wurde energisch ausgerufen. Aber eine Lyrikerin wie Anja Utler, der es schon früh gelungen ist, den Klimawandel in sehr ernsthafter Weise in hermetischer Lyrik erscheinen zu lassen, bleibt eher die Ausnahme. Und es sind zumeist ukrainische Schriftsteller wie Iya Kiva, Serhij Zhadan, Oleh Kotsarev oder Maria Galina, die es in ihrer Literatur durchaus verstehen, eine individuelle, differenzierte Perspektive auf den – für alle beteiligten Seiten grauenhaften – Krieg in ihrem Land einzunehmen.

Denn es geht nicht um die literarische Reproduktion von Haltungen, die mehr oder weniger den politischen Debatten der Leitmedien entsprechen. Es handelt sich auch nicht darum, wie in der Belletristik, überwiegend historische Themen (Drittes Reich, DDR) aufzuarbeiten, sowie daran anknüpfend, Familiengeschichten zu entwickeln.[5] Bei den vielen Übersetzungstiteln, die in der Bundesrepublik erscheinen, stehen zwar die Themen Geschlecht (Gender), Herkunft[6] (Race) und Identität hoch im Kurs. Aber es lässt sich gleichzeitig beobachten, dass deutschsprachige Autorinnen und Autoren nur selten die Stimme gegen Grundrechtsverletzungen während der Corona-Krise erhoben haben; Ausnahmen wie Juli Zeh oder Kathrin Schmidt bestätigen die Regel. Schaut man auf das Gesamtbild, lässt sich in der Prosa sogar eine Entpolitisierung der deutschsprachigen Gegenwartsliteratur konstatieren.

Um den Blick auf andere Künste zu weiten: Das hochsubventionierte Autorentheater muss sich nicht auf einem kontrollierten Markt durchsetzen, genießt damit einen gewissen Schutzraum, steht thematisch breiter auf der Bühne. Gleichzeitig bedingt diese finanzielle Abhängigkeit eine nuancierte Anpassung an politische Regeltreue und umgeht die Unwägbarkeiten disruptiver Kunst. Die damit erzeugte Orthodoxie fördert wiederum die Anpassung an Autoritäten, wie die – entgegen evidenzbasierter wissenschaftlicher Erkenntnis – an etlichen Theatern erlassenen Zutrittsverbote und Aussperrungen von Menschen ohne Impf- oder Genesenennachweis.

Im Gegensatz zu Prosa und Lyrik aber benötigt das Theater, auch der Film existentiell den direkten Kontakt zu den Menschen. Produziert wird im Team, ein Theater ohne Zuschauerinnen fällt ins Koma. Insofern sind – andererseits – die dezidierten Gegenreaktionen aus der Theater- und Filmwelt während des ersten Lockdowns verständlich. Die reflexartige Empörung[7] der Öffentlichkeit über den Versuch einer Auseinandersetzung mit diesem Thema (#allesdichtmachen, #allesaufdentisch) verkannte dabei den Ernst der Lage, selbst mitten in der Pandemie. Die Künste sind die höchste Essenz menschlicher Individualität. Wer sie als Nebensächlichkeit oder bloße Unterhaltung betrachtet, die man beliebig wegschließen kann, marschiert bereits auf der nächsten Etappe in die ebenso geistlose wie totale Technisierung der Gesellschaft.

Im toten Winkel: Digitalisierung des Bildungswesens

Der Rückzug von einer Thematisierung gesellschaftlicher Herausforderungen in der Corona-Krise ist keineswegs auf die Künste beschränkt. Empfindlich getroffen ist auch das Bildungswesen, dessen Digitalisierung nicht einmal ansatzweise einer soliden Technikfolgenabschätzung unterzogen wurde. Auch hier konnten signifikante Verschiebungen der Diskursräume beobachtet werden. Als Lehrer musste ich im Laufe von 16 Jahren unter Schülern eine abnehmende Lesefähigkeit feststellen, mit zunehmendem Einsatz digitaler Endgeräte. Damit verbunden zeigte sich bei einzelnen Jugendlichen und sogar Kindern ein diagnostiziertes Suchtverhalten, durch Computerspiele ausgelöst. Als Gaming Disorder ist dieses inzwischen offiziell nach ICD-10 (6C51) als Krankheit anerkannt, beschränkt sich aber auf eine starke Minderheit. Bei etwa zehn Prozent aller jugendlichen Spieler ist ein Suchtverhalten feststellbar.[8] Gravierender jedoch ist der allgemeine Verlust der Lesefähigkeit, die auch einen Gradmesser für das Vermögen darstellt, die verbale Ausdrucksform anderer Menschen verstehen, einen echten Dialog führen zu können. Die Stuttgarter Erziehungswissenschaftlerin Christine Sälzer extrahierte aus den Daten der PISA-Studie von

2018 einen negativen Zusammenhang „zwischen den Schülerleistungen im Bereich Lesekompetenz und der Nutzungsdauer digitaler Geräte für schulische Zwecke". Unter 35 Ländern und Volkswirtschaften schnitt Deutschland dabei am schlechtesten ab. Bereits eine zusätzliche Stunde am Computer führte – zwei Jahre vor den Schulschließungen der Corona-Krise – zu einer negativen Veränderung der Schülerleistungen von 27 Punkten auf der PISA-Skala, gegenüber einer Verschlechterung im OECD-Durchschnitt von 7 Punkten. Dabei waren auch das Geschlecht und der sozioökonomische Hintergrund der Schülerinnen und Schüler relevant. Weiterhin wichtig: Die Lesekompetenz steigerte sich lediglich auf Papier, durch das Lesen von gedruckten Texten.[9]

Anzunehmen ist zudem, dass der Verlust des Verständnisses für Andere mit zunehmend selektiveren Wahrnehmungen korreliert. In Extremfällen kann das Internet, kann digitale Technik sogar Amokläufe befeuern, wie die Morde von Halle belegen. Der Attentäter war nicht nur im Internet radikalisiert, durch verschwörungstheoretische, antisemitische Webseiten auf sein anfängliches Ziel gelenkt worden. Auch den gesamten weiteren Rahmen für seine Taten lieferte die Digitalisierung. Er baute seine Waffe mit Plänen aus dem Internet und einem 3-D-Drucker. Seinen Amoklauf streamte der Täter in Echtzeit, was für ihn eine nicht zu unterschätzende Bedeutung hatte. Denn nach seinem missglückten Versuch, in die Hallenser Synagoge einzudringen, streamte er weiter – und erschoss dann doch willkürlich zwei Menschen. Angemessener wäre es folglich, nicht von einem antisemitischen Anschlag zu schreiben, sondern von einem Digitalisierungstäter, mit antisemitischen Tendenzen.

Schulpolitik vertieft gesellschaftliche Spaltung

Die im Zuge der Pandemie-Maßnahmen häufig gestellte, pauschale Forderung nach mehr Digitalisierung erscheint vor diesem Hintergrund höchst fragwürdig. Denn die sehr allgemein geführten Debatten ignorieren selbst grundlegende pädagogische Fragen: In welchen Schularten, Klassenstufen und Fächern ist Digitalisierung weiterhin sinnvoll? Welche Methodiken könnten bei bestimmten

Themenschwerpunkten dann gezielt eingesetzt und weiterentwickelt werden?[10] Zudem fungiert Schule nicht nur als Treffpunkt zur Aufnahme von Informationen, sondern entfaltet als sozialer Lernort eine Wirksamkeit zur Entwicklung der Persönlichkeit. So waren insbesondere Schularten mit dezidiert pädagogischem Auftrag – Grundschulen, Förderschulen, Real- und Oberschulen, häufig in sozialen Brennpunkten – am stärksten von den Nebenwirkungen der Digitalisierung betroffen. Dies wurde zwar zur Kenntnis genommen, aber kaum diskutiert. Der spärlich rinnende Diskurs war nicht nur der Präsenz der Digital-Lobby geschuldet. Andere Faktoren verhinderten ebenso, dass Probleme angesprochen werden konnten.

Einseitige Kommunikation der Medien

Die einseitige Kommunikation der Medien – kritisch als Framing bezeichnet – half, eine breitere gesellschaftliche Debatte über den Effekt der Schulschließungen und den damit verbundenen Digitalisierungsschub zu vermeiden. So wurde die Studie von Sälzer im *heute journal* zwar erwähnt, ihre Erkenntnisse aber mit anderer Pointierung zusammengefasst:

> Demnach erhalten deutsche Schüler im internationalen Vergleich zu wenig Informationen, wie mit Quellen im Netz oder Suchmaschinen umzugehen sei. Jugendliche in China, Japan oder auch den USA seien sicherer im Internet unterwegs. Entscheidend sei eine höhere Lesekompetenz in der digitalen Welt.[11]

Dabei sollte nicht übersehen werden, dass die Informationen in einem Kommunikations-Konzert vorgestellt werden, das Mimik, Gestik, Intonation der Sprecherin ebenso aufnimmt wie die Auswahl und Platzierung der Themen, den Schnitt der Filmbeiträge, die Formulierungen der Texte, bei dem selbst Kameraführung und Studioarchitektur noch eine Funktion übernehmen. Als emotionales Echo kontroverser Themen kann bei manchen Adressaten dann ein Gefühl der Überrumpelung, auch des Getäuschtseins entstehen. Fehlende Informationen verhindern gleichzeitig den Einstieg in einen Diskurs, der in den allermeisten Fällen ohnehin einseitig geführt wird. Zu problematisieren ist hier auch die Rolle der Leitmedien, die abweichende Meinungen jederzeit ausschließen können.[12] Dieser Vorgang entspricht zwar Jean Baudrillards These der Nicht-Kommunikation[13], ist jedoch meistens der Pragmatik geschuldet. Welche Redaktion würde ihre kostbare Zeit darauf verwenden, Argumenten, die nicht ihrem politischen Grundverständnis entsprechen, ein Forum zu bieten? Kritische Rezipientinnen fühlen sich durch die daraus entstehende Schweigespirale (Elisabeth Noelle-Neumann) jedoch vom Diskurs ausgeschlossen. Bedenken sollte man bei einseitiger Medienkritik ebenfalls, dass zahlreiche Journalisten heute in ökonomischen Abhängigkeitsverhältnissen stehen. Gerade ohne Festanstellung sind sie darauf angewiesen, den Erwartungen der Redaktion und der Ressortleiter zu genügen, dem Kurs der Verlagsgruppe zu folgen und Artikel zu verfassen, die möglichst viele Leser finden.

Von dieser Situation profitieren wiederum alternative Medien. Auf einem Grau- und Schwarzmarkt der Nachrichten offerieren sie Informationen für jedes Interesse, jede Vermutung, jede These. In einer solchen Konstellation trifft das Angebot selbstverständlich auf erhöhte Nachfrage. Je geringer die Meinungsvielfalt in den Leitmedien, je drängender das Problem, so könnte man folgern, desto stärker wird das Bedürfnis derer, die sich übergangen fühlen, alternative Kanäle zu besuchen. Mit dem schon vielfach beschriebenen Ergebnis, dass vermehrt Argumente aufgenommen werden, die sich einer Überprüfung entziehen und zur Radikalisierung beitragen.

Die so entstehende Aufspaltung der Nachrichtenaufnahme führt gleichzeitig zur Festigung unterschiedlicher, oft konträrer Gesinnungsblasen. Gesellschaftliche Probleme werden nicht mehr im Diskurs ausgehandelt, vielleicht sogar gelöst. Im Gegenteil: Das gegenseitige Verständnis schwindet rapide. Die fortgesetzte Selbstbestätigung im eigenen, geistig enger werdenden Trichter hat zwar einen gewissen Wohlfühleffekt – man darf stets glauben, auf der moralisch richtigen Seite zu stehen –, schwächt aber die für eine Demokratie essenzielle Streitkultur, erschwert darüber hinaus Kurskorrekturen. Die daraus resultierenden, gesellschaftlichen Folgen können gravierend sein. Denn die Blasenbildung beschränkt sich eben nicht nur auf „Querdenker", sondern findet ebenso in den Medien oder im Bundestag statt.

Polarisierung durch „Faktenchecker"

Der Einsatz von „Faktencheckern" wirkt zusätzlich polarisierend. Denn ein „Faktenchecker" benötigt keinen Qualifikationsnachweis für seine Tätigkeit, prüft selten neutral, argumentiert häufig undifferenziert, bedingt durch kleine Textformate. Seine Erkenntnisse liegen damit auf einer schmalen, brüchigen Basis, selbst wenn im Einzelfall tatsächlich Falschaussagen entlarvt werden. Verschärft wird diese Situation durch parteiische Initiativen, die neben der Erstellung einseitiger Faktenchecks[14] sogar diffamieren, beispielsweise Menschen ohne Impfung. Der einflussreiche Blogger Thomas Laschyk wetterte etwa:

> Diese faschistische Bagage, dieser unkontrollierte Sumpf aus Hass und Lügen auf Telegram und Facebook, der seit Jahren brodelt und sich in AfD und ‚Querdenken' entlädt, ist die größte Gefahr für Demokratie und Wahrheit […] Und das sind in großen Teilen jene Ungeimpften. Die, die unsere Gesellschaft seit Jahren spalten.[15]

Eine vergleichbare Argumentation trägt wohl eher dazu bei, Fronten zu verhärten und ist leider keineswegs auf populistische Webseiten beschränkt. Sie findet sich an vielen Orten, wo das Impf-Narrativ in extremer Weise vertreten wird. Auffällig ist dabei, dass eine moralisch rigide Unterscheidung zwischen Gut und Böse vollzogen wird, was die gesellschaftliche Ausgrenzung erleichtert. Dieses und andere Muster der verbalen Diffamierung gleichen interessanterweise den Methoden, die Wissenschaftler bei der Rhetorik von Rechtspopulisten in Deutschland und Österreich festgestellt haben.[16] Ironischerweise konnten damit Menschen aller politischen Überzeugungen in den vergangenen zwei Jahren pauschal in die Nähe von Rechtsextremisten und Verschwörungstheoretikern gerückt, sogar mit ihnen gleichgesetzt werden. Solange sie nicht mit einem mRNA-Serum geimpft waren.

Eine wissenschaftliche Basis für derartige Zuschreibungen existiert jedoch nicht. Entsprechende Zahlen und Fakten zu politischer Orientierung, Alter, Geschlecht, Ausbildung, Beruf, Einkommen fehlen im Einzelfall der konkreten Demonstration und ebenso zur allgemeinen, gesicherten Analyse des Protests. Eine der eher seltenen Analysen legte das Team um den Soziologen Oliver Nachtwey vor. Nachtwey hat dazu zwei soziologische Arbeitspapiere verfasst, die vollkommen andere Schlüsse nahelegen.[17] Laut Nachtwey darf man davon ausgehen, dass die mehrheitlich weiblichen Impfskeptikerinnen bislang überwiegend im linksalternativen politischen Spektrum verortet werden konnten; sie haben eine gute Ausbildung bzw. Studium und ein geregeltes Einkommen. Es bleibt in diesem Kontext Ermessenssache, ob derartig irreführende Gleichsetzungen von Menschen ohne Impfung und Rechtsextremisten nicht ebenfalls als Verschwörungserzählungen eingeordnet werden könnten.

Neo-autoritäres Demokratieverständnis

All das lässt darauf schließen, dass wir dringend eine differenzierte Analyse der Symptomatik benötigen, bei der die veränderten Rollen von Rechts- und Linksextremismus ebenso wie die Verbreitung autoritärer Charaktermerkmale in allen politischen Lagern stärker in den Vordergrund gerückt werden. Der Entwurf und die Verwendung eines Fragebogens zur Messung autoritärer Einstellungen unter den Befürwortern harter Pandemie-Maßnahmen, analog zu Theodor Adornos F-Skala zur Messung faschistoider Einstellungen wäre ein dazu passendes Projekt. Denn möglicherweise stehen wir vor Veränderungen der politischen Landschaft, die – ähnlich wie der Klimawandel – allzu lange ignoriert wurden, wie dies Robert Putnam bereits zu den sozioökonomischen Verwerfungen in den Vereinigten Staaten konstatierte.[18] In Deutschland begünstigt das aufgeheizte politische Klima neo-autoritäre Haltungen, deren begrenztes Verständnis von Demokratie darin besteht, selbst kontroverseste parlamentarische Entscheidungen stets durch das Mehrheitsprinzip zu rechtfertigen. Und an dieser Stelle sei – ausgehend vom „Extremismus der Mitte" (Lipset, Griffin et al.) – eine ergänzende These erwähnt: Wahrscheinlich fordert jede Art von Extremismus einen Gegenpart heraus, der Gefahr läuft, sich im Antagonismus ebenfalls zum Extrem zu entwickeln. Der Kommunismus trifft auf den Nationalsozialismus, der fundamentalistische Islam auf den Rechtspopulismus. Und so provozieren auch radikale Querdenker starke, geradezu allergische Reaktionen aus der gesellschaftlichen Mitte, die sich unserem Verständnis von Demokratie und offener Gesellschaft entziehen.

Wenn also bislang politisch eher unauffällige Menschen – ungeachtet ihrer politischen Zugehörigkeit – als Maßnahmenbefürworter beginnen, im Duktus von Extremisten zu sprechen, dann liegt es fairerweise nahe, zuerst einen Verbalunfall festzustellen.[19] Bei Wiederholungen wäre es jedoch angebracht, von einer extremistischen Haltung zu sprechen. Denn ein Diffamieren und Bedrohen unbescholtener Menschen im politischen Kontext, insbesondere aus einer Machtposition heraus, impliziert letztlich auch einen Missbrauch, damit eine „Delegitimierung des demokratischen Systems".[20] Dennoch fehlen uns in dieser neuen Situation die Begriffe, um die präzisen Instrumentarien der Sozialforschung folgerichtig anzuwenden.[21] Wobei relativierend bemerkt werden sollte, dass die Diffamierung unbescholtener Menschen durch die Politik in der Bundesrepublik Deutschland auf eine gewisse Vorgeschichte verweisen kann.[22] Das Neuartige der gegenwärtigen Situation besteht darin, dass die systematischen Ausgrenzungen und Diffamierungen aus der sich – rein formal – als demokratisch identifizierenden, gesellschaftlichen Mitte heraus betrieben wurden.

Regeln des Herrschaftsdiskurses und Umdeutungen

Ein vielfältiger, mehrdimensionaler Diskurs wird allerdings nicht nur durch wenige, in den Extremen positionierte Menschen verhindert. Viele Bürgerinnen und Bürger verfügen, wie erwähnt, nur über eingeschränkte Informationen, die Zweifel am eigenen Argument, aber auch Misstrauen gegen Behörden und Medien entstehen lassen. Selbst ohne Kenntnis der situativen Konformitätsexperimente von Solomon Ash, Philip Zimbardo und Stanley Milgram[23] erscheint es als nachvollziehbar, dass dieses Defizit von sogenannten Experten ausgenutzt werden kann. Denn darüber hinaus fehlt vielen Menschen bereits die Fähigkeit, sich innerhalb der sprachlichen Normen des Herrschaftsdiskurses artikulieren zu können. Dies beginnt mit fehlerfreier Rechtschreibung und Grammatik, setzt sich fort über die liquiden Regeln des Gendering, endet beim korrekten Gebrauch des Fachwortschatzes und der wissenschaftlichen Belegpflicht. Dazu kommt eine aggressive Umdeutung zentraler Begriffe durch das politische Establishment, Teile der Wissenschaft und viele Leitmedien. ‚Diversität' bezieht sich demnach nicht mehr primär auf eine gleichberechtigte Vielfalt der Meinungen, Sprachen und Kulturen, sondern auf die Bewertung von Äußerlichkeiten wie Hautfarbe, Herkunft oder sexueller Identität. ‚Solidarität' wird plötzlich im Sinne einer neoliberalen Engführung definiert, in ähnlicher Weise wie bei den umstrittenen Hartz-IV-Reformen. Gegenüber dem absoluten Primat der Impfung, als scheinbar einziger Möglichkeit, Leben zu retten, werden bislang solidarisch erbrachte Leistungen und verbriefte Rechte, wird auch echte Not für nichtig erklärt. Und selbst ein irreführender Vergleich wie das Anlegen eines Sicherheitsgurtes mit der mRNA-Impfung wird ungehindert verbreitet.[24]

In diese Begriffsverwirrung passt auch die gegenwärtige Verschiebung von Positionen innerhalb der politischen Praxis. Bundestagsabgeordnete der Grünen setzten sich vehement für den großflächigen Einsatz von – zunehmend wirkungsloserer – Gentechnik in der Pandemie ein. Ein Sondervermögen von 100 Milliarden Euro für die Bundeswehr wurde mit aktiver Unterstützung linksliberaler Abgeordneter der Regierungskoalition bereitgestellt. Und der Staatsbesuch eines notorischen Rassisten und Chauvinisten wie Narendra Modi[25] verlief Anfang Mai 2022 in freundlicher Routine; während die allermeisten Leitmedien diesen Widerspruch der „feministischen Außenpolitik" Annalena Baerbocks[26] nicht einmal ansatzweise kritisch behandelten.

Wer diese Verschiebung der Positionen und der mit ihnen verbundenen Begriffe thematisiert, auch die Herrschaftsmeinung der „Experten" kritisch hinterfragt, läuft Gefahr, nun selbst in die (rechte) Ecke gestellt zu werden; gleich einem unbotsamen Schüler zu Hochzeiten schwarzer Pädagogik. Verbunden mit einer daraus entstehenden Angst vor dem Ausschluss aus der Solidargemeinschaft der Anständigen sind weitere Faktoren, die gegenwärtig einen offenen Austausch auf Augenhöhe verhindern: Der Zweifel am eigenen Argument, die schwindende Hoffnung, andere überzeugen zu können, die Furcht vor Disharmonien, die Scham mangelnde Loyalität, sogar Egoismus in der Krise zu offenbaren, damit auch ein unangebrachtes, peinlich asoziales Verhalten zu zeigen. Denn die Angst vieler Impfbefürworter vor Ansteckung ist schließlich echt und nachvollziehbar, gestützt auf wissenschaftliche Forschung – trotz ihrer mit jeder neuen Virus-Variante schwindenden Relevanz.

Homo Munditiae: Wächter des öffentlichen Raumes

In dieser diskursiv kontaminierten Atmosphäre konnten Skeptikerinnen in Extremfällen umgehend als „Mörder" gebrandmarkt werden.[27] Angeprangert vom *Homo Munditiae*,[28] dem Menschen der Sauberkeit, der nicht nur viele Zeitungsredaktionen und Parlamente in Treibhäuser der Vorurteile verwandelte, sondern im öffentlichen Raum wachte und zurechtwies, wo Verordnungsverletzungen zu (t)wittern waren, nicht immer an medizinischer Evidenz orientiert: unkorrekter Maskensitz, zu knapper Mindestabstand, abgelaufener Testnachweis, unvollständiges Meldeformular oder unbefugter Aufenthalt von Ungeimpften in Bibliotheken. Der Furor des *Homo Munditiae* aber war vor allem von Angst, sogar Panik befeuert, gewachsen im Glauben an das Purgatorium der Krankheit, vor der nur das Sakrament der Impfung noch schützen konnte. Dokumentiert durch den Impfnachweis, den Ablassbrief, der jedem Impfling die schützende Kraft der Wissenschaft dokumentierte. Und fast wie einen Fetisch trugen manche Menschen die Maske noch im Gesicht, als kein Schutz nötig war, etwa wenn sie alleine spazieren gingen oder Auto fuhren. Selbst Impfskeptikerinnen, die in den Regeln des Herrschaftsdiskurses bewandert waren, gelang es in dieser Atmosphäre der Irrationalität nur noch selten, ein sachliches, problemorientiertes Gespräch mit Menschen anderer Meinung zu führen. Zusätzlich aufgeladen wurde auch diese Konstellation, indem Maßnahmen- und Impfbefürwortern in „Ratgebern" häufig der Hinweis gegeben wurde, mit Skeptikerinnen nicht über Sachargumente zu diskutieren. Stattdessen wurden simple Psychotricks vorgestellt, bei denen es weniger um einen gleichberechtigten Austausch über (wissenschaftliche) Inhalte und (gesellschaftspolitische) Lösungen geht, sondern vielmehr um (emotionale) Manipulation im Gewande der Empathie. Beispiele lassen sich unter dem Suchbegriff „Querdenker überzeugen" mühelos im Internet finden.

Gestörte Kommunikation verhindert Problemlösungen

Wie aber verändern diese Symptome gestörter Kommunikation den Blick auf die vielen weiteren, ebenso drängenden Probleme der Gesellschaft? Wenden wir uns zum Schluss wieder exemplarisch dem Bildungswesen zu. 2020 veröffentlichte ein großes und respektables Autorenteam aus hervorragenden Bildungswissenschaftlerinnen den aktuellen, umfangreichen Bericht zur *Bildung in Deutschland 2020* mit dem Untertitel *[e]in indikatorengestützter Bericht mit einer Analyse zu Bildung in einer digitalisierten Welt*.[29] Das Cover der Publikation gibt Hinweise auf den Inhalt, mit Fotos von Kindern und Jugendlichen, teils unter Anleitung von Erwachsenen, in cleanen Lernumgebungen; drei Mal davon strahlend und staunend vor Laptops sitzend. Das jüngste Kind ist etwa zwei Jahre alt. Die Studie selbst beschäftigt sich in umfassender Weise mit Abschlüssen, der Ausbildung von Pädagoginnen, Weiterbildungsperspektiven im Erwachsenenalter, auch mit „non-formalen Lernwelten im Schulalter" oder demographischen Faktoren. Ein Kapitel zu „Bildung in einer digitalisierten Welt" verleiht Untertitel und Schwerpunkt eine gewisse Berechtigung, bevor abschließend die „Wirkungen und Erträge von Bildung" aufgerechnet werden. Ein gewaltiges Programm also, das eine Reihe nützlicher Erkenntnisse liefert. Auf den ersten Blick wirkt die Publikation überzeugend, werden in der Analyse der zahlreichen Statistiken auch Probleme angesprochen, beispielsweise die nicht geringe Zahl der Schulabbrecher. Auf den zweiten Blick stutzt der Leser jedoch: Trotzdem die Autorinnen beispielsweise um die Nebenwirkungen der Digitalisierung zu wissen scheinen, werden diese an keiner Stelle kritisch diskutiert, weil „bislang vergleichsweise wenig empirische Erkenntnisse vorliegen".[30] Generelle Erkenntnisse über den negativen Einfluss der Digitalisierung liegen zwar seit geraumer Zeit vor, werden im Bericht aber nicht erwähnt.[31] Auch qualitative Interviews mit betroffenen Schülern, mit Lehrerinnen und Eltern hätten geholfen, die Interpretation der Zahlen zu ergänzen. Ebenso überrascht daher, dass weitere endemische Problemfelder der Schule nicht angesprochen werden: Familiäre Verwahrlosung, Gewalt, Medikamenten- und Drogenmissbrauch sind in der geordneten Datenwelt des Berichtes nicht zu finden. Wer als Lehrer nicht nur Wissen vermittelt, sondern auch erzieherische Aufgaben wahrnimmt, weiß, welche Tragödien sich bereits hinter jedem einzelnen Schulabbruch verbergen. Stephan Dorgerloh, ehemaliger Kultusminister von Sachsen-Anhalt und Theologe, monierte zudem, damit Sälzers Erkenntnisse ergänzend, dass 15 bis 20 Prozent der Schülerinnen und Schüler in Deutschland selbst die Grundkompetenzen im Lesen, Rechnen und Schreiben nicht (mehr) erreichten. Sein Fazit: „Ein alarmierendes Armutszeugnis!" Ein Armutszeugnis, das im Bildungsbericht aber nicht thematisiert werde.[32] Ebenfalls auffällig ist, dass nicht diskutiert wird, was und wie gelernt wird. Einige mögliche Beispiele: Welche Lektüren werden im Deutschunterricht behandelt? Warum? Wie werden die Texte aufgenommen? Wie wirkt der Geschichtsunterricht – insbesondere zum Dritten Reich – aktuell auf Schülerinnen und Schüler? Wie nehmen sie Exkursionen zu Gedenkstätten wahr? Schwierig wäre es nicht, entsprechende Erkenntnisse zu gewinnen. Eine Reihe qualitativer Interviews genügte, um lebendigere und vielfältigere Einblicke in Bildungseinrichtungen zu erhalten, deren Lehr- und Lernbedingungen sich während der Umsetzung der Corona-Maßnahmen deutlich verschlechtert haben dürften.[33] Vor diesem Hintergrund erscheint es befremdlich, dass zentrale Gesichtspunkte nicht geklärt sind: Was die Autoren denn nun unter „Bildung" verstehen, welchen Bildungsbegriff sie vertreten? Handelt es sich dabei wirklich nur um Statistisches: Abschlüsse, Digitalisierung, demographische Daten? Noch direkter gefragt: Welche Aufgaben weisen sie der Bildung in der Gesellschaft eigentlich zu? Welche monetären Folgekosten sollten für die Digitalisierung eingeplant werden? Auf

Kosten des Personalschlüssels? Daran anschließend: Wie definieren die Autoren – als zentralen Aspekt von Schule – die Lehrer-Schüler-Beziehung im Jahr 2020? Und welches Menschenbild vertreten sie damit?

Um solche Themen müsste künftig – hörbar, lesbar, sichtbar – gestritten werden. Damit der demokratische Diskurs nicht mehr verschoben wird, sondern überleben und konstruktive Lösungen erbringen kann. Denn Demokratie besteht nicht darin, der höchsten Zahl die größte Bedeutung beizumessen. Oder der Meinung zu folgen, die am mächtigsten vorgetragen wird. Oder sich in den Blasen der Gleichgesinnten selbst zu bestätigen. Wer diese Wege geht, gelangt am Ende in Echokammern, durch deren Wände die eigene Stimme nicht mehr zu dringen vermag. Anders als Heinrich Böll, der mit seiner literarischen Provokation ein zivilgesellschaftliches Kunstwerk geschaffen hat, das auch heute noch – kritisch – diskutiert werden kann.

Anmerkungen

1   Der volle Titel lautet: Die verlorene Ehre der Katharina Blum oder: Wie Gewalt entstehen und wohin sie führen kann. Erzählung (Köln: Kiepenheuer und Witsch, 1974).
2   Das Geschlecht wird in unregelmäßiger Folge wechselnd männlich oder weiblich angegeben.
3   Sicher wäre ein Vergleich zwischen Roter Armee Fraktion und linksextremistischen Organisationen der Gegenwart inhaltlich angebrachter. Antifa und VVN, um zwei Beispiele zu nennen, befinden sich jedoch durchaus im Einklang mit den politischen Schwerpunktsetzungen des Herrschaftsdiskurses, wie der Gastbeitrag der Bundesinnenministerin Nancy Faeser im antifa-Magazin der VVN beweist. Es wäre dagegen kaum vorstellbar gewesen, dass Hans-Dietrich Genscher oder Werner Maihofer, die Bundesinnenminister von 1974, damals einen Gastbeitrag in rote hilfe info verfasst hätten.
4   Heinrich Bölls Titelheldin befindet sich in illustrer Gesellschaft. Die Literatur blieb über Jahrhunderte hinweg das Refugium verzweifelter, gewalttätiger Protagonisten, deren Autoren durchaus bereit waren, ihre fiktionalen Charaktere verständnisvoll darzustellen. Karl Moor, Michael Kohlhaas, Franz Woyzeck, Franz Biberkopf – die Reihe ließe sich fortsetzen und verdiente bereits in der Germanistik eine präzisere

literaturwissenschaftliche Untersuchung, die auch Werke von Autoren wie Franz Werfel, Arnolt Bronnen oder Rahel Sanzara einbezieht.

5   In einer Stichprobe von 85 auf dem hiesigen Buchmarkt bei größeren Verlagen im 2. Halbjahr 2021 erschienen Romanen stellte sich heraus, dass lediglich 29 Werke von deutschsprachigen Autorinnen und Autoren verfasst wurden. Die Auflistung der Romane bzw. ihre Zusammenfassung findet sich auf dieser Seite: https://literaturreich.de/2021/05/12/verlagsvorschauen-herbst-2021-neuerscheinungen/. Weitere Informationen zur Entwicklung auf dem deutschsprachigen Buchmarkt finden sich im Tabellenkompendium des Börsenvereins des deutschen Buchhandels: https://www.boersenverein.de/tx_file_download?tx_theme_pi1%5BfileUid%5D=8430&tx_theme_pi1%5Breferer%5D=https%3A%2F%2Fwww.boersenverein.de%2Fmarkt-daten%2Fmarktforschung%2Fwirtschaftszahlen%2F&cHash=1f18638f81809ce30b3f25209c766742.

6   Die Übersetzung des Begriffes „Race" mit „Herkunft" oder „Ethnie" ist sprachlich durchaus diskutierbar, vermeidet an dieser Stelle jedoch weitere Debatten über die Rassenfrage im 21. Jahrhundert. Eine kritische Aufarbeitung historischer und aktueller Ansätze der Kategorisierung von Menschen wäre dagegen in einer gesonderten Publikation angebracht.

7   Vgl. dazu u.a. Sebastian Leber, „Alles dichtmachen ist so schäbig, dass es weh tut", Tagesspiegel 23. April 2021: https://www.tagesspiegel.de/gesellschaft/panorama/schauspieler-und-ihre-corona-kritik-alles-dicht-machen-ist-so-schaebig-dass-es-weh-tut/27124112.html.
Kurz darauf wurde, ebenfalls im Tagesspiegel, die Verschwörungstheorie geäußert, die Proteste der Künstler seien von Rechtsextremisten unterwandert: Andreas Busche / Hannes Soltau / Recherchenetzwerk Antischwurbler, „Das (antidemokratische) Netzwerk hinter #allesdichtmachen", Tagesspiegel, 7. Mai 2021: https://www.tagesspiegel.de/kultur/filmbranche-und-querdenker-das-netzwerk-hinter-allesdichtmachen/27149604.html Nach Protesten von Betroffenen, vor allem Paul Brandenburg und Dietrich Brüggemann, druckte der Tagesspiegel eine Gegendarstellung ab und überarbeitete den verschwörungstheoretischen Tenor des Artikels.

8   Vgl. Florian Rehbein, Matthias Kleimann, Thomas Mößle, Computerspielabhängigkeit im Kindes- und Jugendalter. Empirische Befunde zu Ursachen, Diagnostik und Komorbiditäten unter beson-derer Berücksichtigung spielimmanenter Abhängigkeitsmerk-male (Hannover: Kriminologisches Forschungsinstitut Niedersachsen, 2009): https://kfn.de/wp-content/uploads/Forschungsberichte/FB_108.pdf Der Befund dieses bereits vor 13 Jahren erstellen Berichtes dürfte sich nach Einführung des Smartphones kaum verbessert haben.

9   Christine Sälzer, Lesen im 21. Jahrhundert. Lesekompetenzen in einer digitalen Welt. Deutschlandspezifische Ergebnisse des PISA-Berichts

„21st-century readers". Eine PISA-Sonderauswertung der OECD gefördert von der Vodafone Stiftung Deutschland. S. 6.
10 Vgl. dazu die Stellungnahme des Offenburger Mediendidaktikers Ralf Lankau vom 20. Dezember 2020 zu drei Anträgen (FDP / CDU / SPD, Grüne, Linke) im Thüringer Landtag, die eine stärkere Digitalisierung von Schulen vorsahen: https://rainer-lind.de/wp-content/uploads/2020/12/02_landtag_thueringen_Stellungnahme_lankau.pdf. Lankau bemängelt darin vor allem die pädagogische Konzeptionslosigkeit der Anträge.
11 Darstellung in heute journal, 4. Mai 2021, 21:03-21:38. Immerhin verwies die Tagesschau am gleichen Tag auf die zentrale Bedeutung der analogen Lektüre.
12 Ein prägnantes Beispiel wäre Annika Brockschmidts polemischer Artikel „Sind das jetzt alles Nazis?", Die Zeit, 1. September 2020, der „esoterische(n) Hippies und anthroposophische(n) Hausfrauen" eine Nähe zur „radikalen Rechten" unterstellt. Eine semi-offizielle und sehr differenzierte Gegendarstellung des Anthroposophen Peter Selg wurde nicht abgedruckt und musste stattdessen im Goetheanum, einer kleinen anthroposophischen Zeitschrift, erscheinen. Ein – gewiss sehr spannender Austausch – wurde auf diese Weise leider abgeblockt. Vgl. Brockschmidts Artikel (hinter Bezahlschranke): https://www.zeit.de/kultur/2020-09/querdenken-demo-corona-protest-rechtsradikale-linksradikale-b2908 sowie Selgs Replik (offen zugänglich): https://dasgoetheanum.com/offener-leserbrief-peter-selg/.
13 Jean Baudrillard, „Requiem pour les media", Pour une critique de l'économie politique du signe (Paris: Gallimard, 1972), S. 208ff.
14 Vgl. den „Volksverpetzer" Thomas Laschyk: Bei der Diskussion von Vor- und Nachteilen der Impfpflicht wurden von ihm beispielsweise Impf-Nebenwirkungen, Unwirksamkeit von Impfungen und der leichtere Krankheitsverlauf nach Ansteckung mit der Omikron-Variante nicht erwähnt. Eine Aufhebung der Maßnahmen ist bei diesem Faktencheck nur mit Impfpflicht vorgesehen. Obwohl Staaten wie das Vereinigte Königreich, Irland, Norwegen oder Spanien damals bereits viele Beschränkungen aufgehoben hatten, auch ohne Impfpflicht. Vgl. https://www.volksverpetzer.de/corona-faktencheck/impfpflicht-pro-kontra/ (31. Januar 2022).
15 https://www.volksverpetzer.de/schwer-verpetzt/impfgegner-blocken/ (31. Januar 2022).
16 Vgl. etwa Walter Ötsch, Nina Horaczek, Populismus für Anfänger. Anleitung zur Volksverführung (Frankfurt a.M.: Westend Verlag, 2017).
17 Zur regionalen Demographie der Protestbewegung im Bodenseeraum und zur weltanschaulichen Orientierung von Impfskeptikerinnen. Vgl. Oliver Nachtwey, Robert Schäfer, Nadine Frey, Zur politischen

Soziologie der Corona-Proteste. (Basel: Universität Basel, 22. Dezember 2020): https://osf.io/preprints/socarxiv/zyp3f/. Das zweite wichtige Papier von Nachtwey und Frey, Quellen des ‚Querdenkertums'. Eine politische Soziologie der Corona-Proteste in Baden-Württemberg. (Basel: Universität Basel, 2021), weist leider methodische Schwächen auf, die bereits von anderen ausführlich besprochen wurden. Vgl. exemplarisch: Detlef Hardorp, „Auf tönernen Füßen", Das Goetheanum, 10. Dezember 2021: https://dasgoetheanum.com/auf-toenernen-fuessen/. Zu berücksichtigen ist auch, dass Quellen des ‚Querdenkertums' nur einen Ausschnitt der Protestbewegung(en) behandelt. Die Impfskepsis von Katholiken und Ostdeutschen ist beispielsweise nicht berücksichtigt. Ein Desiderat wäre wohl ebenfalls eine Studie zur Impfgegnerschaft unter Moslems und orthodoxen Christen. Ein weiterer Sammelband zum Thema wurde von Wolfgang Benz herausgegeben, Querdenken. Protestbewegung zwischen Demokratieverachtung, Hass und Aufruhr (Berlin: Metropol Verlag, 2021). Allerdings rücken die darin veröffentlichten Artikel die Protestbewegung(en) pauschal in ein eher trübes Licht, was Vorbehalte an der wissenschaftlichen Objektivität der Beiträge aufkommen lässt.
18 Zitiert nach Anne Case, Angus Deaton, Deaths of Despair and the Future of Capitalism (Princeton: PUP, 2010), S. 150.
19 Ein Beispiel wäre OB Christof Bolay (SPD), der im Februar 2022 Bürgerinnen und Bürger mit Waffengewalt aus der Innenstadt von Ostfildern vertreiben wollte, um politische Zusammenkünfte zu unterbinden. Eine Sammlung einschlägiger Aussagen findet sich auf Twitter, unter: #IchHabeMitgemacht.
20 Angelehnt an den vom Bundesamt für Verfassungsschutz ausgewiesenen Phänomenbereich „Verfassungsschutzrelevante Delegitimierung des Staates".
21 Wie etwa bei anderen, ausgearbeiteten Skalen, auf die das Mannheimer Leibniz-Institut für Sozialwissenschaften einen detaillierten Überblick gibt: https://zis.gesis.org/skala/Roghmann-Faschismus-(F-Skala).
22 Zum Beispiel die Kampagne der Adenauer-Regierung gegen Kommunisten vor dem KPD-Verbot (1956), die Reaktionen auf die Studentenbewegung ab 1967, die Sanktionierung von Wehrdienstverweigerern bis weit in die 1980er Jahre hinein oder der Umgang mit Mitgliedern der Anti-AKW- und Friedensbewegung zwischen den 1950er und 1990er Jahren.
23 Die grundlegende Erkenntnis dieser, in den 1960er und 70er Jahren durchgeführten Studien besteht darin, dass viele Menschen beeinflussbar sind, wenn ihnen in einem inszenierten Kontext von scheinbaren Autoritäten Anweisungen oder Ratschläge erteilt werden.

24 Ein Sicherheitsgurt wird nicht intravenös angelegt, ermöglicht auch nicht das Verabreichen von mRNA-Impfstoffen mit unabsehbaren Nebenwirkungen. Angebrachter wäre der Vergleich des Gurtes mit Pflaster und Verband, die ebenfalls an- und abgelegt werden können und ohne Nebenwirkungen schützen.
25 Modi begann seine politische Karriere bei den rechtsextremen Paramilitärs der Rāṣṭrīya Svayamsevak Saṅgh. Später wechselte er zur hindunationalistischen Bharatiya Janata Party. Ihm wird vorgeworfen, als Chief Minister des Bundesstaates Gujarat 2002 ein Pogrom gegen Moslems unterstützt zu haben. Zudem führen Militärs und Paramilitärs in mehreren Bundesstaaten Indiens einen verdeckten Bürgerkrieg gegen kastenlose Minderheiten. Auch die Rechte von Frauen, ethnischen Minderheiten und Menschen anderer Religionszugehörigkeit (Moslems, Christen u.v.m.) haben seit der Amtsübernahme der militanten Hindu-Nationalisten noch stärker gelitten.
26 Beim Feminist Foreign Policy Summit in Berlin konstatierte Annalena Baerbock am 13. April 2022: „Denn wir möchten mit unserer Politik nicht nur Frauen voranbringen. Wir wollen gleiche Rechte, gleiche Repräsentation und angemessene Ressourcen für alle Menschen, die marginalisiert sind, sei es aufgrund ihres Geschlechts, ihrer Herkunft, ihrer Religion oder ihrer sexuellen Orientierung. Eine feministische Außenpolitikmöchte nicht ausgrenzen, sondern einbinden. Es sollen nicht weniger Stimmen gehört werden, sondern MEHR. Wenn weiten Teilen der Bevölkerung keine Möglichkeit der gleichberechtigten Teilhabe offensteht, kann keine Gesellschaft ihr Potenzial voll ausschöpfen. Und wenn weite Teile der Weltbevölkerung ausgegrenzt sind, können wir Frieden und Sicherheit nicht dauerhaft erreichen.": https://www.auswaertiges-amt.de/de/newsroom/baerbock-cffp/2522322 (01/06/22).
27 Zum Beispiel in einem „Brief an die Schutzmaskenverweigerer" von Samira El Ouassil in einer Spiegel-Kolumne, dessen Kernbotschaft ist: „Es ist grob unhöflich, andere Menschen umbringen zu wollen." https://www.spiegel.de/kultur/corona-pandemie-brief-an-die-schutzmaskenverweigerer-a-5069f101-74aa-4dae-89a6-9aea9e5331da (17/12/2020).
28 Der Homo Munditiae, der auch weiblich oder non-binär auftritt, ist ein entfernter Verwandter des von Alexander Zinoviev beschriebenen Homo Sovieticus (1984). Der Homo Hygienicus wurde dagegen aktuell von Matthias Burchardt analysiert.
29 Autorengruppe Bildungsberichterstattung 2020, Bildung in Deutschland 2020. Ein indikatorengestützter Bericht mit einer Analyse zu Bildung in einer digitalisierten Welt. Vgl. https://www.destatis.de/DE/Themen/Gesellschaft-Umwelt/Bildung-Forschung-Kultur/Bildungsstand/Publikationen/Downloads-Bildungsstand/bildung-deutschland-5210001209004.pdf?__blob=publicationFile.

30 Bildungsbericht 2020, S. 16.
31 Einige Monographien zum Thema, wenn auch nicht immer mit empirischem Schwerpunkt: Adam Alter, Irresistible. The Rise of Addictive Technology and the Business of Keeping Us Hooked (New York: Penguin Press, 2017); Wolfgang Bergmann, Gerald Hüther, Computersüchtig. Kinder im Sog der modernen Medien (Weinheim: Beltz, 2013); Bernd Guggenberger, Das digitale Nirwana (Hamburg: Rotbuch, 1997); Ralf Lankau, Kein Mensch lernt digital: Über den sinnvollen Einsatz neuer Medien im Unterricht (Weinheim: Beltz, 2017); Rainer Patzlaff, Die Sphinx des digitalen Zeitalters. Aspekte einer Menschheitskrise (Stuttgart: Freies Geistesleben, 2021). Und, eher allgemein gefasst: Shoshanna Zuboff, The Age of Surveillance Capitalism: The Fight for a Human Future at the New Frontier of Power (London: Profile Books, 2019).
32 Vgl. Stephan Dorgerloh, „Nicht bloß messen – verbessern!", Die Zeit, 24. November 2021: https://www.zeit.de/2021/48/nationaler-bildungsbericht-2022-politik.
33 In den Niederlanden liegt dazu bereits eine empirische Studie vor, mit Fokussierung auf die Zeit der Schulschließungen von 2020: Per Engzell, Arun Frey und Mark D. Verhagen, „Learning Loss Due to School Closures During the COVID-19 Pandemic", SocArXiv, 29. Oktober 2020: doi:10.31235/osf.io/ve4z7.

Solidarität und Menschenwürde. Autoritarismus entlarvt sich durch sein Menschenbild

Agnes Imhof

Während der Coronakrise hörte man kaum ein Wort so oft wie „Solidarität". Im Namen der Solidarität sollten Masken getragen, soziale Distanz geübt, auf Umarmungen und Treffen mit Freunden und Familie sowie auf Bildung verzichtet und schließlich geimpft werden. Aus der historischen Erfahrung heraus wird das Argument der Solidarität allerdings als problematisch wahrgenommen. Diverse totalitäre Regimes, bis hin zum Nationalsozialismus, haben es in der Vergangenheit als Legitimationsstrategie verwendet.[1] Zugleich aber funktionieren Gesellschaften nur durch ein gewisses Maß an Empathie und Rücksichtnahme. Wo liegt die Grenze?

Der Ruf nach Solidarität wird dann problematisch, wenn er von einem Kollektiv an den Einzelnen gestellt wird, wenn Solidarität nicht freiwillig ist, sondern mittels Sanktionen eingefordert wird, und schließlich, wenn das Individuum im Namen der Solidarität auf Grundrechte – die Basis einer freien Gesellschaft – verzichten soll.

Solidarität unter Individuen ist Privatsache und kann kaum politisch instrumentalisiert werden. Anders sieht es mit der Solidarität des Individuums gegenüber der Gesellschaft aus. Was die Gesellschaft vom Einzelnen verlangen darf – und damit die Frage nach Autoritarismus oder Rechtsstaat – ergibt sich also aus ihrer Anthropologie (vereinfacht gesagt, ihrem Menschenbild). Denn Solidarität ist freiwillig. Wo sie mithilfe von Sanktionen eingefordert wird, geht es nicht um Solidarität, sondern um Konformität. Hier hilft die Hermeneutik, denn dies ist meist auf sprachlicher Ebene zu erkennen: Konformitätsdruck arbeitet häufig mit moralisch wertendem Vokabular. Auch in der Coronasituation war das zu beobachten – mit der impliziten Konnotation, dass nonkonformistisches Verhalten moralisch abzuwerten sei, wie etwa die Ablehnung von Impfung oder Maske. Insbesondere der Ethikrat ist so in Erscheinung getreten und verhielt sich eher wie eine Staatskirche bzw. eine Glaubenskongregation, denn wie ein unabhängiges Gremium.[2] Die Philosophie lieferte Legitimationsstrategien, anstatt diese zu hinterfragen – selbst für den Ausschluss heterodoxer Ansichten aus der Gemeinschaft; im zivilreligiösen (also „politischen") Bereich aber hat dieser, wie die Theologin Petra Bahr festhält, immer wieder zu Gewalt gegen solche Minderheiten geführt.[3] Jegliche moralische Abwertung des politischen Gegners ist also ein Warnsignal, denn sie gehört zum Instrumentarium von Unterdrückungsregimes und hat in Demokratien nichts verloren.[4]

Jeder Mensch hat das Recht, unsolidarisch zu sein. Dies wird durch die Menschen- und die Grundrechte garantiert, insbesondere die Menschenwürde. Zentrales Charakteristikum der Menschenrechte ist, dass sie universal und unveräußerlich sind. Sie können eben nicht einfach mit dem Argument, etwas diene dem Gemeinwohl, außer Kraft gesetzt werden. Insbesondere nicht in Notlagen: weil die Idee der Menschenwürde zentraler Bestandteil der Anthropologie freier Gesellschaften ist. Sie ist das Unterscheidungskriterium zwischen einer Demokratie und einem autoritären oder gar totalitären Regime.

Die Idee ist humanistisch: Schon im späten 15. Jahrhundert verknüpfte der italienische Philosoph Giovanni Pico della Mirandola Menschenwürde untrennbar mit Freiheit. In seiner *Oratio de hominis dignitate (Rede über die Würde des Menschen)* stellt er fest: Der Mensch hat keinen vorbestimmten Platz in der Welt. Es liegt in der Hand des Einzelnen, was er aus sich macht. Aus dieser Unbestimmtheit, der Tatsache, dass der Mensch die Wahl hat, genau aus dieser Freiheit folgt seine Würde.[5] Es geht nicht darum, den perfekten Menschen zu züchten oder ihm zu sagen, was gut für ihn ist. Ganz im Gegenteil: Freiheit schließt explizit auch die Freiheit ein, nichts aus sich zu machen. Fehler zu machen.

Spätestens seit John Locke ist Menschenwürde außerdem eng verbunden mit dem Gedanken des Menschen als Subjekt – nicht Objekt – der Politik. Regierungen waren nicht mehr sakrosankt „von Gottes Gnaden", sondern rechenschaftspflichtig. Eine Regierung, die die Naturrechte Leben, Freiheit und Eigentum nicht respektiert, hat nach Locke ihre Legitimität verloren.[6] Trotz zeitgebundener Defizite markiert Locke den Beginn moderner freiheitlicher Demokratien und war nicht umsonst von maßgeblicher Bedeutung für die Unabhängigkeitserklärung der Vereinigten Staaten. Mit der Rechenschaftspflicht des Staates gibt es auch keine Begründung mehr für eine „verfassungsschutzrelevante Delegitimierung des Staates", wie es der Verfassungsschutz jüngst in einer äußerst problematischen und letztlich voraufklärerischen Formulierung beschrieb.[7] Denn kein Bürger kann einen demokratischen Staat delegitimieren. Legitimität wird in einer freien Gesellschaft nämlich nicht einfach vorausgesetzt, sondern die Regierenden müssen sie sich verdienen.

Der Bürger als Subjekt wurde essenziell für die Gleichberechtigung der Klassen: Karl Marx machte die Entfremdung der Arbeitsleistung als Aspekt der Objektifizierung aus.[8] Auch dieser für freiheitliche Gesellschaften grundlegende Gedanke geriet bei manchen Verfechtern der Impfpflicht aus dem Blickfeld. Eine Impfpflicht, und sei es „nur" eine indirekte oder berufsbezogene, geht schließlich weit über die Entfremdung der Arbeitsleistung hinaus: Sie macht das Privateste – den Körper – zur Verfügungsmasse des Staates. Wieviel mehr ist das als Ausbeutung, als Objektifizierung zu bezeichnen!

Daher ist es irrelevant, was „die Wissenschaft" davon hält. Die Verabsolutierung (und damit Instrumentalisierung) der Wissenschaft zur Legitimation staatlichen Anspruchs auf den individuellen Körper ist aus demokratischer Sicht grundsätzlich abzulehnen. Schon Herbert Marcuse, der „heimatlose Linke", warnte davor, dass der Mensch da zum Objekt wird, wo Wissenschaft vom Hilfsmittel zum totalitären Selbstzweck wird. Wo technologische Rationalität totalitär wird, da entsteht der „eindimensionale Mensch": „Heute verewigt und erweitert sich die Herrschaft nicht nur vermittels der Technologie, sondern *als* Technologie."[9] Marcuse war sich schon damals der Gefahr bewusst, dass Wissenschaft als Legitimationsstrategie für autoritäre Herrschaftsansprüche missbraucht werden kann. Doch Wissenschaft ist eine Methode, keine Religion. Sie lebt von der Idee, dass jede Wahrheit nur bis zum nächsten guten Argument gilt. Differenzen sind erlaubt und wünschenswert. Gläubigkeit an „die" Wissenschaft ist nicht Science, sondern Scientology.

Wir halten also fest: Ganz gleich, welche Legitimationsmuster herangezogen werden, es gibt keine Demokratie, in der Bürger Objekte sind.[10] Deshalb hat seit der Aufklärung, spätestens aber seit der *Allgemeinen Erklärung der Menschenrechte* in freiheitlichen Demokratien das Individuum Vorrang vor dem Kollektiv. Aus der Erfahrung des Nationalsozialismus heraus, der das das Wohl des „Volkskörpers" über das des individuellen gestellt hatte, wurden Menschenrechte als Abwehrrechte des Einzelnen gegenüber dem Staat definiert. Auch das Recht auf Leben bedeutet somit nicht, dass der Staat für das Überleben des Einzelnen zuständig ist, indem er beispielsweise jedes allgemeine Lebensrisiko durch Zwang auszuschließen versucht. Sondern vielmehr, dass der Staat dem Einzelnen das Leben nicht aktiv *nehmen* darf – was bei einer Impfpflicht aber statistisch gesehen unvermeidbar wäre, wie das *Netzwerk kritischer Richter und Staatsanwälte* betont.[11]

Daraus folgt: Wo immer ein „Gemeinwohl" als Grund für Freiheitsbeschränkungen angeführt wird, besteht die Gefahr des Autoritarismus. Das bedeutet nicht, dass jede Freiheitsbeschränkung einen Staat gleich zur Diktatur machen würde. Aber jeder Freiheitsbeschränkung wohnt die Gefahr des Autoritären inne. Aus diesem Grund darf Freiheitsbeschränkung stets nur eine Ausnahme sein, und niemals die Regel. Eine Impfpflicht oder die Einschränkung von Grundrechten für Ungeimpfte wäre jedoch so eine Regel. Sie abzulehnen ist nicht „egoistisch", sondern ein Recht, ohne das eine Gesellschaft sich nicht mehr freiheitlich-demokratisch nennen dürfte. Denn in solchen dienen Menschen keinem Zweck, auch nicht dem der öffentlichen Gesundheit. Die Abwertung der Freiheit als „egoistisch" oder gar „rechts" betrifft also die Basis demokratischer Strukturen. Wo das Gemeinwohl dem Einzelnen übergeordnet wird, lässt sich prinzipiell jede Grausamkeit rechtfertigen. Menschen als Mittel zum Zweck zu behandeln ist daher das, was man unter Menschenverachtung versteht – nicht der legitime Wunsch nach Freiheit.

Das Menschenbild einer freien Gesellschaft setzt der Solidarität folglich Grenzen: Der Staat darf nicht alles verlangen, denn er ist keine allwissende Gottheit, sondern die Summe der Individuen. In freiheitlich-demokratischen Gesellschaften gibt es kein Gemeinwohl ohne das Wohl des Individuums: Die Grundrechte des Einzelnen sind die Basis des Gemeinwohls, und sie einzuschränken bedeutet immer auch eine zumindest potenzielle Gefahr für dieses Gemeinwohl.[12] Wo also um eines wie auch immer gearteten Kollektivs willen auf Grundrechte verzichtet werden soll, da geht es nicht um das Gemeinwohl, sondern um Herrschaft.

Damit entlarvt sich auch die Vorstellung, dass „der Staat" in irgendeiner Weise mehr wisse als das Individuum, dieses gar zu „nudgen" und „zu seinem Glück zu zwingen" hätte, als antidemokratische Projektion. Denn das Verhältnis des „Stupsenden" zum „Gestupsten" ist *per se* asymmetrisch. Karl Marx bringt es auf den Punkt: „In der Demokratie hat der abstrakte Staat aufgehört, das herrschende Moment zu sein."[13] Marx bezieht sich bei seiner Kritik der Hegelschen Staatsrechtsphilosophie, aus der diese Zeilen stammen, auch auf Ludwig Feuerbach. Dieser hat die Mechanismen der Religion als menschliche Projektion[14] in einer Weise beschrieben, die auch die Problematik des Nudging auf den Punkt bringt: „Hat die Moral keinen Grund in sich selbst, so gibt es auch keine innere Notwendigkeit zur Moral; die Moral ist dann der bodenlosen Willkür der Religion preisgegeben."[15] Auch beim Nudging werden Moral und Recht nicht als Selbstzweck verstanden, sondern von einer angeblich allwissenden Instanz definiert. Nudging ist damit nichts weiter als eine Deifikation (Vergottung) des Staats, und eine Vergottung des Staats ist in der Praxis immer eine Vergottung derer, die diesen Staat als Regierende betreiben.

Und welches Menschenbild steht zwangsläufig hinter der Idee, die Freiheit sei dem Menschen eine Last, die an den Nudging-Staat (*de facto* in Form von Politikern, Königen etc.) abzutreten letztlich in seinem Interesse sei? Richtig: eines, nach dem der Mensch zur Sklaverei geboren ist. Brillant wird dies in dem berühmten Dialog mit dem Großinquisitor im Roman *Die Brüder Karamazow* von Fjodor Dostojewskij dargestellt: Dort meint der Großinquisitor, mit seinem Gewaltregime wolle er den Menschen doch nur zu seinem Glück zwingen. Dieser suche doch nur nach etwas, wovor er sich beugen könne. „Sklaven sind sie […] Ich schwöre dir, der Mensch ist schwächer und niedriger geschaffen, als du es von ihm geglaubt hast."[16] Ist die Gesellschaft aber nicht frei und demokratisch, mit welchem Recht kann sie Solidarität verlangen? Die Frage, was der Staat gegenüber dem Individuum darf, ist damit zugleich die Frage der Unterscheidung von Autoritarismus und Demokratie. Es ist das Menschenbild, das den Unterschied zwischen repressiver Herrschaft und freiheitlicher Demokratie darstellt. Menschenwürde ist immer die Menschenwürde des Einzelnen. Wer Solidarität also gegen Menschenwürde ausspielt, verlässt das Territorium freiheitlich-demokratischer Anthropologie. Denn Solidarität ist nur unter freien Individuen möglich. Alles andere nennt man nicht Solidarität. Sondern Sklaverei.

Anmerkungen

1   Cornelia Schmitz-Berning, *Vokabular des Nationalsozialismus*. 2. durchges. und überarb. Auflage (Berlin: de Gruyter, 2007), S. 604 zum Begriff der „Nationalen Solidarität". Allgemein bekannt dürfte die nationalsozialistische Idee des „Volkskörpers" sein, welche explizit das Wohl des Kollektivs über das des Einzelnen stellte.
2   Agnes Imhof, „Der Ethikrat hat versagt", *Multipolar*, 16. November 2021: https://multipolar-magazin.de/artikel/der-ethikrat-hat-versagt.
3   Petra Bahr, „Reinheit", in Christoph Auffarth, Jutta Bernard und Hubert Mohr (unter Mitarbeit von A. Imhof und S. Kurre) (Hrsg.), *Metzler Lexikon Religion*, Bd. 3 (Stuttgart: Metzler, 2000, S. 150-153.
4   Agnes Imhof, „Das Nudging-Paradies der Inquisitoren", *Mitdenken*, 21. Juni 2021: https://mitdenken-blog.de/2021/06/21/nudging-paradies-inquisitoren/https://mitdenken-blog.de/2021/06/21/nudging-paradies-inquisitoren/.
5   Giovanni Pico della Mirandola, „Oratio de hominis dignitate", in August Buck (Hrsg.), *Über die Würde des Menschen* (Hamburg: Meiner, 1990), S. 4-6.
6   John Locke, *Two treatises of Government*, hg. von Peter Laslett (Cambridge: Cambridge University Press, 1988), deutsch von Hans Jörn Hoffmann, *Zwei Abhandlungen über die Regierung* (Frankfurt: suhrkamp, 2020 [1977]).

7 Mitteilung vom 29. April 2021: https://www.verfassungsschutz.de/SharedDocs/kurzmeldungen/DE/2021/2021-04-29-querdenker.html
8 Karl Marx, *Ökonomisch-philosophische Manuskripte aus dem Jahre 1844* (sog. „Pariser Manuskripte"): *Marx-Engels-Werke* Band 40 (zur Entfremdung der Arbeit).
9 Herbert Marcuse, *Der eindimensionale Mensch* (Neuwied: Luchterhand, 1967), S. 173.
10 Imhof, „Der Ethikrat hat versagt".
11 Vgl. auch René Schlott, „Vom Geist der Verfassung und vom Ungeist der Zeit", Cicero, 21. Februar 2022: https://www.cicero.de/innenpolitik/corona-politik-grundgesetz-verfassung-grundrechte-abwehrrechte. Die hier zitierte juristische Stellungnahme des Netzwerks kritischer Richter und Staatsanwälte sagt explizit „Mit der Impfpflicht tötet der Staat vorsätzlich unschuldige Menschen" und nimmt auf das Luftsicherheitsgesetzurteil Bezug: https://netzwerkkrista.de/2021/12/17/impfnebenwirkungen-und-menschenwuerde-warum-eine-impfpflicht-gegen-art-1-abs-1-gg-verstoesst/.
12 Agnes Imhof, „Traurige Verstümmlung. Das Menschenbild der Nudging-Inquisitoren", *Mitdenken*, 6. Juli 2021: https://mitdenken-blog.de/2021/07/06/verstuemmlung-menschenbild-inquisitoren/.
13 Karl Marx und Friedrich Engels, *Werke*, Bd. 1 (Berlin: Dietz, 1981 [1956]), S. 232.
14 Ludwig Feuerbach, *Das Wesen des Christentums* (Stuttgart: Reclam, 1994), S. 80-93 zum anthropologischen Wesen der Religion. S. 400 fasst zusammen: „Wir haben bewiesen, dass der Inhalt und Gegenstand der Religion ein durchaus menschlicher ist, bewiesen, dass das Geheimnis der Theologie die Anthropologie, des göttlichen Wesens das menschliche Wesen ist."
15 Ebd., S. 406. Feuerbach war sich der Gefahr dieses Verständnisses absolut bewusst, die wir hier für die Nudging-Gesellschaft skizziert haben. S. 405f stellt ebenfalls fest: „Wo die Moral auf Theologie, das Recht auf göttliche Einsetzung gegründet wird, da kann man die unmoralischsten, unrechtlichsten, schändlichsten Dinge rechtfertigen und begründen."
16 Imhof, „Das Nudging-Paradies der Inquisitoren".

Erst Flöte spielen, dann das Rad erfinden[1]

Christian Lehmann

Der US-amerikanische Linguist und Psychologe Steven Pinker stellte in seinem 1997 erschienen Buch *How the mind works* folgende These auf: „Musik könnte aus unserer Welt verschwinden, und der Rest unseres Lebens bliebe eigentlich unverändert." Er charakterisierte Musik als „Cheesecake fürs Ohr": ein Genussmittel, das die Sinne kitzelt, die aber für wichtigere Aufgaben da sind. Biologisch, meinte Pinker, habe Musik für uns keine Bedeutung.

Die Behauptung des prominenten Autors rief eine heiße Diskussion hervor, hatten doch Wissenschaftler verschiedener Fachrichtungen im angloamerikanischen Raum gerade begonnen, sich von neuem mit einer Frage zu beschäftigen, die kein Geringerer als Charles Darwin aufgeworfen hatte: warum der „nackte Affe" Homo sapiens in seiner Evolution auch ein musikalischer Affe geworden ist.

Für die Wissenschaft war Steven Pinkers These eine Provokation – und für die Pädagogik in Deutschland musste sie geradezu destruktiv erscheinen. Denn die deutsche Musikerziehung suchte gerade nach Wegen aus einer tiefen Existenzkrise, in die sie sich selbst manövriert hatte. Jahrzehnte zuvor nämlich hatte der gesellschaftsprägende Theodor Adorno mit dem vernichtenden Urteil „Nirgends steht geschrieben, dass Singen Not sei" eine Säuberung der Lehrpläne vom geselligen Liedersingen eingeläutet, das der 68er-Vordenker für ein „lodenjoppiges" Relikt des Nationalsozialismus hielt. Folgsam verschwanden in den 1960er und 1970er Jahren die Volkslieder aus den Schulbüchern und das naive Musizieren aus den Klassenzimmern.

Eine Generation später stellten Musikpädagogen erschrocken fest, dass die Kinder keine traditionellen Lieder kannten. Ihre Eltern hatten sie nicht mehr gelernt. Da begannen verschiedene Initiativen, Verlorenes einzusammeln und Neues aufzubauen, Lieder wieder ins Bewusstsein junger und erwachsener Menschen zu bringen, jedem Kind ein Instrument in die Hand zu geben, Musische Tätigkeit in bildungsferne Schichten zu tragen.

Diese Projekte haben in den letzten Jahren viele Kinder, Eltern und Lehrer erreicht. Und wenn der Wert der musischen Erziehung für die Persönlichkeitsentwicklung und für die Gesellschaft heute immer wieder hervorgehoben wird, dann kann sich diese Fürsprache auch auf die modernen Biowissenschaften stützen. Sie erkennen Musik und Musikalität heute als „biologische Serienausstattung" des Homo sapiens, die in der Menschwerdung verschiedene lebenswichtige Funktionen erfüllt hat. Die These vom "Cheesecake fürs Ohr" ist out.

Oder sie war es bis von kurzem. Seit dem Frühjahr 2020 stecken wir in einem Gesellschaftsexperiment, das Steven Pinkers These von der Bedeutungslosigkeit der Musik für unser Leben zu überprüfen scheint. Bekenntnisse wie das des früheren Bundespräsidenten Richard von Weizsäcker – „Kultur ist kein Luxus, den wir uns leisten oder nach Belieben streichen können, sondern der geistige Boden, der unsere innere Überlebensfähigkeit sichert" – sublimierten schnell auf eine abstrakte Ebene, die der sogenannten Systemrelevanz enthoben ist. Systemrelevant ist, was dem äußeren Überleben dient. Für die Kulturschaffenden selbst kann das äußere Überleben ja eine Weile aus der Staatskasse gesichert werden.

Fatalerweise ist Musik diejenige Kunst, die aus der Perspektive der Hygienepolitik gleich doppelt gefährlich erscheint: weil sie meist mit sozialen Kontakten verbunden ist, und weil Singen und das Spiel von Blasinstrumenten auch noch als höchst infektiöses Verhalten gilt. „Wenn Flöten töten" dichtete Helmut Maurò in der *Süddeutschen Zeitung*.

Hygienekonzepte, die auf der Grundlage verschiedener wissenschaftlicher Studien die Arbeit von Chören und Orchestern wenigstens in beschränktem Umfang ermöglichen sollten, spielen seit Herbst 2020 nur noch für Aufnahmen und Streaming-Projekte in der Profimusik eine Rolle. Das ganze übrige Musikleben ist verboten. Beruhigende Erkenntnisse aus der Praxis beispielsweise in Österreich, dass Konzertsäle und Opernhäuser kaum oder gar nicht zum Infektionsgeschehen beitragen, spielen keine Rolle. Man kann nie wissen und geht lieber auf Nummer sicher – eine neue Maxime der Politik.

So sind alle Proben und Auftritte von Laienchören und Amateurmusikgruppen untersagt. Schulchöre und Schulbands dürfen nicht proben. Im Klassenzimmer darf nicht gesungen werden, auch nicht im Kindergarten. In der Kirche ist der Gemeindegesang verboten. Die Gläubigen dürfen die Lieder, die die Orgel ihnen vorspielt, mitlesen, aber nicht mitsingen. Ein derartiges Musikverbot kannte die Welt bisher nur vom afghanischen Taliban-Regime.

Was macht das mit den Menschen? An der Oberfläche betrachtet, zunächst weniger als der Lockdown der Frisiersalons. Um aber tiefere Ebenen auszuleuchten, muss man sich in die Blickwinkel der Neurowissenschaft und der Verhaltensforschung begeben.

Babys reagieren stärker auf Melodie und rhythmische Muster als auf gesprochene Worte, daher ist es kein Zufall, dass Mütter und andere Erwachsene auf der ganzen Welt mit Babys in gesteigerter Sprachmelodie und rhythmischen Wiederholungen sprechen. Auch Wiegenlieder gibt es in allen Kulturen. Sogar auf Frühgeborenen-Intensivstationen nutzt man den beruhigenden Effekt musikalischer Klänge, um den Stress der kleinen Patienten zu reduzieren. Obwohl die persönliche Musikgeschichte eines Neugeborenen erst noch geschrieben werden muss, können ruhige Melodien bereits seinen Cortisolspiegel, seinen Puls und seine Atemfrequenz senken.

Unser Sinn für Musik ist zu einem großen Teil angeboren. Nach Meinung vieler Wissenschaftlerinnen liegt der evolutionäre Ursprung menschlicher Musikalität in der Kommunikation zwischen Mutter und Baby: eine Kommunikation, die sich in unserer Vorgeschichte entwickelt hat, als der Körperkontakt mit dem Kind immer öfter unterbrochen wurde, weil das Menschenjunge infolge des aufrechten Gangs und durch den Verlust des Körperfells nicht mehr so oft am Körper getragen werden konnte wie die Affenkinder. Dieser Theorie zufolge sind Melodie und Rhythmus gleichsam als Trost der Trennung entstanden. Eine Ahnung jenes Urgefühls befällt uns vielleicht, wenn ein Musikstück einen Schauer der Rührung über den Rücken jagt: eine unwillkürliche Reaktion des Nervensystems, die eigentlich mit dem Schutz vor Kälte zu tun hat.

Stärkste emotionale Musikerlebnisse erfahren Menschen vor allem in der Gruppe. Musikalische Gemeinschaftssituationen verschiedener Kulturen und Subkulturen zeigen, wie das soziale musikalische Verhalten, der Zusammenklang, der gemeinsamer Rhythmus von Bewegung und Stimme die soziale Bindung stärkt. Die Voraussetzungen dafür sind in den psychomotorischen Gegebenheiten unseres Verhaltens angelegt. Tanzende Menschen in der Disco, singende Fußballfans und ein „Zugabe" klatschendes Publikum haben eines gemeinsam: Sie synchronisieren sich in Sekundenschnelle zu einem Metrum. Wir Menschen sind die einzige Spezies, die das kann, wir spüren ein Verlangen danach und belohnen uns dafür selbst durch Ausschüttung von Glückshormonen. Gefangene in Arbeitslagern singen, um sich die Arbeit zu erleichtern und um bei Verstand zu bleiben. Nur durch die musikalische Fähigkeit zur Synchronisation sind Menschen überhaupt in der Lage, Arbeiten in einer Gruppe rhythmisch zu koordinieren – eine elementare Voraussetzung für kulturelle Entwicklung. Das „Zusammen im Takt" gilt neben dem Mutter-Kind-Singsang als Schlüssel zum evolutionären Ursprung und Sinn unserer Musikalität. Beide Theorien haben einen gemeinsamen Nenner: zwischenmenschliche Bindung.

Sind diese Forschungen für die Beziehung des Zivilisationsmenschen zur Musik irgendwie von Belang? Ja, denn die zentrale Erkenntnis, dass unsere Leidenschaften für Musik nicht bloßem Hedonismus entspringen, sondern mit Grundbedingungen menschlichen Daseins verknüpft sind, sollte der Kultur- und Bildungspolitik ein stabiler Grundstein sein, um den Stellenwert von Musik und Musikerziehung zu untermauern.

Eine zweite Erkenntnis aber ist vielleicht noch wichtiger und keineswegs banal: Musik ist primär nicht Ware, sondern Kommunikation. Natürlich spricht auch die Musikkonserve, die seit Radio und Schallplatte und heute noch viel mehr durch digitale Technik zu jeder Zeit und an jedem Ort abhörbar ist, unsere Emotionen an. Aber sie ist doch nur ein unvollständiger Ersatz für die Live-Situation, für die direkte Übermittlung der Botschaft vom Sender zum Empfänger im Augenblick ihres Entstehens.

Im Konzert, im Musiktheater, im Jazzkeller ist das Publikum unmittelbar am Geschehen beteiligt. Hier begegnen sich Menschen, um Leidenschaften zu teilen. Opernhäuser sind die Kirchen des aufgeklärten Bürgertums. Man trifft sich an einem besonderen Ort, in einem kostbar ausgestatteten „Musentempel", um gemeinsam in Festkleidung und in einer dem Alltag enthobenen, magischen Atmosphäre ein gesellschaftliches Ritual zu zelebrieren. Um wenigstens eine Ahnung dieses Zaubers vor dem heimischen Fernseher oder PC entstehen zu lassen, müsste man einen Haufen Freunde nach Hause zu einer Opernparty einladen – aber auch das ist ja zur Zeit verboten.

Interessanterweise ist uns die besondere Faszination der Live-Darbietung offenbar angeboren. In der schon erwähnten Musiktherapie mit frühgeborenen Babys hat sich gezeigt: Wenn die Mutter singt oder die Therapeutin leise ein Instrument spielt, ist die positive Wirkung auf den Organismus der Frühchen stärker als beim Einsatz von Musikaufnahmen.

Daher wundert es nicht, dass sich der sogenannte Mozart-Effekt als Wunschdenken erwiesen hat. Eine amerikanische Studie in den 1990er Jahren war zu dem Ergebnis gekommen, dass Versuchspersonen anspruchsvolle Aufgaben, die das räumliche Vorstellungsvermögen fordern, schneller lösten, wenn sie zuvor Klaviermusik von Wolfgang Amadeus Mozart gehört hatten. Die Studie erzeugte zunächst einen Hype: CDs zur Verbesserung der Intelligenz und der Schulnoten wären ein bequem einsetzbares Mittel und ein glänzendes Geschäftsmodell. Der Effekt ließ sich jedoch in keiner Folgestudie mehr nachweisen. Musik ist kein akustischer Zaubertrank, der die Gehirnleistung durch Einflößen per Kopfhörer steigert.

„Musik ist Geborenes und will als solches nicht gewusst, gekannt oder gekonnt sein, sondern will leben und gelebt werden", wusste Fritz Jöde, Protagonist der Jugendmusikbewegung zu Beginn des 20. Jahrhunderts. Wirkungen zeigen sich, wenn der Mensch aktiv an der musikalischen Kommunikation beteiligt ist. Große Aufmerksamkeit erlangte eine Filmdokumentation, in der 250 Hauptschüler mit den Berliner Philharmonikern unter Leitung von Sir Simon Rattle ein Ballett probten und aufführten. Dabei gelang es, zunächst wenig motivierte Kinder und Jugendliche zu Disziplin und erstaunlichen Leistungen zu bringen. Auch Projekte zur

Gewaltprävention durch musikalische Arbeit haben Erfolge. Positive Auswirkungen des musikalischen Zusammenspiels auf das Sozialverhalten zeigen sich früh: Die Wissenschaftler Sebastian Kirschner und Michael Tomasello am Max-Planck-Institut für evolutionäre Anthropologie in Leipzig beobachteten, dass vierjährige Kinder, die in einem Spiel gemeinsam ein Lied gesungen und sich dazu mit Klangfröschen begleitet hatten, danach besser kooperierten als Kinder in einer Vergleichsgruppe, die in diesem Spiel nur zugesehen und darüber gesprochen hatten.

Wer auf einem Musikinstrument übt, entwickelt neue Nervenverbindungen im Gehirn. Großhirnbereiche für Hören, Tastsinn und Bewegung verknüpfen sich verstärkt. Ein Berliner Forscherteam fand, dass es Kleinkindern mit musikalischem Training leichter fällt, Sätze zu bilden und Grammatikregeln richtig anzuwenden.

Aktives Musizieren ist sogar unmittelbar gesundheitsfördernd: Wer singt oder ein Blasinstrument spielt, trainiert seinen Atemapparat und verbessert die Sauerstoffversorgung. Beim Singen und Musizieren schüttet der Organismus zur Selbstbelohnung Glückshormone aus, die sofort das körperliche und psychische Wohlbefinden steigern. Und mehr noch: Eine Arbeitsgruppe an der Uni Frankfurt stellte fest, dass während einer Chorprobe bei den Sängerinnen und Sängern die Konzentration von Immunglobulin A im Speichel steigt, also die Immunabwehr gestärkt wird. Umso paradoxer erscheint es, dass Chorsingen und überhaupt jede Art von Laienmusik miteinander seit Monaten im Namen des Infektionsschutzes untersagt ist – auf der Grundlage von Meldezahlen und von Studien zur Aerosolverbreitung, nicht etwa aufgrund belastbarer Daten tatsächlicher Ansteckungen.

Dabei ist die Laienmusikszene schon rein zahlenmäßig gesehen durchaus „systemrelevant" für das gesellschaftliche Leben:

Chorgesang in deutschen Amateurchören gehört zum Immateriellen Kulturerbe der UNESCO. In Deutschland singen über drei Millionen Menschen in 60.000 Chören. Weitere zwei Millionen Amateure spielen in Blaskapellen, Akkordeonorchestern, Sinfonie- und Streichorchestern, Zupforchestern und Zithermusikgruppen sowie in verschiedenen kirchlichen Instrumentalgruppen – und diese Zahlen erfassen nur diejenigen, die in Verbänden organisiert sind. Dazu kommen Hunderttausende von Kindern und Jugendlichen in Schulchören, Schulorchestern und Schulbands und eine unbekannte Zahl von jüngeren und älteren Menschen, die in privat organisierten Bands musizieren.

Für diese Millionen von Menschen ist die Musik verstummt. Proben und Auftritte sind seit November verboten, gesungen wird nur noch unter der Dusche. Im Sommer waren zwar Proben unter Hygieneauflagen erlaubt, aber damit etwa ein größerer Chor mit Corona-Abstand proben kann, muss er erst einmal eine geeignete Halle zur Verfügung haben. Daher haben sich viele Chöre schon seit einem Jahr nicht mehr getroffen. Für viele Menschen, die wöchentlich zum Singen und Musizieren zusammenkamen, bedeuten die Infektionsschutzmaßnahmen nicht nur Sang- und Klanglosigkeit, sondern Raub eines emotionalen Lebensinhalts, Abbruch sozialer Beziehungen, Vereinsamung, Stillstand. Auch wenn heute das Chorwesen eher unpolitisch erscheint, sollte man nicht vergessen, dass einst Revolution, Demokratiebewegung, Nationalstaatsstreben und Arbeiterkampf von flammenden Chören und Liedern getragen waren. Wäre das noch heute so, würden wohl nicht nur Verschwörungstheoretiker auf die Idee kommen, ein allgemeines Musikverbot könnte politische Gründe haben.

Stellenweise zaghafte „Lockerungen" des Vollzugs wirken eher beklemmend als befreiend: Die evangelische Landeskirche Sachsen etwa hat bekanntgegeben, dass es seit dem 15. Februar 2021 möglich sei, nach dem Gottesdienst gemeinsam im Freien zu singen – mit Mund-Nasen-Bedeckung. Die Hinweise fast aller Fachleute, dass es für Ansteckungen im Freien bei den üblichen Abständen keine Hinweise gebe, scheinen in den Wind gesprochen zu sein – so wie die Aerosole.

Erwachsene Menschen können ein Jahr soziale Distanzierung vielleicht noch wegstecken und abhaken. Für ein siebenjähriges Grundschulkind aber – darauf weist unter anderen der Neurobiologe Gerald Hüther hin – ist dieses Jahr eine riesige Epoche seines bisher erlebten Lebens. Ein ganzer prägender Lebensabschnitt inmitten maskierter, ihrer Mimik beraubter Gesichter, ohne gemeinsame Lieder in der Klasse, im Kindergottesdienst oder beim

Laternenumzug, ein Lebensabschnitt der Verbote und der Angst vor dem Verstoß gegen diese Verbote, eine fatale Prägungsphase eingeredeter Schuldgefühle, dass man andere Menschen durch Händegeben oder Flüstern ins Ohr, also durch Verhaltensweisen der Freundlichkeit und der Vertrautheit, gefährden könnte. In einem Arbeitsheft für die erste Klasse bekommen Kinder die Aufgabe, Zeichnungen mit Emojis zu bewerten: Abstand halten, Händewaschen und Alltagsmaske bekommen ein Smiley. Aber zusammen Spielen, Tuscheln und Singen werden mit einem bösen Gesicht gekennzeichnet.

Eine Berliner Lehrerin schreibt in einem aufrüttelnden Elternbrief: „Vor über einem Jahr hätten die meisten von uns vermutlich noch unterschrieben, dass die Kinder mit allen Sinnen lernen müssen, dass Bewegung und Singen das Immunsystem stärken, dass soziales Miteinander das Lernen bereichert und für die Psyche und damit die Gesundheit wichtig ist. Heute drängt sich die Angst vor einer Virusinfektion so sehr in den Vordergrund, dass wir vergessen, was für eine gute Entwicklung unserer Kinder wichtig ist."

Musik, sagte der Dirigent Enoch zu Guttenberg, ist ein Heilmittel gegen die Entfremdung des Menschen von sich selbst. Philosophische Sätze wie diesen könnte man vielleicht dem Reich des Sehnens und Wähnens zuschreiben, doch sie erhalten konkrete Substanz durch die Erkenntnisse der Wissenschaft. Ein starkes Argument für die „Systemrelevanz" von Musik liefert schon das bloße Alter des ältesten bekannten Musikinstruments, einer vor 40.000 Jahren auf der Schwäbischen Alb gefertigten Knochenflöte: Lange bevor Menschen Ackerbau und Viehzucht – geschweige denn das Rad – erfanden, bauten sie Musikinstrumente.

Musik ist untrennbar mit der Situation verbunden, dass Menschen zusammenkommen und *face to face* kommunizieren. Musikleben, wie wir es brauchen und lieben, und wie es auch wirtschaftlich überhaupt nur funktionieren kann, geht nicht mit Hygienekonzept. Daher bringt es uns nicht mehr weiter, zu erforschen, mit welchen Masken und welchen Abständen man das Infektionsrisiko minimieren kann, um virensichere Konzerte und Theateraufführungen durchführen zu können. Die Gesellschaft muss zu einem Konsens finden, unter welchen Voraussetzungen sie alle Türen öffnet und erlaubt, die Masken fallen zu lassen. Das Virus werden wir nicht los. Aber die Angst können wir loswerden.

Anmerkungen

1 Dieser Text wurde zuerst am 14. März 2021 in *Frische Sicht* veröffentlicht.

Wie kommen wir vor die Welle? Zur Urteils- und Handlungsfähigkeit von Demokratie unter Bedingungen einer infodemischen Symptomatik

Ole Döring

COVID-19 ist ein Anfang. Es ist nicht die erste weltumspannende Epidemie, auch nicht die schlimmste und gewiss nicht die letzte. Dennoch markiert die Krise den Beginn einer neuen Zeit: die Welt ist so eng, die Technologie so wirkmächtig, die Angebote an Wissen, an Möglichem und an Deutung sind überwältigend geworden und schwanken so, dass unser Denken oft nicht mehr hinterherkommt und unser Handeln seinen Kompass zu verlieren droht. Die bereits bekannten Kollateralschäden sind selbstmordgefährdete Kinder, eine Verrohung der gesellschaftlichen Auseinandersetzung, die weitere Verelendung der Elenden in der Welt. Die Krankheit unserer Zellen erweist sich als Erkrankung des Geistes, des Gewissens, der Gesellschaft.

Woher?

Um ein vielfach bemühtes Sprachbild aufzugreifen: Wir lassen uns von Wellen verschaukeln und vergessen, was wir vom Meer wissen. Wenn es um Navigation bei schlechtem Wetter geht, wenn es unübersichtlich und gefährlich wird, fragen wir heute nicht mehr die Nautiker, sondern Instrumentenschmiede. Anstatt selbst zu schwimmen oder zu segeln, warten wir darauf, dass uns jemand abholt und rettet. Virale Krankheiten zeigen typische saisonale oder verhaltensabhängige Hoch- und Tiefpunkte, um nach einer Weile wieder abzuebben. Es gab keinerlei Anhaltspunkte, dass es bei COVID-19 nennenswert anders ablaufen würde. Das Meer des Lebens ist ein andauerndes Auf- und Ab. Wir wissen doch, wie man sich über Wasser hält und in Würde vor die Welle kommt –

sich ihre Kraft zu eigen zu machen und mit Balance und Weitblick auf ihr reitet.

Aus den Sintfluten der Geschichte hatten wir in Deutschland eine politische Verfassung gezogen, die uns Stabilität und Freiheit gab, souverän unsere Welt zu gestalten.[1] Wir haben Philosophie, Bildung, solidarisches Gesundheitswesen, „Wehret den Anfängen", gedacht und beschrieben, in Ansätzen umgesetzt. Wir haben „mehr Demokratie" gewagt und in Bescheidenheit für eine Welt der Menschlichkeit geworben. Wir blieben Menschen aus „krummem Holz". Aber wir waren durch viele Kämpfe auf der Spur zu einer salutogenen,[2] ökologischen, gerechten Kultur, von der wir zweierlei wussten: Sie kann nur etwas werden, wenn sie nicht auf Kosten der Menschen in anderen Regionen der Welt geht, und sie wird nur gelingen, wenn wir ehrlich und vernünftig sein wollen.

Dann, nach dem Fall des Eisernen Vorhangs, kam das so genannte „Ende der Geschichte", mit seiner Welt- und Selbstvergessenheit. Wir formten unsere Welt nach dem Bild des großen Siegers. Die neoliberale Wende befiel alle Bereiche (auch) der deutschen Politik, Ökonomie, Bildung, Wissenschaft, Gesundheit, der Öffentlichen Hand und gliederte uns dem Markt ein, dem immer alles gleich beliebig ist, solange der Dollar rollt beziehungsweise der Klick zählt. Während die reale Welt zusehends zur Monokultur wurde, blieben wir bei den erhabenen Erzählungen von Würde, Individualität, Freiheit. Weil das ja irgendwie plausibel schien, für die Mehrzahl bequem und handlich zu bedienen ist. Uns hat diese Entkoppelung bislang nur irritiert, nicht weh getan. So machten wir aus dem dienenden Hilfsmittel der Technologie ein Konstrukt, in der Medizin aus dem heiklen Übergriff einen opferwilligen Pieks. Wir verwandelten Zwecke in Mittel, Würde in Preis ohne Wert. Wir haben den Menschen als leibliches Wesen vergessen, indem wir nicht darauf geachtet haben, uns überall zu achten und zu verteidigen, auch unsere körperliche Integrität.

Nicht ohne Grund hatte WHO-Generalsekretär Tedros Adhanom Ghebreyesus Anfang 2020 ausdrücklich vor einer „Infodemie" gewarnt, also vor einer krank machenden Welle der

Überinformation, und nicht etwa davor, die Gesundheitssysteme der reichsten Länder könnten zusammenbrechen oder die Intensivstationen „vollaufen". Das globale Gemeinwohl im Blick, sind nationale Versäumnisse oder Lügen der Privilegierten zweitrangige Ärgernisse. Gelegenheit sich selbst gesund aufzustellen und Gutes in die Welt zu tragen, hatten diese Nationen genug, insbesondere die USA, UK, Frankreich oder Deutschland. Drei Jahrzehnte Zeit, globale Gesundheit neu zu denken, Infrastrukturen, Logistik, Finanzierung neu zu bauen, wurden nicht genutzt - im Gegenteil: die Ressourcen wurden vergeudet und der Wertschöpfung für soziale Güter entzogen. Exemplarisch hat Deutschland sein Tafelsilber mit dem Modell Fallpauschale vergeudet, das aus Patienten Morbiditätsquotienten und aus Ärzten, Pflegern und Gesundungsumfeldern Kostenfaktoren gemacht hat. Tedros verwies mit der „Infodemie" auf das Wesentliche, denn „Information" ist ubiquitär konvertierbar: Sprache und Wissen können ausgetauscht werden, ohne dass der einschlägige Geltungsrahmen explizit gemacht werden muss. Eine „Infodemie" belastet die Urteilskraft, erschwert sinnvolles Handeln und greift die Würde eines Jeden an. Eine als „soziale Medien" oder „Plattform" etikettierte Maschine zur kommerziellen Erzeugung symbolischer Ereignisse in virtuellen Parallelwelten verleiht diesem Angriff seine Wirkmacht: Statt zu lesen wird gezwitschert.

Es ging Tedros um den krank machenden Umgang mit Informationen. Genauer: um die Macht Daten zu sammeln und zu deuten, daraus Fakten zu schaffen und, wie es das Virus tut, ein Geschäftsmodell möglichst weitläufig zu replizieren, das nichts mit Gesundheit zu tun hat. Wie machen wir aus dieser Infodemie eine Infomedie? Schaffen wir es noch, umzukehren, ehe wir uns selbst entfremdet haben und nicht einmal mehr zwischen unserem Leib und dem ihn umgebenden, nährenden und gefährdenden Meer unterscheiden können? Seit der Aufklärung haben wir ein Programm, das unser Wissen mobilisiert, um Information so zu lesen, dass sie uns hilft und gut tut - und besser machen kann. Wir sorgen dafür, dass wir in der Lage sind zu verstehen, woher Informationen kommen, wie sie einzuordnen sind und welche Spielräume sie unserer eigenen Verantwortung lassen. Wie lernen wir mit „Big Data" so zu rechnen, dass wir verstehen, welche Handlungsmöglichkeiten sie eröffnen? Es geht nicht nur darum, lesen und rechnen zu lernen. Wir brauchen auch und vor allem die Fähigkeit, souverän zu schreiben, also zu interpretieren, zu begreifen und zu beschreiben, was statistisch oder modellierend gesagt ist. Denn diese Aussage hat auch eine Bedeutung für unsere individuellen Biographien und unser aller Leben. Kritik bedeutet kundig einzuordnen, nicht Fehler zu suchen. Dann kann statt Konfrontation gegenseitiges Vertrauen und Zusammenarbeit entstehen. Eine Demokratie hängt daran, dass jeder Mensch sich selbst einbringt und Verantwortung übernimmt, aus dem Bewusstsein dabei eine Rolle zu spielen. Wer dies liest, wird bitter oder zynisch schmunzeln – so weit haben wir uns von dieser grundlegenden Norm entfernt. Wer glaubt noch, aufrichtig, an das Menschenbild unseres Grundgesetzes?

Wohin?

Zunächst sollten wir angesichts von Naturgewalt einen kühlen Kopf behalten. Übersicht gewinnen, die losen Enden aus hektischem Halbwissen entwirren und geduldig sinnvoll verknüpfen. Verlangen wir von uns selbst und von allen öffentlichen Köpfen Wahrhaftigkeit. Unangebrachtes Gerede von Krieg (gegen ein Virus!), Angstmache und Brutalität gegen Schwache, Verängstigte oder Alleingelassene sind übergriffige Mittel der Manipulation, nicht Krisenkommunikation. Das darf kein Staat und keine Regierung. Es gibt keine Rechtfertigung oder Entschuldigung, wenn einem Sohn verwehrt wird, seine demente Mutter im Pflegeheim zu besuchen oder einer Mutter ihr krebskrankes Kind. Solche drakonischen „Maßnahmen" sehen stets von Schatten, Nuancen, Einzelfällen ab – auf die es aber immer mit ankommen muss, diesseits der Ehrlichkeit. Kein Virus lässt sich von Drohungen beeindrucken, kein Mensch gewinnt dadurch Einsichten in die Natur der Sache oder in die Verhältnismäßigkeit möglicher Maßnahmen. Angst macht (umso mehr) krank. Auch die Kennzeichnung von COVID-19 als solitäres, noch nie da gewesenes oder ganz unwahrscheinliches Ereignis, als ein

"Schwarzer Schwan", drückt entweder Unehrlichkeit, oder Dummheit, oder Unbildung aus – oder Gier auf Schlagzeilen. Wissen kann und sollte das jeder, der sich öffentlich äußert. Denn Epidemische Ereignisse vom Ausmaß einer Menschheitskrise hat es gegeben und wird es immer häufiger geben, als Folge unverständigen menschlichen Handelns oder unglücklicher Evolutionsentwicklungen. Wir verstehen sie besser, wenn wir sie als Ausdruck unserer biologischen Verflochtenheit begreifen, unserer Herkunft aus dem Meer. Wenn wir sie nicht verteufeln oder zu einem Objekt machen, das wir „in den Griff kriegen" oder „aus der Welt schaffen" müssen, sondern klug damit leben – also Optionen für gutes Handeln schaffen. Noch besser kämen wir damit zurecht, wenn wir uns von den bekannten ungesunden Lebensweisen befreien würden, die noch immer den größten Anteil an vorzeitigem Sterben und Leiden ausmachen.

Das können wir eigentlich, schlecht und recht, mit vielen potentiellen Risiken der menschlichen Existenz, sozial und biologisch, mit dem Wissen des 20. Jahrhunderts. Aus diesem Fundus der „Risikogesellschaft" wissen wir genug, um auch bei neuartigen Pathogenen Zusammenhänge zu erkennen und einzuordnen, anstatt in Hysterie zu verfallen. Denn diese können nur, entweder im Raum der Evolution, also naturgesetzlich und objektiv – oder in unserer Verantwortung, durch unser Handeln auftreten, sind also immer verstehbar und gehen uns immer an, sofern wir uns nicht nur als Objekte betrachten. Darauf können wir uns einstellen, Resilienz und Kompetenz vorhalten, indem wir Lebensfreude und Würde im Lernen miteinander verbinden.

In der Debatte um die Impfpflicht erreichte die infodemische Entwicklung, die unsere Selbstschwächung begleitet, ihren Scheitelpunkt. Nun sieht man klar und exponiert, auf was wir uns da eingelassen haben. Was die Warnungen vor „Atomstaat" oder „Big Brother" nicht mit- und weiter gedacht hatten: dass sich totalitäre Hybris dem Humanum in seiner biologischen Verwundbarkeit zuwenden würde, um den „neuen Menschen" zu kreieren, hat sich nun einfach so unter der Hand ergeben: der Transhumanismus ist die Fratze unserer Furcht vor dem, was wir biologisch sind (nämlich verwundbar und schwach und dadurch sozial). Wir werden es nicht los, indem wir uns selbst schamvoll den Viren, dem Stückgut oder unseren Algorithmen anverwandeln.[3]

Die Entscheidungen der Vergangenheit, im Namen der neoliberalen Wende, gegen den Geist unserer Verfassung, unsere Verpflichtung zur Menschenwürde, fallen uns auf die Füße. Weltweit, denn unsere Welt ist rund – auch ein profanes Wissen, das wir einfach ignoriert und, weil selbstverständlich, abgeheftet hatten. Der Mensch macht sich zum Phänomen der Virologie. Das ist pathogen. Wie wir uns sehen wollen, ist Ausdruck unserer Würde. Unser Selbstbild, ob mit oder ohne Maske, hängt nicht von unserer Personalität ab, sondern vom Charakter, nicht von der äußeren Erscheinung, sondern von dem für niemanden verfügbaren Eigentlichen unseres Menschseins. Das gilt auch für die Beziehung zwischen Volk und Regierung. „Unsere" Volksvertreter sind nur so schlecht, wie wir sie machen. Mit Charakteren kann man sich auseinander- und zusammensetzen, von Personen nur abgrenzen. Die Politik ist die Seite der Macht und steht a priori dem Volk gegenüber in der Schuld. Deshalb darf sie es nicht bei exkulpierenden Floskeln bewenden lassen wie, „wir werden einander vieles zu vergeben haben" oder „wir müssen das besser erklären" – ein guter Anfang wäre gemacht, wenn sie die Herablassung und Respektlosigkeit solcher Worte gegenüber dem Souverän selbst registrieren würde.

Wie könnte eine Agora 4.0 aussehen, ein agiler gesellschaftlicher Raum, fest auf dem Boden der Verfassung stehend und mit Lust, zu lernen und besser zu werden? Eine Welt, in der Gesundheit den ganzen Menschen meint, in der die Grundlagen unserer Demokratie für alle Menschen der Welt gelten sollen: Teilhabe, Mitbestimmung, Gemeinschaft – Würde und eine einfach humane Zukunft? Diese Frage geht direkt ans nackte Menschsein. Wer wollen wir sein, wie (nicht nur: womit) kommen wir dahin? Eine Agora 4.0 würde jede Technologie in den Dienst des Wertes stellen, der unserer Würde entspricht und der nicht immer einen Preis haben kann. Dabei dürften andere Prioritäten durchschlagen als die hart wirkmächtigen und zählbaren Zielgrößen des Plans und des Kommerzes. Der Markt ist kein

Zirkus, er folgt qualitativen Kriterien, will er erfolgreich sein, nicht nur dem Effekt. Der Deutsche Ethikrat hatte einmal nach einer gesellschaftlichen Debatte gerufen, um die Erschütterungen, die COVID-19 offenbart hat, zu heilen und die Normalität auf eine neue, selbstbewusstere, gesunde Grundlage zu stellen. Diese Debatte steht jetzt an. Wir können dafür nicht auf andere warten, nicht auf Funktionäre, Räte oder Experten. Nicht Eminenz, sondern wahre Exzellenz muss maßgeblich werden. Der Maßstab steht, noch immer, in unserer Verfassung. An die Arbeit unserer Würde gerecht zu werden, müssen, dürfen, können wir uns selber machen.

Der Mutbürger pflegt die Fähigkeit sich seines Verstandes bedienen zu können und arbeitet daran, in jedem Moment aus der selbstverschuldeten Unmündigkeit zu treten. Wie das geht, Bürgersinn zu stärken, kennen wir vielleicht noch aus den Bildungsprogrammen für „Wehret den Anfängen!". Das steht, wie der Leitbegriff des Verfassungspatriotismus, auf Papier, aber kaum „im Netz", das uns nicht frei gemacht hat, weil wir es nicht dazu nutzen. Mündig zur Gesundheit werden verlangt etwas ganz Einfaches: aus den richtigen Gründen das Richtige tun wollen, damit wir von allem frei werden, was uns beeinträchtigt. Was das jeweils bedeutet, gehört zu den spannendsten Themen dieses gemeinsamen Lernens. Denn es verändert sich fortlaufend, indem wir die Güte unserer Gründe und das Richtige immer besser verstehen.

Das soll die Politik richten. Ja – aber sie wird, will und kann es nur tun, wenn wir uns alle als Bürger mit darum kümmern, es einfordern, kontrollieren, vorleben. Worauf wir dabei besser achten sollten, sind die Kinder. Schulen sind die wichtigsten Räume sozialen Lernens in einer demokratischen Gesellschaft. Frieden, Courage, Verantwortung, Solidarität und Kompetenz sind Ziele, die weder Stundenplan noch Fächerkanon verlangen, sondern die Verkörperung guter Urteilsfähigkeit. Masken und Impfbusse in Grundschulen ohne Frischluft und Sanitäranlagen sind unsere Schande. Schulen müssen wieder die eigentlichen Träger von Bildung werden, nicht zu Verwaltern von Hilflosigkeit und Marktplätzen für digitale Krücken. Wer Schulen schließt, anstatt sie zu Keimzellen einer gesunden Gesellschaft zu machen, hat keine

Zukunft - weil er sie nicht will. Wer das, als humanistischer Demokrat, bestreitet, muss handfeste Beweise liefern, dass Aufklärung nicht auf den Menschen als Leib angewiesen ist.

Die Zukunft unserer Demokratie in einer gesunden Welt führt durch die Herzen der Kinder. Sie wurzelt in den Familien, und sie braucht die Schutzräume der Schule.[4] Alles Weitere bildet sich daraus, wenn dies der globale Standard wird. Das kostet weit weniger als die laufenden Maßnahmen im Namen der aus den Fugen geratenen Furcht vor Ansteckung. Unser Versagen bei COVID geht nicht zufällig mit dem Zusammenbruch der binären Weltordnung einher, die unsere Welt über 250 Jahre bestimmt hat.

Wenden wir uns mit Augenmaß dem Aufbau einer Welt zu, die den Nachhaltigkeitszielen entspricht, die sich die Vereinten Nationen gegeben haben. Nehmen wir uns unserer Natur an - und reiten wir die Welle!

Anmerkungen

1 Ole Döring, Das Luther-Gen. Zur Position der Integrität in der Welt (Hannover: ibidem, 2019).
2 Das Modell der Salutogenese hat der Soziologe Aaron Antonovsky 1979 maßgeblich beschrieben, um die Verengung pathologischer Ansätze und daraus resultierende Störungen zu überwinden, siehe: Aaron Antonovsky, Salutogenese. Zur Entmystifizierung von Gesundheit (Tübingen: dgvt, 1997). Salutogenese geht von der Beobachtung aus, dass Menschen Erlebnisse und Lebenserfahrungen in einem Sinn für Kohärenz gestalten, der einem umfassenden Begriff von Gesundheit dienen kann, siehe dazu: Vereinte Nationen: https://unric.org/de/17ziele/. Dieser Kohärenz-Sinn hilft, Ressourcen zu mobilisieren, um mit pathogenen Herausforderungen umzugehen, Resilienz gegenüber kommenden Pathogenen aufzubauen, Spannungen in der eigenen Selbstorganisation zu entschärfen und sich durch Reflexion auf künftige Handlungsoptionen zu gewinnen. Krisen sind Anlass zu lernen und Gesundheitswissen neu zu mobilisieren. Salutogenese beschreibt Gesundheit nicht als passiven Gleichgewichts-Zustand (Homöostase), sondern als aktiv (Heterostase). Dabei wird die Frage der Pathogenese, „Warum wird der Mensch krank" in die Fragestellung: „Was hält ihn gesund" eingebettet.
3 Mit diesem Motiv der Scham beziehe ich mich auf Günther Anders, Die Antiquiertheit des Menschen: Über die Seele im Zeitalter der zweiten industriellen Revolution (München_ C.H. Beck, 2018).

4   Ole Döring, „The Failure of Schools under Covid-19 Policies in Germany – what it means and how it could happen. A social-hermeneutical ethics perspective", Wladza Sadzenia Okladka najnowszego 21/2021, S. 17-30: https://wladzasadzenia.pl/2021/21/the-failure-of-schools-under-covid-19-policies-in-germany.pdf/.

Droht ein gesellschaftliches Long Covid?

Sandra Kostner

Als Historikerin habe ich mich in den letzten zweieinhalb Jahren oft gefragt: Wie werden künftige Generationen auf den gesellschaftlichen Umgang mit einem respiratorischen Virus blicken? Was wird ihnen besonders zu denken geben? Wird es die sprachliche Janusköpfigkeit sein? Also eine Sprache, die einerseits stark auf Solidarität abhob, andererseits aber von Begriffen geprägt war, die der Verächtlichmachung, Herabwürdigung, Ausgrenzung und Nötigung derjenigen dienten, die sich nicht den jeweiligen Solidaritätsvorgaben der Politik unterwarfen.

Wird es die Unbarmherzigkeit sein, mit der soziale Kontaktbeschränkungen durchgesetzt wurden, auch wenn dies bedeutete, dass Pflegebedürftige in Heimen vereinsamten und Kranke allein in Krankenhäusern sterben mussten? Wird es die emotionale Grausamkeit sein, mit der insbesondere Kindern und Jugendlichen vermittelt wurde, dass sie krankheits- und todbringende virale Gefährder sind? Wird es die Empathielosigkeit gegenüber denjenigen sein, die Impfschäden erlitten? Wird es die Indifferenz sein, mit der geimpfte Familienmitglieder, Freunde und Kollegen die Sprache der Verachtung sowie die Politik der Ausgrenzung gegenüber Ungeimpften hinnahmen beziehungsweise sich sogar zu aktiven Werkzeugen der Ausgrenzungspolitik machten? Oder wird es die Leichtfertigkeit sein, mit der viele Menschen bereit waren, hart erkämpfte individuelle Freiheitsrechte gegen das von staatlichen Akteuren gemachte Versprechen des Gesundheitsschutzes einzutauschen?

Der Blick künftiger Generationen auf unsere Gesellschaft wird auch davon abhängen, wie wir mit den sozialen Verwerfungen und zwischenmenschlichen Wunden umgehen, die infolge der politischen, institutionellen, medialen und sozialen Reaktionen auf das SARS-CoV-2 genannte Atemwegsvirus entstanden sind. Und er wird davon geprägt werden, ob die Coronapolitik einer grundlegenden Verschiebung des Freiheitsbegriffs Vorschub geleistet hat, und zwar in die Richtung, dass ein politisch definiertes Allgemeinwohl an oberster Stelle steht, dem sich im Kollisionsfall individuelle Freiheitsrechte ganz selbstverständlich unterordnen müssen.

Die Wertschätzung individueller Freiheit war eines der ersten Opfer im „Kampf gegen Corona". Dass Menschen in als bedrohlich wahrgenommenen Situationen stärker nach Sicherheit als nach Freiheit streben, ist verständlich. Bedenklich für eine freiheitlich verfasste Gesellschaft ist aber, dass sich bei vielen Menschen mittlerweile eine Geringschätzung für die Freiheit des Anderen verfestigt hat, die, weil sie medial und politisch (noch) Rückhalt findet – beziehungsweise sogar von dieser Seite angefacht wird –, ganz offen zum Ausdruck gebracht wird.

Mitmenschen als virale Gefährder

In den ersten beiden Pandemiejahren galt für einen nicht geringen Bevölkerungsteil die Devise: „Niemand hat die Freiheit, andere zu gefährden" – ein Satz, der zu einem Totschlagargument gegen individuelle Freiheitsrechte avancierte. Gemeint ist damit: „Niemand darf etwas tun, was dazu führen könnte, dass ich mich mit dem Virus infiziere." Dieser Devise liegt ein starkes Schutzbedürfnis zugrunde, das vielfach dazu führte, dass sich Menschen einem rationalen Austausch von Argumenten darüber verschlossen haben, ob Handlungen einer anderen Person überhaupt ein Infektionsrisiko darstellen. Interessant ist an dieser Stelle, dass sich das Bedrohungsgefühl auch auf Meinungsäußerungen erstreckt hat. Dies ist wohl der Sorge geschuldet, dass jede Debatte über die Notwendigkeit und Verhältnismäßigkeit von Schutzmaßnahmen zu deren Nichteinführung beziehungsweise Aufhebung führen könnte. Was der so denkende Bevölkerungsteil demnach vom Staat erwartet hat, ist, dass dieser ihm den maximal möglichen Schutz angedeihen lässt, indem er die Freiheit der Anderen begrenzt. Was die dafür verordneten Maßnahmen für die Anderen sozial, emotional und ökonomisch bedeuten, erscheint angesichts der eigenen Ängste als irrelevant. Für nicht wenige hat es sich sogar so verhalten, dass ihr subjektives Schutzgefühl proportional zur Eingriffsintensität in die Freiheitsrechte der Anderen gewachsen ist – selbst dann, wenn Maßnahmen nachweislich das Infektionsrisiko nicht beeinflussen (man denke beispielsweise an das im Frühjahr 2020 in Bayern geltende Verbot, auf Parkbänken ein Buch zu lesen).

Diese Haltung befördert einen Staat, der in seinen Bürgern keine mündigen Individuen, sondern unmündige Schutzbefohlene sieht, deren Freiheitsgebrauch er durch detaillierte Verhaltensanweisungen reglementieren muss. Diese Veränderung im Verhältnis von Bürgern und Staat kommt auf staatlicher Seite denjenigen entgegen, die in individuellen Freiheitsrechten zuvorderst ein Hindernis für ihren politischen Gestaltungswillen sehen. Gegenwärtig ist dies vor allem bei Bündnis 90/Die Grünen zu beobachten, die zur Verwirklichung ihrer klimapolitischen Ziele eine massive Transformation der Gesellschaft anstreben. Sie sind sich dessen bewusst, dass die Grundrechte als Abwehrrechte des Bürgers gegen einen übergriffigen Staat ihrer Transformationspolitik Grenzen setzen. Anstatt diese Grenzen zu akzeptieren, versuchen sie den Freiheitsbegriff grundlegend zu verändern: weg von der Handlungsfreiheit des Individuums hin zum Allgemeinwohl. Damit wird Freiheit politischen Zielen unterworfen und zugleich moralisch aufgeladen: in einen „allgemeinwohlschädlichen" und „allgemeinwohlförderlichen" Freiheitsgebrauch. Die Politik (unterstützt von reichweitenstarken Medien und politikzielkonformen Wissenschaftlern) bestimmt, was „schädlich" und was „förderlich" ist, wobei die Festlegung sowohl aufgrund ideologischer als auch machtpolitischer Erwägungen erfolgen kann.[1]

Der deutschen Coronapolitik war eine von machtpolitischen Erwägungen getragene Umdeutung des Freiheitsbegriffs von Anbeginn inhärent. Der Grund dafür ist, dass Regierungspolitiker der Vorstellung erlagen, dass ein Virus mit politischen Instrumenten kontrollierbar sei. In dieser Vorstellung bestärkt wurden (und werden) sie von dem Bevölkerungsteil, der staatlichen Schutz einfordert und der deshalb explizit wollte (und will), dass der Staat bestimmt, wie viele Menschen jemand treffen darf, wo er diese Menschen treffen darf, und ob die Menschen, mit denen man zusammenkommen darf, geimpft sind oder nicht.

Dadurch, dass die politischen Entscheidungsträger sich dazu berufen fühlten, die Rolle des gesundheitlichen Schutzengels der Gesellschaft zu übernehmen, begaben sie sich in das Dilemma, einer Anforderung gerecht werden zu müssen, die weit über das hinaus geht, was Politik realistischerweise leisten kann. Hinzu kam, dass viele Maßnahmen, insbesondere die Lockdowns, mit erheblichen sozialen und ökonomischen Schäden einhergingen. Einzugestehen, dass Schutzmaßnahmen ihre Wirkung verfehlten, wurde immer weniger eine Option für die politisch Verantwortlichen, je größer die Schadensbilanz ausfiel. Stattdessen lautete die mit zunehmender Vehemenz vorgetragene Ansage an die Bevölkerung: Infektion, Krankheit und Tod sind vermeidbar, wenn sich nur alle an die jeweils verfügten Maßnahmen halten. Steigende Infektionszahlen lastete die Politik ausschließlich denjenigen an, die bei bestimmten Maßnahmen nicht mitzogen. Zunächst waren das diejenigen, die ihre sozialen Kontakte nicht einschränken oder nicht auf Urlaubsreisen verzichten wollten. Im Sommer 2021 wurde dann den Ungeimpften die Sündenbockrolle übertragen. Ein wichtiges Signal in diese Richtung wurde vom damaligen Bundesgesundheitsminister Jens Spahn bei der Bundestagsdebatte zur Verlängerung der epidemischen Lage von nationaler Tragweite gegeben, indem er betonte, dass es nunmehr nur noch eine „Pandemie der Ungeimpften" gäbe. Damit war klar, wer von nun an dafür verantwortlich zu machen ist, wenn hohe Infektions- und Krankheitszahlen wieder strengere Schutzmaßnahmen erforderten. Kurzer kontextualisierender Blick über den Atlantik: Die Formulierung „Pandemie der Ungeimpften" machte in vielen westlichen Ländern Karriere, nachdem Rochelle Walensky (Direktorin des US-amerikanischen Center for Disease Control and Prevention) sie im Juli 2021 verwendet hatte – interessanterweise fast zeitgleich zum Bekanntwerden einer Studie, die zeigte, dass 75 Prozent der anlässlich eines Virusausbruchs in Massachusetts positiv Getesteten doppelt geimpft waren und dass sich ihre Virenlast nicht von der bei Ungeimpften gefundenen unterschied.[2]

Begleitet wurde die Verantwortungsübertragung an spezifische Gruppen für das Infektionsgeschehen regelmäßig mit dem Satz: „Niemand hat die Freiheit, andere zu gefährden". Der moralische Appellcharakter an das Verhalten von Menschen, der diesem Satz innewohnt, ist stark – so stark, dass viel zu selten hinterfragt wird, was seine konsequente Beachtung bedeuten würde: Seine Beachtung käme dem Ende jeglicher Freiheit gleich; nicht nur in Bezug auf Corona, aber hier in besonderem Maße, weil das Gefährdungspotenzial an etwas festgemacht wird, worüber Menschen keine Kontrolle haben: über ihre Atmung, die mit der Aufnahme und Abgabe von Atemwegsviren untrennbar verbunden ist. Das Bedrohungspotenzial, das von jedem Einzelnen qua seines Menschseins für andere ausgeht, ist also allenfalls sehr bedingt reduzierbar.

Aus diesem Wissen resultiert eine nicht zu unterschätzende psychische Belastung für diejenigen, die in ihren Mitmenschen in erster Linie virale Gefährder sehen. Für diese Menschen übernehmen staatliche Maßnahmen eine psychische Entlastungsfunktion. Der Glaube daran, was unter Erfolgsdruck stehende politische Akteure suggerieren, nämlich, dass die Befolgung spezifischer Maßnahmen die von Mitmenschen ausgehende virale Gefährdung erheblich minimiere, erleben sie als psychisch entlastend. Auf der anderen Seite stehen sich von dem Virus weniger bedroht fühlende Menschen, die jedoch die Maßnahmen als sozial, ökonomisch und psychisch belastend erleben und daher der Maßnahmenpolitik kritisch gegenüberstehen.

Gesellschaftliche Spaltung durch Sündenbockpolitik

Beiden Bevölkerungsteilen konnten die politisch Verantwortlichen nicht gleichermaßen gerecht werden. Angesichts einer Gesundheitsbedrohung, deren Ausmaß anfänglich unbekannt war, erschien es für die Entscheidungsträger wohl opportuner, die Bedürfnisse des besorgten Bevölkerungsteils zu priorisieren. Dass viele politisch Verantwortlichen an dieser Priorisierung festhalten, obwohl schon lange offenkundig ist, dass die Bedrohung deutlich kleiner ist als befürchtet, hat im Lauf der Zeit zu einer tiefgehenden Entfremdung geführt: sowohl zwischen den politisch Verantwortlichen und den kritischen Bürgern als auch zwischen schutzfordernden und kritischen Bürgern. Vorangetrieben wurden diese

Entfremdungsprozesse von vielen Medien, die Beitrag um Beitrag brachten, in denen Menschen nach einem einzigen Kriterium als moralisch „gut" oder „schlecht" bewertet wurden. Ein moralisches Gütesiegel verliehen bekamen diejenigen, die ein starkes Schutzbedürfnis verspürten und daher alle regierungsseitig verfügten Maßnahmen begrüßten. Sie galten als „vernünftig" und „solidarisch". Kritikern hingegen wurde ein moralisches Stigma angeheftet. Ihnen wurde vorgeworfen, „unvernünftig" und „unsolidarisch" zu sein. Herabgewürdigt wurden sie mit Begriffen wie: Coronaleugner, Covidiot, Schwurbler, Impfgegner oder Pandemietreiber.[3]

Den Höhepunkt erreichte die Rhetorik der Spaltung, die von Forderungen nach einer Neuinterpretation des Freiheitsbegriffs durchzogen ist, in den Monaten November 2021 bis Januar 2022. Der Grund dafür ist darin zu sehen, dass die ab Anfang November stark steigenden Infektionszahlen die Wirksamkeit der Impfkampagne infrage stellten. Da die Regierung aber monatelang die Impfung als „den Weg aus der Pandemie" dargestellt hatte, war das Eingeständnis, dass die Impfungen nicht wie erhofft wirkten, keine Option. Die Entscheidungsträger brauchten also jemanden, dem sie die Funktion des Blitzableiters für den sich aufstauenden Unmut zuweisen konnten. Diese Funktion teilten sie den Ungeimpften zu. Sie seien, so das bis zum Frühjahr 2022 dominierende Narrativ, daran schuld, dass die Pandemie fortdauere, weil sie den solidarischen Akt der Impfung verweigerten.

Politiker wie Reiner Haseloff (Ministerpräsident von Sachsen-Anhalt) oder Dilek Kalayci (Gesundheitssenatorin in Berlin) forderten die Bevölkerung dazu auf, Ungeimpfte zu meiden, weil Kontakte mit ihnen gesundheitsgefährdend seien. Haseloff tat dies in der TV-Sendung „Lanz" am 2. November mit den Worten, dass man seinen Mitmenschen sagen soll, „bitte tritt nur ran, wenn Du geimpft bist, du gefährdest mich." Kalaycis Aufruf zur sozialen Ausgrenzung erfolgte in einem Tweet vom 11. November. Sie schrieb: „Kontakt nur mit Geimpfte[n]!". Die Politik beließ es jedoch nicht bei Aufforderungen zur sozialen Ausgrenzung. Sie verfügte, dass Ungeimpfte sozial ausgegrenzt („2G") und ökonomisch unter Druck gesetzt werden (keine Lohnfortzahlung im Quarantänefall). Stellvertretend für die von vielen Regierungspolitikern verfolgte soziale Ausgrenzungsmaxime sei hier der damalige saarländische Ministerpräsident Tobias Hans zitiert, der am 9. Dezember in der TV-Sendung „Maybrit Illner" diese Sätze formulierte: „Zuerst einmal müssen wir eine klare Botschaft an die Ungeimpften senden: Ihr seid jetzt raus aus dem gesellschaftlichen Leben. Deshalb machen wir konsequent 2-G".[4] Die soziale Ausgrenzungspolitik diente drei Zielen: (1) Ungeimpfte sozial zu stigmatisieren und sie so zur Impfung zu nötigen, (2) sie als Sündenböcke zu markieren, die bestraft werden müssen, und (3) Geimpften zu signalisieren, dass sie als Belohnung für ihr „solidarisches Handeln" nun mehr dürfen als „unsolidarische" Ungeimpfte.

Die Impulse zur Verunglimpfung und Ausgrenzung, die unter enormem Druck stehende Regierungspolitiker damit gaben, verfehlten ihre Wirkung nicht. Sie wurden von vielen Medien übernommen und oftmals noch verstärkt.[5] Und sie fielen bei den Geimpften auf fruchtbaren Boden, die daran glaubten, dass die Impfung der einzige Weg aus der Pandemie sei, und für die der Glaube an die Wirksamkeit der Impfung wichtig war, um ihre Angst vor dem Virus zu bezwingen. Überdies trafen sie einen Nerv bei den Geimpften, die, realisierend, dass die medizinische Wirksamkeit der Impfungen geringer war als gedacht, den Wunsch verspürten, wenigstens sozial dafür belohnt zu werden, dass sie sich impfen ließen.

Exemplarisch dafür, wie sich die Sündenbockpolitik auf das Denken von Menschen ausgewirkt hat, steht ein Kommentar eines Kulturredakteurs des Bayerischen Rundfunks vom 13. Dezember 2021. Unter der Überschrift „2G überall vorschreiben!" bedient sich der Autor, Martin Zeyn, dreier Narrative, die in der Debatte regelmäßig Verwendung finden: des Bedrohungs-, Schuld- und Schmarotzernarrativs. So schreibt er, dass er wegen der Ungeimpften „Angst um das Leben" seiner „90-jährigen Mutter" habe, womit er Ungeimpfte per se als virale Gefährder einstuft, die zudem daran schuld seien, dass Menschen sterben, „die sonst vielleicht gesund geblieben wären". Das Schmarotzernarrativ greift er mit den Worten auf: „Wer sich hingegen nicht impfen lässt, nutzt die aus, die es tun. Alle, die sich impfen, schützen andere, auch Impfgegner." Um sich vor den Ungeimpften schützen zu können, fordert er, dass flächendeckend 2G eingeführt wird. Er sieht es sogar als Recht der Geimpften an, dass „die Rechte von Ungeimpften" eingeschränkt werden, weil sonst die Gesundheit der Solidarischen nicht geschützt werden könne. Zur Begründung für diesen Ruf nach mehr Ausgrenzung führt er zum einen die Devise an: „Es gibt keine Freiheit, andere zu gefährden", und zum anderen konfrontiert er Ungeimpfte mit der Behauptung: „Eure Freiheit tritt meine Gesundheit mit Füßen."

Diese affektgeladene Rhetorik findet sich auch in Äußerungen von Verbandsvertretern, beispielsweise in einem Schreiben, das der Vorstand der Kassenärztlichen Vereinigung Baden-Württemberg am 11. November 2021 an Ärzte verschickte. Dort heißt es, dass wir [Ärzte] „Impfverweigerung als frech und gesellschaftlich inakzeptabel [empfinden]. Viele empfinden es zu Recht unerträglich, dass eben diese in Arztpraxen vulnerable Patientengruppen gefährden. Spätestens dort, wo man andere gefährdet, ist Corona und Impfen keine Privatsache mehr." Der Weltärztepräsident Frank Ulrich Montgomery verstieg sich in der Talkshow von Anne Will am 7. November sogar zu der Aussage: „Momentan erleben wir ja wirklich eine Tyrannei der Ungeimpften, die über das Zweidrittel der Geimpften bestimmen und uns diese ganzen Maßnahmen aufoktroyieren." Dieses Schuldnarrativ bediente auch die FDP-Politikerin Marie-Agnes Strack-Zimmermann in einem Videointerview mit der „Welt" am 15. November. Die Behauptung aufgreifend, dass es nunmehr „eine Pandemie der Ungeimpften" sei, formulierte sie die Botschaft an alle „Impfverweigerer", dass sich diese „im Klaren sein müssen, dass sie nicht als Minderheit die Mehrheit, ich sag das mal, terrorisieren dürfen und deswegen auch mit entsprechenden Regeln entsprechend konfrontiert werden".

Einige versuchten zudem, die Angst der Geimpften davor zu schüren, dass Ungeimpfte Intensivbetten belegen könnten, die dann nicht für Geimpfte zur Verfügung stünden. So sagte Clemens Hoch (Gesundheitsminister von Rheinland-Pfalz) in einem Interview mit der „Rhein-Zeitung" am 30. August 2021, dass Ungeimpfte „wichtigen Patienten nach einem Herzinfarkt oder Autounfall im Zweifelsfall einen Platz auf der Intensivstation" wegnehmen, weshalb es im Winter „weitere Einschränkungen geben" müsse, „die aber jene umso mehr treffen werden, die nicht geimpft sind". Eine Reihe an Wissenschaftlern sprach sich sogar dafür aus, Ungeimpften im Triage-Fall medizinische Behandlungen zu verweigern. Gerechtfertigt wurde dies mit dem Hinweis, dass sie unsolidarisch – oder anders gesagt: allgemeinwohlschädlich – gehandelt hätten, und daher im Ernstfall keine Solidarität von den Geimpften erwarten könnten. Positiv zu vermerken ist an dieser Stelle, dass diese Position zu keinem Zeitpunkt wissenschaftlich, medizinisch, politisch oder medial mehrheitsfähig war. Dies zeigt an, dass die Triage-Frage für viele, die sich ansonsten sehr wohl für die Diskriminierung Ungeimpfter aussprachen, eine rote Linie darstellte.[6]

Das Bestrafungsmotiv wurde auch aufseiten der Justiz vertreten, beispielsweise von Rainer Schlegel, dem Präsidenten des Bundessozialgerichts. Er plädierte beim Jahresgespräch seines Gerichts am 8. Februar 2022 dafür, ungeimpfte Corona-Patienten entsprechend ihrer finanziellen Verhältnisse an den Kosten ihrer Behandlung im Krankenhaus zu beteiligen, wobei er betonte, dass die Beteiligung dem „Versicherten aber auch weh tun" müsse.[7] Wer so argumentiert, teilt dem Staat letztlich die Rolle des Erziehungsberechtigten zu, der befugt sein soll, dem Bürger „weh zu tun", damit dieser das Richtige tut – und das auch dann, wenn es um das Grundrecht auf körperliche Unversehrtheit geht. Schlegel redet hier der Abkehr von der individuellen Freiheit das Wort, um dem Staat ein Mittel an die Hand zu geben, mit dem er „unsolidarische" Bürger auf den Pfad des aufgrund politischer Erwägungen als solidarisch erachteten Freiheitsgebrauchs führen kann. Ein solcher Freiheitsgebrauch ist per se ein machtkonformer, weil politische Mehrheiten bestimmen, welcher Umgang mit dem eigenen Körper belohnt oder bestraft wird.

Umdeutung des Freiheitsbegriffs

Einen Schritt über das Bestrafungssystem hinaus geht das im Dezember 2021 verabschiedete „Gesetz zur Stärkung der Impfprävention gegen COVID-19", mit dem eine einrichtungsbezogene Impfpflicht für Beschäftigte im Gesundheitssektor eingeführt wurde. Diese Impfpflicht trat am 16. März 2022 in Kraft. Parallel zur

Verabschiedung dieses Gesetzes wurde die Einführung einer allgemeinen Impfpflicht ins Spiel gebracht, die jedoch bei der Abstimmung am 7. April keine Mehrheit im Bundestag fand. Auffällig ist, dass alle Impfpflichtbefürworter eine Umdeutung des Freiheitsbegriffs vornahmen, wohl weil eine Impfpflicht mit dem etablierten Freiheitsverständnis nicht zu begründen gewesen wäre. Zur Illustration drei Beispiele: Markus Blume (CSU-Generalsekretär) sagte in einem Gespräch mit der „Welt" am 21. Januar 2022: „Freiheit heißt Impfpflicht für alle, anstatt Einschränkungen für alle." Hendrik Wüst (Ministerpräsident von NRW) tweetete am 23. Januar: „Menschen dürfen ihre individuelle Freiheit nicht über die Freiheit der Allgemeinheit stellen." Helge Lindh (SPD-Bundestagsabgeordneter) machte am 26. Januar bei der Orientierungsdebatte des Bundestages zur allgemeinen Impfpflicht das körperliche Selbstbestimmungsrecht mit diesen Worten verächtlich: „Es ist einfach ein vulgäres Verständnis von Freiheit, immer zu denken, Freiheit sei nur individuelle Unversehrtheit."

Interessanterweise wurden all die oben zitierten Aussagen zu einem Zeitpunkt getätigt, an dem längst klar war, dass die Impfungen keine sterile Immunität erzeugen, dass Impfen also keinen Akt der Solidarität darstellen kann. Blume, Wüst, Lindh und Schlegel tätigten ihre Äußerungen sogar zu einem Zeitpunkt, als Datenmanipulationen aufgedeckt waren und man wusste, dass der Unterschied in den Hospitalisierungsraten zwischen Geimpften und Ungeimpften viel geringer war, als dies bei einer wirksamen Impfung sein dürfte.[8] Dieser Umstand legt nahe, dass sich die so äußernden Personen nicht nur von der Realität gelöst haben, sondern bereit sind, individuelle Freiheitsrechte auf dem Altar machtpolitischer Erwägungen und/oder ihrer persönlichen Angst vor einem Virus zu opfern.

Da individuelle Freiheitsrechte eine tragende Säule unseres Staates sind und deshalb nicht einfach negiert werden können, suchen Impfpflichtbefürworter nach Wegen, um das Selbstbestimmungsrecht des Individuums darüber, welche pharmakologischen Substanzen es sich injizieren lassen möchte, als allgemeinwohlschädlich zu delegitimieren. Hendrik Wüst und Markus Blume haben dazu das Geiselhaftnarrativ angewendet. Sie behaupteten, ein

Ende der Maßnahmen und damit die Wiederherstellung individueller Freiheitsrechte sei nur dann möglich, wenn mithilfe einer Impfpflicht die Zahl der Ungeimpften substantiell reduziert würde. Die an die Geimpften gesendete Botschaft lautet: Eure Freiheit wird von den Ungeimpften beschränkt, wenn ihr Eure Freiheit wiederhaben wollt, geht das, weil sich die Ungeimpften nicht freiwillig solidarisch zeigen, nur mittels einer Impfpflicht. Bei einem Teil der Geimpften verfängt die Botschaft wohl auch, weil sie sich an zweierlei gewöhnt haben: (1) Infektionsschutz ist wichtiger als individuelle Freiheit, und (2) nicht funktionierender Infektionsschutz ist grundsätzlich nicht der Politik anzulasten, sondern dem jeweils von der Politik auserkorenen Sündenbock.

Zwei Jahre, in denen Politiker, unterstützt von Medien, Institutionenvertretern und Wissenschaftlern, leichtfertig die Geister „Ausgrenzung und Verunglimpfung Andersdenkender" und „Allgemeinwohlideen schlagen individuelle Freiheitsrechte" aus der Flasche ließen, haben zu beträchtlichen sozialen Verwerfungen geführt.[9] Mit anderen Worten: Es wurde der Boden für ein gesellschaftliches Long Covid bereitet. Noch haben wir es in der Hand, den Umdeutungsbestrebungen von Freiheit Einhalt zu gebieten. Und noch haben wir die Möglichkeit, die entstandenen sozialen Wunden zu heilen, bevor sie zu einer erheblichen Belastung für die Gesellschaft werden. Dazu muss die Politik der Ausgrenzung, Diffamierung und Nötigung endgültig beendet werden. Solange diese Politik „nur" über das Sommerhalbjahr 2022 ausgesetzt ist und ihre Wiedereinsetzung im Herbst wie ein Damoklesschwert über der Gesellschaft hängt, kann der so dringend notwendige Wundheilungsprozess nicht richtig in Gang kommen. Ferner müssen wir uns gegenseitig wieder als Menschen wahrnehmen, was zuallererst bedeutet, miteinander ins Gespräch zu kommen. Dies erfordert die Bereitschaft, Verständnis und Empathie für die Beweggründe Andersdenkender aufzubringen. Empathie ist ein zentraler Schritt zur Versöhnungsbereitschaft, und diese muss von allen Seiten aufgebracht werden – insbesondere jedoch von denjenigen, die sich aktiv an der Verächtlichmachung und Ausgrenzung von vermeintlichen Sündenböcken beteiligt haben. Vor allem sie sollten sich fragen, warum sie sich von Politik und Medien gegen Mitmenschen aufhetzen ließen und ob sie wollten, dass sie in einer Situation, in der es politisch opportun erscheint, als gesellschaftlicher Blitzableiter dienen müssen. Ferner sollten sie sich überlegen, ob sie wollten, dass andere darüber bestimmen können, welche pharmakologischen Substanzen sie ihrem Körper zuführen. Denn es könnte der Tag kommen, an dem es um Substanzen geht, die sie nicht verabreicht bekommen möchten. Der Geist, der das ermöglicht, ist aus der Flasche. Es ist an uns, ihn dort wieder hineinzubekommen und als Lehre aus den Pandemiejahren künftig darauf zu achten, dass er nicht mehr entweichen kann.

Anmerkungen

1 Siehe beispielsweise: Bündnis 90/Die Grünen, *Deutschland. Alles ist drin. Bundestagswahlprogramm 2021* (Juni 2021), Kapitel 1 „Lebensgrundlagen schützen", S. 12-56, insbesondere S. 12-37. Explizit wird im Wahlprogramm nicht formuliert, dass individuelle Freiheit hinter dem Allgemeinwohl zurücktreten muss; implizit zieht sich dieser Gedanke aber wie ein roter Faden durch das Kapitel, und findet seinen Ausdruck in Forderungen nach der Belohnung dessen, was aus Sicht der Grünen als klimaschutzkonformer Freiheitsgebrauch gilt sowie in anvisierten Einschränkungen, massiven Verteuerungen (CO_2-Abgaben) und dem Verbot des als nicht-klimaschutzkonform eingestuften Freiheitsgebrauchs.

2 Jens Spahn, „Die Impfkampagne ist eine Gemeinschaftsaufgabe und ihr Erfolg ist ein gemeinsamer Erfolg", Bundestagsrede am 25. August 2021: https://www.bundesgesundheitsministerium.de/presse/reden/epilage-bt-250821.html; Emily Anthes und Alexandra E. Petri, „C.D.C. Director Walensky Warns of a 'Pandemic of the Unvaccinated'", *New York Times*, 16. Juli 2021: https://www.bundesgesundheitsministerium.de/presse/reden/epilage-bt-250821.html; Carolyn Y. Johnson, Yasmeen Abutaleb und Joel Achenbach, „CDC study shows three-fourths of people infected in Massachusetts coronavirus outbreak were vaccinated but few required hospitalization", *The Washington Post*, 30. Juli 2021: https://www.washingtonpost.com/health/2021/07/30/provincetown-covid-outbreak-vaccinated/.

3 Siehe exemplarisch: Michael Hanfeld, „Protest gegen Corona-Maßnahmen. Covidioten sind unter uns", *FAZ*, 11. Mai 2020: https://www.faz.net/aktuell/feuilleton/medien/corona-was-die-proteste-gegen-den-virenschutz-verraten-16763103.html; Magnus Klaue, „'Covidioten' – wie Deutschland über Corona-Kritiker redet",

DIE WELT, 6. September 2021: https://www.welt.de/kultur/plus233552324/Covidioten-wie-Deutschland-ueber-Corona-Kritiker-redet.html?; Kim Björn Becker, „Unvernünftige Impfverweigerer", *FAZ*, 28. Oktober 2021: https://www.faz.net/aktuell/politik/inland/corona-pandemie-die-unvernunft-der-impfverweigerer-176076 17.html; Stephan Gosepath im Gespräch mit Marietta Schwarz, „Wer sich nicht impfen lässt, verhält sich unsolidarisch", *Deutschlandfunk*, 7. November 2021: https://www.deutschlandfunkkultur.de/impfzwang-und-solidaritaet-wer-sich-nicht-impfen-laesst-100.html; „Spahn beklagt Unvernunft von Ungeimpften", *Evangelischer Pressedienst*, 24. November 2021: https://www.evangelisch.de/inhalte/193360/24-11-2021/spahn-beklagt-unvernunft-von-ungeimpften; Jörg Thomann, „Zusammenhalt in Corona-Zeiten. Mit uns oder gegen uns", *FAZ*, 6. Dezember 2021: https://www.faz.net/aktuell/gesellschaft/gesundheit/coronavirus/corona-wie-die-pandemie-unsere-gesellschaft-teilt-17665522.html.

4 Beschlüsse Gesundheitsministerkonferenz (GMK), *Entschädigungsleistungen gem. § 56 IfSG für Personen ohne Impfschutz gegen COVID-19*, Beschluss gefasst am 22. September 2021, in Kraft getreten am 1. November 2021: https://www.gmkonline.de/Beschluesse.html?uid=228&jahr=2021; „Tobias Hans bei ‚Maybrit Illner': ‚Wir haben die Lage falsch eingeschätzt'", *Saarbrücker Zeitung*, 10. Dezember 2021: https://www.saarbruecker-zeitung.de/nachrichten/politik/tobias-hans-bei-maybrit-illner-im-zdf-lage-falsch-eingeschaetzt_aid-64554121.

5 Siehe exemplarisch: Phil Göbel, „Streit um Lohnfortzahlung. Ungeimpft und in Quarantäne: Wer unsolidarisch ist, verdient keine Solidarität", *Stern*, 10. September 2021: https://www.stern.de/politik/coronavirus--keine-solidaritaet-fuer-unsolidarische-30730240.html; Markus Feldenkirchen u.a., „Deutschlands Coronadesaster und die Allianz der Unvernünftigen. Idiotische Lage von nationaler Tragweite", *Spiegel-Online*, 12. November 2021: https://www.spiegel.de/politik/deutschland/coronavirus-in-deutschland-wenn-impfverweigerer-auf-ein-land-ohne-politische-fuehrung-treffen-a-d5982 56a-0140-44b2-ad51-146dfdb821e4; Sarah Frühauf, Kommentar in den *Tagesthemen* zur Solidarität von Impfgegnern, 19. November 2021: https://www.tagesschau.de/multimedia/video/video-949037.html; Jennifer Wagner, „Meinung: Ungeimpft gegen Corona ist unsolidarisch", *Deutsche Welle*, 14. Dezember 2021: https://www.dw.com/de/meinung-ungeimpft-gegen-corona-ist-unsolidarisch/a-60110942.

6 Siehe exemplarisch: Martin Hoffmann [Philosoph, Universität Münster], „Priorisierung für Geimpfte. Warum eigentlich nicht triagieren?", *FAZ*, 27. September 2021: https://www.faz.net/aktuell/feuilleton/corona-inzidenz-wann-der-staat-die-impfpflicht-einfuehren-

koennte-17556012.html; „Medizinethikerin bringt Triage bei Ungeimpften ins Spiel", *Tagesspiegel*, 13. November 2021: https://www.tagesspiegel.de/politik/behandlungskapazitaeten-bald-ausgereizt-medizinethikerin-bringt-triage-bei-ungeimpften-ins-spiel/27797320.html; Tatjana Hörnle [Juristin, Max-Planck-Institut zur Erforschung von Kriminalität, Sicherheit und Recht], „Warum der Impfstatus bei der Corona-Triage doch eine Rolle spielen darf", *Verfassungsblog*, 13. Dezember 2021: https://verfassungsblog.de/warum-der-impfstatus-bei-der-corona-triage-doch-eine-rolle-spielen-darf/; Julia Schöneseiffen, „Nächste Corona-‚Keule'? Verhaltensökonom fordert Triage-Nachteile für Ungeimpfte", *Merkur*, 2. Oktober 2021: https://www.merkur.de/welt/coronavirus-triage-geimpfte-ungeimpfte-krankenhaus-behandlung-nachteile-marcus-schreiber-91027329.html; für ablehnende Stimmen, siehe exemplarisch: „Bei Triage darf Impfstatus keine Rolle spielen", *Tagesschau*, 26. November 2021: https://www.tagesschau.de/inland/coronavirus-pandemie-kliniken-101.html; Christopher Stolz, „Ethikrat-Vorsitzende gegen Triage für Ungeimpfte. ‚Widerspricht wichtigen Prinzipien der Medizin'", *Tagesspiegel*, 29. Oktober 2021: https://www.tagesspiegel.de/politik/ethikrat-vorsitzende-gegen-triage-fuer-ungeimpfte-widerspricht-wichtigen-prinzipien-der-medizin/27747376.html.

7 Marcus Jung, „Bundessozialgerichtspräsident. Ungeimpfte sollen Kosten im Krankenhaus teilweise mittragen", *FAZ*, 8. Februar 2022: https://www.faz.net/aktuell/wirtschaft/ungeimpfte-sollen-kosten-im-krankenhaus-teilweise-mittragen-17789788.html?GEPC=s30.

8 Tim Röhn, „Geimpft/ungeimpft. Empörung über unbrauchbare Inzidenz-Erhebung in Bayern", *DIE WELT*, 6. Dezember 2021: https://www.welt.de/politik/deutschland/plus235499614/Corona-Kennzahlen-Empoerung-ueber-unbrauchbare-Inzidenz-Erhebung.html?; NDR, „Inzidenz in Hamburg: Impfstatus der Infizierten oft unklar", 16. Dezember 2021: https://www.ndr.de/nachrichten/hamburg/coronavirus/Inzidenz-in-Hamburg-Impfstatus-der-Infizierten-oft-unklar,coronazahlen1530.html; Tim Röhn, „Geimpfte und Ungeimpfte. Falsche Covid-Zahlen – Amtspräsident in Bayern wird versetzt", *DIE WELT*, 21. Dezember 2021: https://www.welt.de/politik/deutschland/article235803198/Geimpfte-und-Ungeimpfte-Falsche-Covid-Zahlen-Amtspraesident-in-Bayern-wird-versetzt.html. Siehe dazu auch auf der Homepage des RKI die Wochenberichte, in denen der Anteil der Impfdurchbrüche bzgl. der symptomatischen COVID-19-Fälle, der hospitalisierten COVID-19-Fälle, der intensivmedizinisch versorgten COVID-19-Fälle und der verstorbenen symptomatischen COVID-19-Fälle aufgeführt sind.

9 Siehe exemplarisch für soziale Verwerfungen in engen Sozialbeziehungen: Yuriko Wahl-Immel, „Corona-Leugner in der eigenen Familie: Die Krise im engsten Kreis", *RND*, 30. Januar 2022:

https://www.rnd.de/gesundheit/corona-leugner-in-der-eigenen-familie-die-krise-im-engsten-kreis-XZ5G2UIADGSCZ7XEHPMAKO7EU4.html; Christine Bilger, „Stuttgarter Selbsthilfegruppe für Angehörige. Der Coronaleugner in meinem Bett", *Stuttgarter Nachrichten*, 25. April 2022: https://www.stuttgarter-nachrichten.de/inhalt.stuttgarter-selbsthilfegruppe-fuer-angehoerige-der-coronaleugner-in-meinem-bett.7d4e3c96-21e7-4341-bff8-5cc6f44c3386.html?reduced=true; Thorsten Vaas, „Corona-Krise: Kostner wirbt für Empathie und Verständnis", *Remszeitung*, 8. Februar 2022: https://remszeitung.de/2022/2/8/corona-krise-kostner-wirbt-fuer-empathie-und-verstaendnis/; Erik Raidt, „Zwei Jahre Corona-Pandemie, Die Schuldzuweisungen müssen jetzt aufhören", *Stuttgarter Nachrichten*, 15. Februar 2022: https://www.stuttgarter-nachrichten.de/inhalt.zwei-jahre-pandemie-corona-schuld-und-suehne.a679b702-0c37-47cd-ba66-cdcab5b227d9.html?reduced=true.

Die Spaltung der Gesellschaft in Zeiten von COVID-19.
Worin sie besteht und wo Ansätze zu ihrer Überwindung liegen

Henning Nörenberg

Die Coronapolitik hat die Gesellschaft in einem relevanten Sinne gespalten. Diese These gründet sich nicht ausschließlich auf quantitative Verhältnisse, als ginge es bei gesellschaftlichen Spaltungen nur darum, wie viele Leute gegen die Coronapolitik auf die Straße gehen und wie viele sie im Spektrum von widerwilligem Mitmachen bis zu enthusiastischem Unterstützen akzeptieren. Zum einen kann es nicht ausschließlich darum gehen, weil es in der Gegenwart offensichtlich auf sehr vielen Ebenen und in sehr vielen Hinsichten gravierende Probleme mit dem korrekten Erfassen, Festhalten und Interpretieren von quantitativen Verhältnissen gibt. Es war beispielsweise nicht herauszubekommen, wie groß der Anteil der Ungeimpften, die angeblich in der zweiten Jahreshälfte von 2021 unsere Gesellschaft „tyrannisierten", im besagten Zeitraum gewesen sein soll: gleich groß oder kleiner als etwa in Schweden, wo politisches Handeln und Kommunizieren bis heute deutlich maßvoller gewesen sind? Bundesländer wie Bayern, Hamburg und Sachsen haben sogar einräumen müssen, dass man gemessen an der nicht gerade zimperlichen Rhetorik gegenüber Ungeimpften relativ wenig darüber wusste, wie hoch der Anteil der Ungeimpften an jenen Covidpatienten war, die die Intensivstationen „verstopft" oder zum „Volllaufen" gebracht haben sollen.

Die Kontrastierung der politischen Kommunikation rund um die Covidmaßnahmen mit dem vergleichsweise dürftigen Zahlenmaterial, auf das sich diese Kommunikation zu stützen vorgab, könnte noch länger fortgesetzt werden, u.a. mit Fragen, wie es in bestimmten Zeiträumen tatsächlich mit der Übersterblichkeit oder Überlastung des Gesundheitssystems ausgesehen hat. Ich möchte aber nicht weiter abschweifen und in diesem Zusammenhang ein letztes, stärker auf den Punkt der fraglichen Quantifizierung der Spaltung bezogenes Beispiel nennen, nämlich die Berichterstattung über die Proteste gegen die Coronapolitik: Die Berichte in überregionalen Medien konzentrieren sich zumeist auf mittelgroße und große Städte im Bundesgebiet, scheinen aber Berichten über die „Spaziergänge" in zahlreichen Kleinstädten nicht nachgehen zu können. Daher ist es ziemlich schwer, einen genaueren Eindruck von den quantitativen Verhältnissen zu bekommen und zu beurteilen, ob man jene Proteste rein zahlenmäßig ebenso ernst nehmen müsste wie etwa die von Fridays for Future oder Black Lives Matter, die ja für ihre Anliegen ebenfalls auf mehr Gehör seitens der Mehrheitsgesellschaft dringen.

Zum anderen ist es wichtig, hervorzuheben, dass gesellschaftliche Spaltungen nicht auf quantitative Verhältnisse reduziert werden können, weil sie auch eine qualitative Dimension haben. Zu nennen wäre hier eine gewisse Tendenz zur Unversöhnlichkeit, wie sie auf beiden Seiten zum Ausdruck kommt. Auf Seiten der Verantwortlichen für die Coronapolitik und deren Befürwortern manifestiert sich diese Tendenz beispielsweise in der oben bereits angedeuteten Rhetorik – „Tyrannei der Ungeimpften", Framing der Protestierenden als tumbe, trotzige „Covidioten" und vieles mehr. Zum Ausdruck kommt jene Unversöhnlichkeit aber auch in dem, was man als eine bewusst oder unbewusst verfolgte, dennoch durchgängig erscheinende Strategie des konsequenten Ignorierens von Deeskalationsmöglichkeiten rekonstruieren kann: Weder in aufgedeckten Fehlern bei der Datenerhebung und den dadurch nötigen Korrekturen der Annahmen über das Infektionsgeschehen und der Belastung des Gesundheitssystems noch im Sich-Durchsetzen der milderen Omikronvariante scheinen maßgebliche Verantwortungsträger in Deutschland Gründe dafür zu erkennen, etwa die einrichtungsbezogene Impfpflicht zurückzunehmen, von einem Liebäugeln mit der allgemeinen Impfpflicht abzulassen[1] oder überhaupt einen Schritt auf die Protestierenden zuzugehen.[2]

Auf Seiten der Gegner der Coronapolitik zeichnet sich die Tendenz zur Unversöhnlichkeit zumindest in dem bislang eher kleinen Anteil ab, der zu gewaltsamem Vorgehen neigt, was natürlich – ebenso wie das gewaltsame Vorgehen in anderen Kontexten und von anderen Seiten – zu verurteilen ist. Weiterhin stehen in dieser Tendenz beispielsweise Forderungen aus dem genannten Milieu, die das künftige Schicksal von gesellschaftlichen und politischen Akteuren betreffen, sofern dieses Schicksal über politische Sanktionen (zum Beispiel der gegenwärtig etwas aus der Mode gekommene Rücktritt) oder strafrechtliche Untersuchungen von möglichem Fehlverhalten hinausgeht, sondern als Bedrohung von Leib und Leben formuliert wird. Überdies scheint sich im Milieu der Gegner der Coronapolitik ein zunehmender Vertrauensverlust gegenüber dem Rechtsstaat abzuzeichnen, da die von ihnen als zentral angesehenen Grundrechte über einen so langen Zeitraum eingeschränkt werden konnten, was aus ihrer Sicht unzureichend kommuniziert und schlecht begründet war.

Was hier mit der Tendenz zur Unversöhnlichkeit angesprochen ist, hat zur Folge, dass es für beide Seiten mittlerweile nur schwer möglich scheint, in Erwägung zu ziehen, ob und wo die jeweils andere Seite im Recht sein könnte. Vor diesem Hintergrund dürfte es schwierig werden, ohne Weiteres zum Status quo ante zurückzukehren. Dieser qualitative Aspekt trägt dazu bei, dass es sich bei dem geschilderten Konflikt um mehr handelt als um eine bloße Kollision der Interessen verschiedener Gruppen, wie sie in Gesellschaften häufig vorkommen. Darum erscheint die Rede von einer Spaltung der Gesellschaft zur Bezeichnung des Problems durchaus angemessen.

Man muss sich eine Gesellschaft keineswegs als einheitliches Subjekt oder nach dem Modell eines Familienidylls vorstellen, um sinnvoll von einer Spaltung derselben zu reden. Ebenso ist es weder nötig noch sinnvoll anzunehmen, dass die Spaltung zwei in sich homogene Milieus produziere, als könne man aus der bloßen Zugehörigkeit zur einen oder anderen Gruppe ohne weitere Unterhaltung ableiten, mit was für einem Menschen man es zu tun hat. Die Sozialphilosophie hat in den letzten Jahrzehnten tragfähige Konzepte entwickelt, wie man grundlegende Gemeinsamkeiten, auf die eine funktionierende Kommunikation in Gesellschaften angewiesen ist, in den Blick nehmen kann, ohne solche Gesellschaften als

Super-Subjekte oder gar homogene „Volkskörper" denken zu müssen.[3] In dieser Hinsicht manifestiert sich das, was mit „Spaltung" gemeint ist, als ein Zerfall solcher grundlegenden Gemeinsamkeiten.

Bei einem solchen Zerfall mögen wir zwar noch dieselben Worte wie etwa „Solidarität", „Freiheit" oder „Fahrlässigkeit" benutzen, um unsere Positionen zu artikulieren. Höchstwahrscheinlich sind sich die meisten von uns sogar noch darüber einig, dass „Solidarität" und „Freiheit" zwei der höchsten Werte unseres Zusammenlebens als Gesellschaft bezeichnen oder dass „Fahrlässigkeit" mindestens moralische Verantwortung mit sich bringt. Insofern muss die gesellschaftliche Spaltung nicht grundsätzlich mit der in einer Neujahrsansprache referierten Beobachtung – und noch viel weniger mit der Beschwörung – einer „riesigen Solidarität" im Land im Widerspruch stehen. Der springende Punkt bei einer gesellschaftlichen Spaltung ist nämlich der, dass der Hintergrund, in Bezug auf den wir solche Worte gewissermaßen „abbuchen", nicht mehr derselbe ist – und wir als Angehörige verschiedener gesellschaftlicher Gruppen somit je anderes unter diesen und weiteren Begriffen verstehen.

So kann etwa „Solidarität" für die einen heißen, dass man die Coronamaßnahmen befolgen und sich impfen lassen muss, um die Risikogruppen zu schützen oder um zu verhindern, dass das Gesundheitssystem durch zu viele schwer Erkrankte auf den Intensivstationen überlastet wird. Für andere kann es vielleicht ebenfalls heißen, die Coronamaßnahmen zu respektieren sowie auf Risikogruppen Rücksicht zu nehmen, auch wenn man sie falsch findet. Die Diffamierung der Gegner der Coronapolitik als „unsolidarisch" übersieht, dass es unter ihnen nicht wenige gibt, die im Alltag die Maßnahmen, die sie eigentlich ablehnen, mitgetragen haben und weiter mittragen, wie der Bürger in Kants berühmter Schrift „Was ist Aufklärung" sich nicht weigert, die ihm auferlegten Abgaben zu leisten, auch wenn er im öffentlichen Gebrauch seiner Vernunft die Ungerechtigkeit dieser Abgaben kritisiert. Die Diffamierung der Gegner der Coronapolitik als „unsolidarisch" übersieht überdies, dass nicht wenige zwei- oder dreifach Geimpfte zu den Gegnern dieser Politik zählen, die ja in der Perspektive der Maßnahmenbefürworter durch ihre Impfung einen wertvollen Dienst an der Gesellschaft geleistet haben.

„Solidarität" kann bei denen, die die in den letzten Jahren über verschiedene Positionsänderungen hinweg weitgehend konstant gebliebene Strategie der Coronapolitik kritisch ablehnen, auch noch mehr und anderes heißen. Es kann heißen, sich zu fragen, ob die gesellschaftlichen und politischen Akteure nicht auch anderen Gruppen wie Kindern und Jugendlichen oder auch jenen Menschen, die mit hoher Wahrscheinlichkeit von der Covidimpfung einen chronischen Schaden davongetragen haben, mehr Unterstützung schulden, anstatt beispielsweise Erstere über sachlich angemessene Vorsicht hinaus zu verängstigen[4] und Letzteres zu tabuisieren oder gar lächerlich zu machen.[5] Möglicherweise würden sogar viele aus dem Milieu der Gegner der Coronapolitik dem Satz aufrichtig zustimmen, dass man bereit sein müsse, für das gesellschaftliche Wohlergehen persönliche Einschränkungen hinzunehmen. Sie können vielleicht nur nicht sehen, inwiefern beispielsweise die Forderung nach einer Verpflichtung, sich mit den momentan bekannten und verfügbaren Stoffen impfen zu lassen, unter den gegenwärtigen Umständen mit den gegenwärtigen Begründungen eine sinnvolle Konsequenz dieses Satzes sein soll. Etwas technischer ausgedrückt: In dieser Gesellschaft sind wir uns vermutlich im Hinblick auf viele zentrale Normen immer noch einig, gehen aber – meist ohne dies ausdrücklich bewusst zu haben, insofern es uns jeweils so selbstverständlich ist – von verschiedenen Anwendungs- und Erfüllungsbedingungen dieser Normen aus.

Wenn diese Analyse ansatzweise stimmt, liegt darin nicht nur ein wichtiges *Argument* dafür, an der Überwindung der Spaltung zu arbeiten. Wir haben es in dem Fall eben nicht mit einer Aufspaltung in die, die „für Solidarität" und „gegen Freiheit" sind, und die, die „gegen Solidarität" und „für Freiheit" stehen, zu tun. Das Gemeinsame, das verloren gegangen ist, liegt wohl weniger in jenen zentralen Werten, die vermutlich noch weithin geteilt werden, sondern eher in dem Hintergrund, in Bezug auf den sie uns einleuchten. Daher sollte man den metaphorischen „Keil" nicht noch tiefer treiben, um einen vermeintlich dysfunktionalen Teil der Gesellschaft ein für alle Mal loszuwerden, sondern versuchen, das Problem genauer in den Blick zu bekommen.

Wenn diese Analyse ansatzweise stimmt, liegt darin überdies ein *Ansatz*, um an der Überwindung jener Spaltung zu arbeiten, indem wir versuchen darauf zurückzukommen, was wir noch gemeinsam haben. Das bedürfte natürlich, genau wie die zuvor angeführten Vermutungen über die weitverbreitete Anerkennung von Werten wie Solidarität oder Freiheit, gründlicher empirischer Erforschung zu deren Überprüfung. Im Rahmen dieses Essays und innerhalb meines Kompetenzbereiches kann ich in diesem Zusammenhang nur Hypothesen formulieren und versuchen, diese etwas zu plausibilisieren. Aber immerhin dürften diese Formulierungen dem in vielen öffentlichen Debatten leider aus der Mode gekommenen Falsifikationskriterium genügen.

Aussichtsreiche Kandidaten für das, was wir noch gemeinsam haben und was uns aufgrund einer gewissen affektiven Ladung auch hinreichend bedeutsam erscheinen dürfte, sind bestimmte Erfahrungen im Zusammenhang mit dem Thema COVID-19. Zu nennen wären hier zum einen Erfahrungen der Unter-Druck-Setzung, die wohl von den meisten in den vergangenen Jahren in der einen oder anderen Weise gemacht worden sein dürften: Die rapiden Positionsänderungen und Revidierungen von Aussagen seitens „der" Wissenschaft sowie von An- und Zusagen politisch Verantwortlicher mögen aufgrund der Natur von Erkenntnisprozessen in der Sache gerechtfertigt gewesen sein. Allerdings haben sie, als Kommunikationsphänomen betrachtet, bei vielen auch eine große Verunsicherung, eine Art Erosion des bislang bewährten Know-hows bei der Einschätzung von Situationen zur Folge gehabt. Man könnte sagen, die Folge dieses Kommunikationsphänomens besteht darin, dass „die wohlabgewogene Einsicht in die gegenseitige Bedingtheit des Willkürlichen und des Geplanten, des Zufälligen und des Notwendigen, durch die sich der Lauf der Welt konstituiert"[6] nachhaltig durcheinandergeraten ist. Dies wiederum hat im Übrigen nicht selten eine Sehnsucht nach mehr Eindeutigkeit zur Folge, von der gewiss fraglich ist, inwiefern sie vor dem Hintergrund unseres gegenwärtigen Erkenntnisstands überhaupt gestillt werden könnte, die aber unter manchen Umständen durch „Kommunikationstalente" aller Couleur ausbeutbar ist.

Diese Ausbeutung wäre freilich ein eigenes – und meines Erachtens auch wichtiges – Thema für Demokratieforscher; hier soll es nur darauf ankommen, dass die für die Coronakommunikation spezifischen Verunsicherungserfahrungen von vielen geteilt worden sind. Damit können sie eine affektiv bedeutsame Quelle der Gemeinsamkeit und damit eine Grundlage für das Verständnis der je anderen Seite sein. Nicht zuletzt kann das Wissen um das Zustandekommen von manchen fragwürdigen Positionierungen aus solchen Verunsicherungserfahrungen hinaus den Blick auf und das Urteil über das Verhalten der je anderen Seite etwas milder stimmen.[7]

In engem Zusammenhang mit der soeben angesprochenen Verunsicherung stehen Erfahrungen, denen letztlich mehr oder weniger latent gespürte Einbußen in Sachen Selbstwirksamkeit zugrunde liegen. Die starke affektive Dominanz des Themas COVID-19 im Alltag der letzten beiden Jahre – sei es durch Berichterstattung, sei es durch als einschneidend erlebte Maßnahmen wie Schulschließungen, Social Distancing usw. – koppelt sich oft mit der Wahrnehmung, dass man selbst im Hinblick auf dieses Thema nicht sehr viel tun kann: Auf der einen Seite kann man sich nicht hinreichend sicher sein, dass das, was man selbst unternimmt, ausreicht, um eine befürchtete Ansteckung oder auch eine Verschlechterung der affektiv aufgeladenen Kennzahlen (zum Beispiel ab Inzidenz X wieder Schulschließungen) zu verhindern. Auf der anderen Seite kommen manche Kritiker der Coronapolitik ebenso wenig um gewisse Ohnmachtserfahrungen herum. Egal, welche nach wissenschaftlichen Standards zumindest satisfaktionsfähigen Argumente sie einbringen, wird die eigentliche Substanz des Arguments durch Aufbau von „Strohmännern"[8], Konzentration auf „rote Heringe"[9] oder Anwendung von schwererträglichen Doppelstandards[10] bei der an sich korrekten wie nötigen Aufdeckung von Fehlern in vielen Fällen gar nicht erst aufgenommen. Der Impuls läuft ins Leere. Auch politische Verantwortungsträger, die „Krisenmanager" und „Macher", sind im Übrigen vor der Erfahrung eines affektiv bedeutsamen Verlusts der Selbstwirksamkeit nicht gefeit.

Eine derartige Erfahrung würde Raum greifen, wenn sich bei einigen von ihnen der Eindruck durchsetzen sollte, dass viele der nach langen Sitzungen als das „Liefern von Lösungen" etikettierten Maßnahmenpakete eher dem Muster eines rastlosen, das eigentliche Infektionsgeschehen nur wenig verändernden Aktivismus folgen, anstatt etwa dem eines umsichtigen, im Rahmen vernünftiger Grenzen wirksamen Vorgehens.

In jedem Fall scheinen Handyspiele wie „Candy Crush"[11] oder das Sich-Abarbeiten an vermeintlichen Sündenböcken auf längere Sicht nur sehr begrenzte Möglichkeiten zur Kompensation von spürbar verlorener Selbstwirksamkeit zu bieten - von den sehr verschiedenen Graden und Modi der Tadelnswürdigkeit derartiger Verhaltensweisen einmal abgesehen.[12] Gewiss, der Fokus jenes Verlustes der Selbstwirksamkeit ist in den verschiedenen genannten Situationen ein je anderer, dennoch kann die vermutlich weite Verbreitung dieser Erfahrung eine relevante Grundlage für die Empathie mit der je anderen Seite sein.

Als ein letztes Beispiel für die neu zu entdeckenden Gemeinsamkeiten, das mit den zuvor genannten Aspekten in eine Gesamtbefindlichkeit vieler einzugehen scheint, sei hier noch der Verlust der Normalität im Sinne des vertrauten Miteinanders genannt. Mit den zunächst noch subtilen emotionalen Folgen des Social Distancing verbinden sich auf beiden Seiten des Konflikts bei vielen Menschen Erlebnisse, dass man sich mit Familienmitgliedern oder anderen, die man bislang als Freunde, Kollegen oder doch gute Bekannte wertgeschätzt hatte, über das Thema COVID-19 zerstritten hat. Mittlerweile haben wohl viele gelernt, mit der Politisierung dieses Themas diplomatisch umzugehen und nach einem kurzen Sondieren der Position des Gegenübers bei Nichtübereinstimmung das Thema ruhen zu lassen, obwohl es vielleicht manchmal trotz aller Bemühungen immerhin als „Elefant im Raum" spürbar präsent ist. In dieser Tendenz scheint in vielen sozialen Beziehungen ein Stück Unbefangenheit verlorengegangen zu sein, das vielleicht noch nicht völlig bewusst vermisst wird, aber sich im Laufe der Zeit als Anknüpfungspunkt zur Erneuerung der Beziehungen anbieten könnte.

Diese und sicher noch weitere Themen könnte eine Besinnung aufgreifen, die im Interesse eines Abbaus oder auch einer Milderung der Spaltung in der Gesellschaft steht, eine Besinnung auf das, was wir – noch – miteinander gemeinsam haben. Eine solche Besinnung ist natürlich angewiesen auf öffentliche Räume, in denen sie stattfinden kann. Sie ist aber auch angewiesen auf den gegenseitigen Grundrespekt und die Disziplin aller Beteiligten beim Austausch unterschiedlicher Perspektiven und Argumente.

Anmerkungen

1 Am 17. Mai 2022 lassen die Gesundheitsminister der Länder Baden-Würtemberg, Bayern und Hessen verlauten, dass sie weiterhin eine allgemeine Impfpflicht ab 60 anstreben: https://sozialministerium.baden-wuerttemberg.de/de/service/presse/pressemitteilung/pid/gesundheitsminister-lucha-befuerwortet-impfpflicht-ab-60-jahren/. Till Steffen, Parlamentarischer Geschäftsführer der Grünen im Bundestag am 5. Juni 2022 via Twitter: „Wir werden auch wieder über die #Impfpflicht reden müssen. Nur dass niemand überrascht tut." Demgegenüber schließt zur Zeit der Abfassung dieses Kapitels im Juni 2022 der Bundesgesundheitsminister einen erneuten Anlauf zur allgemeinen Impfpflicht aus, wie aus einem Bericht in der *Welt* vom 9. Juni 2022 hervorgeht: https://www.welt.de/politik/deutschland/article23924 5035/Corona-Lauterbach-will-Expertenrat-Empfehlungen-als-Grundlage-fuer-Herbst-Massnahmen.html. Er erklärt diesem Bericht zufolge jedoch zugleich, die 11. Stellungnahme des Corona-ExpertInnenrates zur Grundlage seines Handelns zu machen, in der u.a. folgende Maßnahme notiert ist: „Schaffung einer Grundlage und Struktur, die es erlaubt, jede versicherte Person mit Informationsmaterial, einer Einladung oder Aufforderung zum Impfen usw. zu erreichen": Corona-ExpertInnenrat der Bundesregierung: *Pandemievorbereitung auf Herbst/Winter 2022/23*, S. 17.

2 Natürlich ist es unmöglich, zum gegenwärtigen Zeitpunkt völlig auszuschließen, dass wir in naher Zukunft, etwa im kommenden Herbst, erneut mit einer gefährlicheren Virusvariante konfrontiert sein werden. Zum gegenwärtigen Zeitpunkt ist es allerdings ebenso unmöglich – wenn ansonsten alles mit rechten Dingen zugeht – zu wissen, ob im anvisierten Zeitraum gegen diese zurzeit noch hypothetische Virusvariante ein Impfstoff zur Verfügung stehen wird, der mehr Nutzen als Schaden zur Folge hat. Auch dieser Sachverhalt scheint bei vielen, die

sich bislang für eine Impfpflicht eingesetzt haben, nicht als schwerwiegendes Gegenargument zu imponieren.

3 Vgl. beispielsweise Hans Bernhard Schmid, *Wir-Intentionalität: Kritik des ontologischen Individualismus und Rekonstruktion der Gemeinschaft* (Freiburg/München: Alber, 2005), S. 246-308; John R. Searle, *Making the Social World: The Structure of Human Civilization* (Oxford: Oxford University Press, 2010), S. 42-60 – sowie die hervorragende Aufsatzsammlung von Hans Bernhard Schmid und David P. Schweikard (Hrsg.), *Kollektive Intentionalität: Eine Debatte über die Grundzüge des Sozialen* (Frankfurt a.M.: Suhrkamp, 2009).

4 Der Vorschlag eines internen Strategiepapieres des Bundesinnenministeriums aus dem Frühjahr 2020 mit dem Titel „Wie wir COVID-19 unter Kontrolle bekommen", über den u.a. *FOCUS* am 11. April 2020 berichtet hatte und der darauf hinauslief, bei Kindern „die gewünschte Schockwirkung zu erzielen", indem man ihnen kommuniziert, dass ihre Eltern „qualvoll sterben" könnten, wenn sie, die Kinder, vergessen, sich z.B. die Hände zu waschen, scheint irgendwie Eingang in die Realität von deutschen Familien gefunden zu haben, allerdings mittlerweile eher bezogen auf Mund-und-Nasen-Schutz statt auf das Händewaschen. Hier exemplarisch ein Auszug aus dem Appell einer Mutter bei *News4teachers* vom 19. November 2021: „Unsere Kinder haben Angst, sich und dadurch höchstwahrscheinlich auch uns anstecken zu können. Ja, wir zwei Erwachsene, nebst unserem 13-jährigem Kind, sind geimpft. Unsere zwei 11-jährigen Kinder noch nicht. Macht sich auch da jemand Gedanken drum, was diese Nicht-Geimpft-Situation mit einem Kind anrichtet? Aber auch wenn man geimpft ist, kann man sich mit Corona anstecken. Auch das wissen unsere Kinder und die Angst bleibt weiterhin bestehen, dass man die Familie anstecken kann. Was passiert mit der Psyche eines Kindes, wenn man sieht, dass die Klassen immer kleiner werden, weil immer mehr Mitschüler, meist die ohne Maske im Unterricht, zuhause bleiben? Irgendwann trifft es auch die, die den MNS im Unterricht tragen": https://www.news4teachers.de/2021/11/eine-mutter-redet-klartext-meine-kinder-sitzen-mit-angst-im-praesenzunterricht/; vgl.: https://www.focus.de/politik/deutschland/aus-dem-innenministerium-wie-sag-ichs-den-leuten-internes-papier-empfiehlt-den-deutschen-angst-zu-machen_id_11851227.html. Zur psychischen Belastung von Kindern, insbesondere durch soziale Ängste, die letztlich auch im Zusammenhang mit der Kommunikation über und Maßnahmen gegen COVID-19 zusammenhängen, vgl. einen Bericht im *RedaktionsNetzwerk Deutschland* vom 23. Juni 2021: https://www.rnd.de/gesundheit/corona-verstaerkt-soziale-aengste-bei-kindern-und-jugendlichen-SQA4GT23OVDDJB5KPLXAMKFUQQ.html.

5 Der Jurist Rolf Merk schildert seine diesbezüglichen Erfahrungen in einem Gastbeitrag in der *Berliner Zeitung* vom 24. Januar 2022 so:

„Misstrauen, Unverständnis und Langeweile sah ich in den Gesichtern der Ärzte, von denen ich mir so viel erhofft hatte. Und auch die Reaktion von Freunden und Bekannten war oft ernüchternd. Als habe man durch die Impf-Beschwerden ein Tabu gebrochen, etwas Heiliges in Frage gestellt, einen gesellschaftlichen Verrat begangen. Und dann erst verstand ich den Satz eines Bekannten, der ebenfalls schwere Nebenwirkungen erlitt: Erst verlierst du deine Gesundheit und dann deine Würde": https://www.berliner-zeitung.de/news/seit-meiner-impfung-ist-nichts-mehr-wie-es-war-li.207931.

6   Hannah Arendt, *Elemente und Ursprünge totaler Herrschaft: Antisemitismus, Imperialismus, totale Herrschaft* (München: Piper, 2011), S. 746f.

7   Auf die Möglichkeit, dass die jeweiligen Verlusterfahrungen gewissermaßen auch als „mildernde Umstände" in Betracht kommen könnten, wenn es um eine Wiederannäherung gesellschaftlicher Lager geht, hat mich dankenswerter Klaus Buchenau hingewiesen.

8   Exemplarisch zu sehen in der Unterstellung, dass Kritiker der Coronapolitik das Gefahrenpotential einer Erkrankung mit COVID-19 unterschätzten oder gar die Existenz des Virus leugneten. Eine solche Unterstellung lässt beispielsweise keinen Raum für die logisch mögliche und nach Datenlage nicht einmal völlig unvernünftige Position, Existenz und Gefahrenpotential des Virus anzuerkennen und dennoch die Maßnahmen nicht für geeignet zu halten.

9   Exemplarisch zu sehen in dem Manöver, der Kritikerin einer einrichtungsbezogenen oder gar allgemeinen Impfpflicht zu erklären, dass zum gesellschaftlichen Wohl die persönliche Freiheit des Einzelnen manchmal eingeschränkt werden müsse. Diesen Grundsatz muss die Kritikerin gar nicht bestreiten, wie bereits weiter oben ausgeführt, so dass besagtes Manöver argumentationstheoretisch einfach nur das Thema zu wechseln und die Diskussion auf eine andere Spur zu locken sucht.

10 Exemplarisch zu sehen in der unterschiedlichen Gewichtung dessen, was mit „an und mit" gemeint ist, je nachdem, ob diese Worte Schädigungen im Zusammenhang mit COVID-19 oder im Zusammenhang mit der Impfung verwendet werden. Zur Illustration zunächst ein Auszug aus einem Beitrag des MDR vom 27. Januar 2022: „Die Todesfälle ‚an' und ‚mit Corona' zusammenzufassen, wie es das RKI in seiner Statistik tut, hält Lessig für gerechtfertigt: ‚Wir gehen in der Mehrzahl der Fälle davon aus, dass diejenigen, die mit dem Virus gestorben sind, zeitiger gestorben sind, als sie ohne zusätzliche Infektion gestorben wären'": https://www.mdr.de/nachrichten/sachsen-anhalt/corona-tote-gestorben-an-oder-mit-virus-100.html. Wo es jedoch um Todesfälle geht, die mit nicht COVID-19 in Verbindung gebracht werden, sondern mit der Impfung, scheint das Bedürfnis (und Vermögen) zu differenzieren deutlich ausgeprägter, wie aus einer am 2. Dezember

2021 vom *FOCUS* zitierten Mitteilung des PEI hervorgeht: „Die Impfung gegen das Corona-Virus ist nach dem abschließenden Obduktionsbericht nicht die alleinige Ursache für den Tod eines 12-jährigen Jungen im Kreis Cuxhaven. Laut einer Stellungnahme des Paul-Ehrlich-Institutes (PEI) habe bei dem Kind ‚eine besonders schwere, impfunabhängige Vorerkrankung des Herzens' vorgelegen, teilte der Landkreis Cuxhaven am Montag mit. […] Unter Berücksichtigung der umfangreichen medizinischen Befunde ist die Impfung nicht als alleiniger Auslöser des tödlichen Ausgangs zu sehen', hieß es in der Mitteilung": https://www.focus.de/gesundheit/coronavirus/tragoedie-im-kreis-cuxhaven-12-jaehriger-stirbt-zwei-tage-nach-impfung-obduktion-stellt-schwere-herzerkrankung-fest_id_24430097.html.

11 Vgl. den Bericht im *SPIEGEL* vom 30. Januar 2021: https://www.spiegel.de/politik/deutschland/candy-crush-und-bodo-ramelow-wie-politiker-sich-waehrend-sitzungen-ablenken-a-ac29f1ea-278b-4ca7-91db-683310a255b5.

12 Als Wissenschaftler bin ich gehalten, die Voraussetzungen meiner Thesen so gut es geht explizit zu machen und meine Aussagen entsprechend zu differenzieren. Daher sei der Vollständigkeit halber folgende ergänzende Bemerkung gestattet: Der Überlegung zum Verlust von Selbstwirksamkeit bei Verantwortungsträgern in der Corona-Politik liegt natürlich die Prämisse zugrunde, dass es jenen Verantwortungsträgern tatsächlich in der Hauptsache um Lösungen im Sinne der Gesellschaft gegangen ist und nicht etwa, wie in den bislang dokumentierten Einzelfällen, um wirtschaftliche Bereicherung oder dergleichen (vgl. den Bericht in der *Süddeutschen Zeitung* vom 14. April 2022: https://www.sueddeutsche.de/bayern/maskenaffaere-csu-sauter-nuesslein-tandler-bayern-1.5566815). Wer also in diesem Zusammenhang seine Energie auf die Sicherung finanzieller oder auch anderer, beispielsweise aufmerksamkeitsökonomischer Vorteile richtet, hat in Zeiten der Corona-Politik gewiss keinen Verlust an Selbstwirksamkeitserfahrungen erfahren müssen.

Raskol – Spaltung auf Russisch. Corona im Spiegel eines historischen Beispiels

Klaus Buchenau

Funktionierende Demokratien basieren auf einem kulturellen Schatz, der sich nicht käuflich erwerben lässt – dem Vertrauen in Institutionen. Wo diese kontinuierlich entstanden sind, die Gesellschaft auf ihre Entwicklung Einfluss nehmen konnte und sich mit ihnen identifiziert, gelten Regeln als legitim und werden auch ohne Zwang befolgt. Hier kann sich der Rechtsstaat etablieren, in dem demokratisch erlassene Regeln die Herrschenden ebenso binden wie die Beherrschten.[1] Notstandsregularien belasten, wie wir in der Coronakrise gesehen haben, das Institutionenvertrauen stark, weil der Dialog über die Formulierung und Durchführung von Regeln zwischen Gesellschaft und Staat leidet. Rigorose, intransparente und großenteils ohne Mitwirkung der gewählten Volksvertreter getroffene Entscheidungen nagen an den Grundlagen des Sozialvertrags; der autoritär handelnde Staat sucht einen Ausweg aus dem Dilemma, indem er per Katastrophenrhetorik statt Bürgern jetzt „Gläubige" anspricht, die auch die radikalsten und rechtlich zweifelhaftesten Schritte mitzugehen bereit sind, nachdem ihnen ein einziges, maximale Angst einflößendes Narrativ der Krise als „wahr", alle anderen dagegen als „fake" präsentiert wurden. Doch in einer an demokratische Freiheiten gewöhnten Gesellschaft finden sich immer Menschen, die ihren eigenen Kopf behalten wollen. Der im Katastrophismus gefangene Staat sieht sich außerstande, die Gläubigen und die Distanzierten gleichzeitig zu bedienen, verfemt die Distanzierten und spricht nur noch zu den Gläubigen: und schon ist die Spaltung da.

Unsere Gesellschaft steht in dieser Entwicklung noch ganz am Anfang, schließlich haben wir bislang „nur" zwei Jahre im pandemi(sti)schen Ausnahmezustand gelebt. Allerdings wird die Spaltung, die hier ihren Lauf genommen hat, mit dem „Ende der

Pandemie" möglicherweise nicht aufhören. Wahrscheinlicher ist, dass sich die Frontstellung zwischen den Vertrauenden und den Misstrauischen auf andere Themen übertragen wird, etwa auf außenpolitische oder kulturelle Fragen. Auch im Debattenfeld Medizin wird die Spaltung wohl weitergehen. Denn der Herauswurf abweichender medizinischer Stimmen durch die sogenannte einrichtungsbezogene Impfpflicht dürfte scheitern, wenn sich die vielen, nur unter massivem Druck oder nur zum Schein Geimpften für das gefühlte Unrecht rächen. Außerdem gibt es auch noch uns, die Patienten, die wir sicherlich nicht über Nacht alle zu Anhängern der neuen „experimentierfreudigen" und dabei autoritären Schulmedizin geworden sind. Glücklicherweise können wir in die Geschichte schauen, um anhand längst vergangener Beispiele besser zu verstehen, wie sich gesellschaftliche Spaltung langfristig auswirken kann.

Und damit wären wir beim *raskól* – das Wort bedeutet im Russischen nichts anderes als „Spaltung". Als historischer Terminus bezieht es sich auf eine Spaltung der Russisch-Orthodoxen Kirche, die Mitte des 17. Jahrhunderts aufbrach und bis heute nicht überwunden ist. Bei diesem frühneuzeitlichen Glaubenskampf ging es um Dinge, für die heute nur wenige Leib und Leben riskieren würden. Patriarch Nikon, das Oberhaupt des Moskauer Patriarchats, beschloss 1653 eine umfangreiche Überprüfung der liturgischen Bücher und der gottesdienstlichen Praxis – seine Begründung waren vermeintliche Abweichungen vom byzantinischen Original, welche sich über die Jahrhunderte durch Unachtsamkeit, mangelnde Bildung und Abschreibefehler in der russischen Praxis ergeben hätten. Ein Abgleich mit der griechischen Überlieferung, wie sie das Patriarchat von Konstantinopel hütete, sollte hier Abhilfe schaffen und die Kirche *ad fontes* zurückführen. Ganz nebenbei wollte Nikon mit seiner Reform auch seine eigene Bedeutung unterstreichen und sich als kraftvolle Persönlichkeit neben dem russischen Zaren Aleksej Michailovič profilieren.[2]

Für säkulare Menschen, aber auch Angehörige der westlichen Kirchen ist nicht leicht nachzuvollziehen, wie aus den sogenannten Nikonianischen Reformen eine nicht nur religiöse, sondern auch gesellschaftliche Spaltung werden konnte. Es ging scheinbar um Kleinigkeiten, etwa darum, ob man sich besser mit zwei oder mit drei Fingern bekreuzigen sollte. Patriarch Nikon erteilte der russischen Sitte, dies mit zwei Fingern zu tun (womit die duale göttlichmenschliche Natur Jesu repräsentiert werden sollte), eine Absage. Wie bei den Griechen müssten es drei Finger sein, um damit die heilige Dreifaltigkeit zu symbolisieren. Der Name Jesu müsse fortan (wie bei den Griechen) mit zwei I *Iisus* geschrieben werden und nicht wie bisher mit einem (Isus). Zu kleineren Änderungen am liturgischen Text kamen auch performative Anweisungen, etwa das Verbot, sich wie bislang bei Verbeugungen mit dem ganzen Körper niederzuwerfen.[3]

Während Patriarch und Zar die Reform autoritär von oben durchsetzten, wehrte sich eine nicht unbedeutende Minderheit von Priestern und Gläubigen, die verlangten, alles beim Alten zu lassen. Aus diesem Grund nannten Sie sich selbst „Altgläubige" (*starovery*), also diejenigen, die am Original festhielten. Die Gegenseite, d.h. Amtskirche und Staat, verunglimpften die Widerständler dagegen als „Abgespaltene" (*raskolniki*). Im Rückblick überrascht die Ablehnung der Reform wenig. Symbole, Formen und rituelle Wendungen gelten im orthodoxen Christentum keineswegs als beliebig, vielmehr geht man häufig von einer festen Verbindung von Zeichen und Inhalt aus, weshalb ein Wechsel auf der Zeichenebene schnell als Verfälschung des Inhalts verdächtigt wird.[4] Die Änderungen waren, in der Sprache der Coronazeit ausgedrückt, für die Widerständigen eben kein „kleiner Pieks", sondern ein überhasteter Riesenschritt mit unübersehbaren Folgen.

Der Patriarch nahm für sich das Kriterium „wissenschaftlicher", d.h. hier: theologisch-philologischer Exaktheit in Anspruch. Die Altgläubigen akzeptierten dies nicht und behaupteten (wie sich später herausstellte, mit gutem Grund), es seien die Griechen gewesen, die in der Zwischenzeit die Formulierungen geändert hätten – Russland habe dagegen die von Byzanz geerbten Formen exakt weitergegeben, aber die griechischen Lehrer stünden nicht mehr zu dem, was sie selbst einst gelehrt hätten. Die Altgläubigen verdächtigten Patriarch Nikon auch, der westlichen Verirrung gefolgt zu sein, nach der immer neue, präzisere Formulierungen zur Annäherung an das Göttliche nötig waren – die katholische Kirche, aus russischer Sicht der „Hauptfeind" im christlichen Lager, hatte eben diese Wandelbarkeit in ihrer Formulierung der Dogmen gezeigt.[5]

An dieser Stelle möchte ich kurz innehalten und darauf eingehen, ob diese Geschichte sich überhaupt sinnvoll in einen Zusammenhang mit „Corona" stellen lässt. Wie kann ein theologischer Streit aus dem 17. Jahrhundert vergleichbar sein mit einem epidemiologischen aus dem 21. Jahrhundert? Zunächst einmal wäre dazu zu sagen, dass Theologie in Mittelalter und Früher Neuzeit als das wahrgenommen wurden, worum es heute in der Wissenschaft geht: als Ringen um die Wahrheit. Heute wie damals gab es auf beiden Seiten der Barrikaden eine intellektuelle Elite – eine Wissenschaft, welche sich aber gespalten hatte. Dabei genoss nur eines der Lager die Unterstützung des Staates und nutzte diese dafür, die andere Seite als rückständig und unwissenschaftlich zu diffamieren. Was heute das Bündnis zwischen Christian Drosten und der Bundesregierung ist, war damals jenes zwischen Patriarch Nikon und Zar Aleksej Michailovič. Wo wir heute Wolfgang Wodarg oder Sucharit Bakhdi sehen, standen damals die Prediger der Altgläubigen wie Erzpriester Avvakum. Dazwischen stehen (und standen damals) viele Unentschiedene, deren Positionen wir hier aus Platzgründen weglassen. Auf der Seite der offiziellen „Hohepriester" war die Innovation - bei Nikon die neuen liturgischen Formen, die als urkirchlich behauptet wurden; bei Christian Drosten oder Karl Lauterbach waren es Instrumente wie PCR-Tests (die ein neuartiges Verständnis von gesund und krank etablierten) und neuartige Impfungen (mit denen der massenhafte Einstieg in medizinische Gentechnik begonnen wurde).

Wodarg und Bakhdi wirken dagegen wie Altgläubige, weil sie wie Avvakum den älteren *state of the art* repräsentierten. Ihre Altgläubigkeit wird mit Händen greifbar, wo sich Wodarg immer wieder darauf beruft, was man gegen Corona mit den Instrumenten der älteren Epidemiologie getan hätte (ohne PCR und Masken), oder wenn Bakhdi darauf besteht, dass es gegen Atemwegsviren keine sterile Immunität durch Impfung geben könne.[6] Wie im 17. Jahrhundert, so ist auch im 21. diese Altgläubigkeit nicht unbedingt mit „veraltetem Wissen" gleichzusetzen. Wodargs konservativer Abwehrreflex gegen die neuen Impfstoffe beinhaltete zwar

Falschannahmen (etwa die Angst, die Impfung könne unfruchtbar machen), sah aber dennoch richtig voraus, dass die Nebenwirkungen dieser Impfung nur schwer kalkulierbar sind.[7] Bakhdi unterschätzte zwar das krankmachende Potential des SARS-CoV-2-Virus, lag aber richtig mit der Annahme, dass Impfstoffe die Ausbreitung des Virus nicht stoppen würden.[8]

Damals wie heute, so könnte man sagen, gab es auf beiden Seiten der Barrikaden Teilwahrheiten. Allerdings hatten die Zeitgenossen damals wie heute kaum eine Chance, das zu erkennen. Denn die staatliche Einmischung in den wissenschaftlichen Streit sorgte dafür, dass die eine Seite direkten Einfluss auf die Grenzen des öffentlich Sagbaren und auf das verbindliche Regelwerk erhielt, während die andere Seite zum Objekt öffentlicher Ächtung und zum Teil auch staatlicher Verfolgung wurde. Als die Gegensätze unüberbrückbar wurden, zog sich in beiden Fällen die Minderheit in den eigenen Informationsraum zurück, so dass die „Aufklärungskampagne" der offiziellen Seite nichts mehr fruchtete – Informationen der jeweiligen Gegenseite wurden schlichtweg nicht mehr geglaubt, ihr Wahrheitsgehalt nicht abgewogen, sondern an der jeweiligen Herkunft festgemacht. Damit war automatisch alles falsch, was die Gegenseite behauptete.

Da alsbald Diskriminierungen und Verfolgungen der Minderheit einsetzten (die im 17. Jahrhundert allerdings Folter, Verbrennen auf dem Scheiterhaufen und ähnliches einschlossen), begann ein ausgeprägtes *informelles* Geschehen: Wie russische Altgläubige begannen, sich von Verfolgungen durch Schmiergelder an Beamte freizukaufen, so besorgen sich heute manche Impfgegner falsche Zertifikate, um Zugangsbeschränkungen zu entgehen.[9] Für Russland im 17. Jahrhundert war das eher ein gradueller Wandel, denn Patronage, Geschenke und „Korruption" waren ohnehin ständige Begleiterscheinungen frühmoderner Gesellschaften. Für unsere moderne Wirklichkeit, die durch Corona aus einem verbreiteten Institutionenvertrauen in Spaltung und Misstrauen zurückgeworfen wurde, lässt sich dagegen von einem dramatischen Umbruch sprechen, der nichts anderes bedeutet als die massive Rückkehr zu einer überwunden geglaubten Alltagskorruption.

Das wäre im Großen und Ganzen die vergleichende Geschichte, wie sie bis jetzt erzählt werden kann. Hier beginnt der explorative Teil, der für die Corona-Spaltung teils noch in der Zukunft liegt, im Falle der Altgläubigen aber bekannt und gut untersucht ist. Diese Fortsetzung mag uns helfen, mögliche Entwicklungswege (und Stolperfallen) der Corona-Opposition zu erkennen.

Als die russischen Altgläubigen erkannten, dass sich der Zar durch ihre Proteste (darunter auch etliche Selbstverbrennungen) nicht umstimmen ließ, kamen sie zu dem Schluss, die Herrschaft des Antichristen sei angebrochen. Sie verloren also jegliche Hoffnung auf die Wiederherstellung einer „gerechten Ordnung" und begannen, an die Ränder des Reiches oder darüber hinaus zu wandern, um ein Leben nach ihren Vorstellungen leben zu können[10] – ein Vorgeschmack auf mögliche Auswanderungswellen von Corona-Oppositionellen, die gerade erst begonnen haben. Die Altgläubigen fingen an, sich mit anderen Unzufriedenen zu Koalitionen zusammenzutun, um die russische Ordnung zu bekämpfen, so finden wir sie etwa Seite an Seite mit dem frühsozialistischen Bauernaufstand des Stenka Razin wieder, später mit polnischen Revolutionären, die sich gegen das Zarenreich auflehnten.[11] Dies erinnert durchaus an die heutige Nähe von Querdenkern zu populistischen Parteien oder etwa dem Putin-Regime. Bei den Altgläubigen wissen wir, dass ihre Bündnisse mit anderen Gegnern des Zarismus schwach und temporär blieben, weil sich die Gemeinsamkeiten in Grenzen hielten. Bei den Gegnern der Coronapolitik ist diese Frage bislang offen, obwohl die offizielle Erzählung auf eine weitgehende Gleichsetzung mit rechten Systemfeinden hinausläuft.[12]

Nicht alle russischen Altgläubigen wollten ihr ganzes Leben dem Kampf opfern – vielmehr spalteten sie sich in gemäßigtere und radikalere Richtungen. Nach dem Ausschluss aus der Amtskirche konnten keine Sakramente wie Taufe und Eheschließung mehr gespendet werden, was für gläubige Christen ein großes Problem war (und noch ist). Dennoch bildete sich eine radikale Richtung der „Priesterlosen" (*bezpopovcy*). Sie beharrte auf der Ansicht, dass es nach dem Übergang des Moskauer Patriarchats zum Lager des „Antichristen" keinen legitimen Klerus mehr geben könne, und ging entweder den Weg in die asketische Ehelosigkeit oder aber in die „wilde Ehe". Dies stellte eine enorme Belastung dar – wegen des Widerspruchs zum Streben nach einer religiös-moralische Lebensführung, aber auch weil die in solchen Verbindungen geborenen Kinder staatlicherseits als illegitim galten und den priesterlosen Familien jederzeit weggenommen werden konnten. Diesem Dilemma entzogen sich die „Bepriesterten" (*popovcy*), indem sie immer wieder Kleriker von der orthodoxen Amtskirche abwarben und aus eigenen Mitteln bezahlten. Auf diese Weise entwickelten sich eine gemäßigte, besser in die Strukturen der russischen Gesellschaft integrierte Strömung der Altgläubigen, eine Art Brückenphänomen zur Amtskirche, welches Hoffnung auf eine Überwindung der Spaltung machte.[13]

In der heutigen Corona-Spaltung zeigen sich bereits ähnliche Brückenphänomene. Die heutigen *bespopovcy* wären dann die Ungeimpften, die (Stand Februar 2022) starker Diskriminierung unterliegen und entsprechend misstrauisch sowie schlecht in den Mainstream integriert sind. Den *popovcy* entsprächen ein- oder zweimal Geimpfte, die durch ihre Impfung dem sozialen Ausschluss zuvorgekommen sind, aber dennoch der Coronapolitik ablehnend gegenüberstehen. Auch die Sorge um die Integrität der Familie ist eine auffallende Parallele: Wie die *bespopovcy* vor der Gefahr zitterten, ihre Entschlossenheit mit dem Verlust ihrer Kinder bezahlen zu müssen,[14] so lebten auch Corona-Oppositionelle zeitweise in der Angst, durch den Kampf gegen Masken-, Test- und eine spätere eventuelle Impfpflicht an Schulen eine verheerende Intervention des Jugendamtes zu provozieren. Der „Kampf um die Kinder" führte in beiden Fällen zu ähnlichen Antworten der Minderheit – die *bespopovcy* flohen in Gebiete ohne oder mit „stark verdünnter" Staatlichkeit, um dem staatlichen Zugriff wie auch den „falschen Werten" der Mehrheit zu entgehen;[15] Gegner der Coronapolitik versuchten, im ländlichen Raum Alternativschulen ohne Coronaregeln aufzubauen. Anders als ihre frühneuzeitlichen Vorläufer scheiterten sie allerdings, denn das dicht besiedelte und durchherrschte moderne Deutschland bietet schlichtweg keine staatsfreien Räume, so dass ihre Versuche schnell von der Polizei beendet wurden.[16]

Nachdem die Altgläubigen die harten Verfolgungen der Anfangszeit überstanden hatten, schien sich der russische Staat mit ihrer dauerhaften Existenz abzufinden. Wenige Jahrzehnte nach dem *raskol* erklomm Peter der Große den Zarenthron und stieß, wie es schön, aber historisch vereinfachend heißt, Russlands „Fenster nach Westen" auf. Interessiert vor allem an technologisch-militärischer Verwestlichung, die sein Land zur Großmacht machen sollte, war sein Ansatz gegenüber der Kirche zutiefst utilitaristisch. Ihn interessierte nicht, ob Neu- oder Altgläubige theologisch rechthatten, vielmehr instrumentalisierte er beide Seiten für seine Zwecke. Die ohnehin schon politisch durchsetzte Mehrheitskirche verwandelte er in einen Annex der Staatsbürokratie, um die Bevölkerung auch über geistliche Strukturen präzise kontrollieren zu können; die unterdrückte Stellung der Altgläubigen nutzte er aus, um ihnen eine verdoppelte Steuerzahlung aufzudrücken und so die Staatskasse zu füllen. Darüber hinaus schien der Zar, der sich jetzt westlich „Imperator" nannte, kein Verfolgungsinteresse mehr zu haben.[17] Diese Herrschaftssituation ähnelt der im Bundestag durchgefallenen, aber immer noch im Raum stehenden allgemeinen Impfpflicht bei gleichzeitigem Ende der Coronamaßnahmen im Alltag – tägliche Regelungen mit 2G und 3G laufen aus, und es wird die Möglichkeit eröffnet, sich vom Übertritt zur „Mehrheitskirche" der Geimpften durch eine happige Geldzahlung freizukaufen.[18]

Nach Peter dem Großen erlebte die staatliche Politik gegenüber den Altgläubigen noch mehrere Wendungen: Unter Katharina der Großen wurde mehr Toleranz geübt, aber schon unter Nikolaus I. kehrten harsche Repressionen zurück, die auf eine vollständige „Rückführung" der Altgläubigen in das Moskauer Patriarchat abzielten. Da diese Zwangsmaßnahmen nichts fruchteten, versuchte es der Reformzar Alexander II. wieder mit Toleranz; erst die Revolution von 1905 gab den Altgläubigen einen halbwegs abgesicherten Rechtsstatus, wobei die „Neugläubigkeit" bis zum Ende des Russischen Reiches Staatsreligion blieb.[19] Unter dem Strich lässt sich trotz des Schlingerkurses konstatieren, dass sich das Russische Reich im Laufe der Zeit mit der Existenz der Altgläubigen abfand. Für die Corona-Opposition ergibt sich daraus die einfache Lehre, dass man nur ausdauernd genug widerstehen muss, um sich in der

Gesellschaft halten zu können. Dies gilt auch dann, wenn der Staat offensichtlich nicht wohlgesonnen ist und rechtsstaatliche Garantien nicht zur Verfügung stehen.

Dabei ist die Feststellung, dass die Altgläubigen sich „halten konnten", viel zu vorsichtig formuliert. Wegen oder trotz immer wieder anhebender Verfolgungen erreichten sie eine große Vitalität und im 19. Jahrhundert sogar ein beeindruckendes Wachstum, d.h. die Entwicklung verlief keineswegs im Sinne der Regierung.[20] Um dies zu erklären, müssen wir zunächst einen Blick auf das Schicksal der „Neugläubigen" werfen. Entstanden aus vermachteter theologischer Wissenschaft unter dem Schutz staatlicher Bayonette, haftete ihnen von Beginn das Odium eines politischen Instruments der Autokratie an. Dies verschärfte sich durch die Reformen Peters des Großen, der die Neugläubigen ihrer kanonischen Kirchenleitung beraubte und anstelle des Patriarchen eine bürokratische Struktur, den „Heiligsten Regierenden Synod" einsetzte. Das Durchregieren wurde jetzt noch einfacher und radikaler, weil auch andere Strukturen mittelalterlicher „Mitbestimmung" geschwächt und in eine pyramidal-absolutistische Struktur hineingepresst wurden. Das Prestige der Neugläubigen litt immens unter diesen Veränderungen, denn immer wieder (und im 19. Jahrhundert ganz massiv) erklang der Vorwurf, die Russisch-Orthodoxe Kirche habe sich einem Diktat unterworfen, sei nicht mehr in der Lage, aus freier Überzeugung ihre Vorstellungen zu formulieren und zu verteidigen.

Als Säule fest in den Zarismus eingebaut, ohne eigene Stimme, wurde sie selbstverständlich für alle negativen Seiten der zaristischen Ordnung mit verantwortlich gemacht, etwa für die soziale und politische Ungleichheit oder die Unterdrückung der Nichtrussen.[21] Die neugläubigen Gemeinden, die zur Annahme der Liturgiereform ebenso gezwungen worden waren wie der Klerus, wirkten oft blutleer; sie praktizierten die aufgezwungenen Formen, ohne sie verinnerlicht zu haben und ohne für sie einzustehen. Die Pfarreien und Bistümer, eingebunden in die bürokratische Machtvertikale, waren eher Verwaltungseinheiten als funktionierende Gemeinschaften. Es fehlte an Vertrauen, an echtem Dialog zwischen Hierarchie und Gläubigen; auch das Beichtgeheimnis war nicht gesichert, weil der Staat den durchbürokratisierten Klerus zwang, verdächtige Beichtinhalte zu melden.[22]

Wir wissen heute nicht, welche Zukunft den Nachkommen der coronistischen „Hauptkirche" von heute bevorsteht. Allerdings ähnelt sie in manchen Zügen derjenigen der Neugläubigen, der etablierten russischen Orthodoxie seit dem 17. Jahrhundert. Auch der heutige Mainstream unterliegt einer kapillaren Durchherrschung von oben, die wir bis vor kurzem dann spüren (konnten), wenn wir im Restaurant die Maske aufsetzten, nur um die drei Meter bis zur Toilette „legal" überwinden zu dürfen. Das Regelwerk des Coronismus kann vor allem deshalb aufrechterhalten werden, weil wir uns alle gegenseitig kontrollieren. Natürlich, diese unfreie Wirklichkeit wird, wie schon bei den Neugläubigen im Zarenreich, begrifflich beschönigt. Damals wurde den so traktierten Menschen gesagt, nur sie seien Teil der einzig wahren Gemeinschaft, außerhalb derer es keine Rettung gäbe. Heute wird der coronistischen Mehrheit erklärt, nur sie sei wahrhaft solidarisch. Das ändert aber nichts daran, dass derartige Gemeinschaften nicht durch horizontale Bindungen zwischen den Menschen zusammengehalten werden, sondern durch vertikale Kontrolle, welche echtes Vertrauen erschwert. Die russischen neugläubigen Gemeinden des 19. Jahrhunderts versagten denn auch in elementaren Punkten. Sie konnten – zumindest aus Sicht der Altgläubigen – das Abgleiten ihrer Mitglieder oft nicht verhindern, sei es in den Alkoholismus, den Atheismus oder einfach nur in die Gleichgültigkeit, welche letztlich auch der Oktoberrevolution und damit der Marginalisierung der Kirche selbst in die Hände spielte.[23]

Die Altgläubigen wurden dagegen immer stärker, je älter das Zarenreich wurde. In den verfolgten Gemeinden wussten alle, dass man sich aufeinander verlassen muss. Während Neugläubige auf ein Netz staatlicher bzw. offiziell-kirchlicher Institutionen angewiesen waren, orientierten sich Altgläubige an einem informellen Netz Gleichgesinnter. Dieses speiste sich aus einem gemeinsamen Schutzbedürfnis – und natürlich aus der Vorstellung, man habe im liturgischen Streit des 17. Jahrhunderts auf der einzig wahren Seite gestanden. Um sich dessen immer wieder zu vergewissern, lasen Altgläubige, anders als Neugläubige, zuhause intensiv theologische Literatur. Das trieb, schon lange vor der Entwicklung eines staatlichen Elementarschulwesens, die Alphabetisierungsrate der Altgläubigen nach oben, auch bei den Mädchen und Frauen.[24] Weil die Altgläubigen sich zum Erhalt ihrer Gemeinden nicht auf den Staat stützen konnten, sondern ihre Gotteshäuser selbst finanzieren mussten, entwickelte sich eine ausgeprägte Spendenbereitschaft und ein Interesse, Kapital anzuhäufen, welches dann zum weiteren Ausbau der eigenen Gemeinschaft verwendet werden konnte. Es entstand eine altgläubige Kaufmannschaft, die bis in die Mitte des 19. Jahrhunderts weite Teile von (vor-)industrieller Produktion und Handel im Russischen Reich dominierte. Diese Entwicklung ging auf religiös angeleitete Askese und Arbeitsethos zurück, und natürlich auf die altgläubigen Netzwerke, die dem reisenden Kaufmann eine Infrastruktur und Möglichkeiten der Kreditbeschaffung eröffneten.[25]

Die Parallelen zur Corona-Opposition sind auch hier offensichtlich. Aus dem öffentlichen Diskurs ausgeschlossen und teilweise, zumindest perspektivisch, durch Quasi-Impfzwang in der eigenen Existenz bedroht, entwickelten auch sie starke horizontale Bindungen, und das in einer Zeit, in der sich die Mitglieder der Mehrheitsgesellschaft in Homeoffice, Lockdowns und Quarantänen voneinander entfernten bzw. ihre physischen Bindungen durch wesentlich schwächere virtuelle Kontakte ersetzten. Der Zusammenhalt der Corona-Dissidenten wurde auch durch ihre diversen Regelbrüche und die dafür drohenden staatlichen Sanktionen gestärkt, denn gemeinsam geteilte „Geheimnisse" führen auch zu Zusammenhalt, wie man aus der kriminologischen Forschung weiß.[26] Starke Parallelen gibt es auch zum häuslichen Bildungswesen der Altgläubigen: In der Auseinandersetzung mit sogenannten Faktencheckern und einer negativ berichtenden Presse vertiefte sich die Corona-Opposition in Virologie und Epidemiologie, verbrachte Abende nicht mit der Litanei von *Tagesschau*-Inzidenzmeldungen, sondern mit Treffen und Zoom-Begegnungen Gleichgesinnter. Viele Menschen lernten sich in dieser Zeit erst kennen und fassten enorm schnell Vertrauen zueinander, das in Zukunft auch auf andere gesellschaftliche Aktionsbereiche übertragen werden könnte. Mit Schmerz verfolgten sie, wie kritische Berichterstattung und jegliche Auflehnung gegen das herrschende Narrativ, von der Masken- bis zur Impfpflicht, abgestraft wurde – bis hin zu Entlassungen. Jedes dieser Ereignisse bestärkte sie, sich dem nicht zu ergeben.[27] So fanden sie ganz nebenbei, obwohl das anfangs überhaupt nicht das Ziel gewesen war, einen Lebenssinn, der sich als „für die eigenen Überzeugungen einstehen" zusammenfassen lässt. Auf die Mitglieder der coronistischen „Mehrheitskirche" schauten sie zunehmend nicht mehr mit Angst, sondern auch mit Mitleid, weil diese den Eindruck von (vertikal aufgehängten) Marionetten vermittelten, die sinnloserweise dem Versprechen geglaubt hatten, man „impfe sich in die Freiheit zurück". Sie selbst nahmen die Impfpflicht stattdessen als eine „Praxis der Unfreiheit" wahr. In ihrer Suche nach Beistand und Trost fanden nicht wenige zu einem tatsächlichen religiösen Glauben zurück,[28] was die Distanz zur coronistischen Mehrheit noch einmal vergrößerte. Denn aus Sicht der Minderheit hatten sich diese „Armseligen" zur Fortsetzung der eigenen Konsumexistenz, aus Karrierismus oder Angst auf alle Forderungen des Staates eingelassen.

Das Beispiel der russischen Altgläubigen lehrt aber, dass eine Spaltung auch wieder geringer werden kann. Nachdem die Minderheit ihre Vitalität bewiesen hatten, setzte sich in der zweiten Hälfte des 19. Jahrhunderts bei den Neugläubigen immer mehr die Einsicht durch, dass die Altgläubigen einen großen Schatz beherbergten, der nützlich für das Gemeinwohl sein konnte. Fleiß, Disziplin, moralische Strenge waren willkommen in einer Gesellschaft, die ihre eigene Rückständigkeit gegenüber „Europa" auf einen Mangel an derartigen Tugenden zurückführte.[29] Priester der Mehrheitskirche schauten mit Neid auf die gut gefüllten und funktionierenden Gemeinden der *popovcy*. Um an diesem Segen zu partizipieren, ohne gleichzeitig die eigene historische Rechthaberei aufgeben zu müssen, erfand der Heilige Regierende Synod das *edinoverie* („Einheitsglauben"), womit die *popovcy* wieder Teil der Amtskirche werden durften, ohne ihre liturgischen Eigentümlichkeiten aufgeben zu müssen. Der Erfolg dieser Maßnahme blieb begrenzt, denn die altgläubigen Netzwerke waren inzwischen stark genug, um außerhalb der offiziellen Strukturen dauerhaft überleben zu können.[30]

Für die Corona-Opposition ist das eigentlich die froheste Botschaft – dass es nämlich die Aussicht gibt, das eigene Verhalten irgendwann als „gemeinwohlfördernd" anerkannt zu bekommen und auf diese Weise den Makel der „mangelnden Solidarität" tilgen zu können. Weil sich in der Moderne viele Entwicklungszyklen beschleunigen, könnte das schneller eintreten als erwartet. Ohne Zweifel finden sich unter dem ungeimpften Personal in Medizin und Pflege, das in diesen Tagen von Massenentlassungen bedroht ist, viele Menschen mit wertvollen Eigenschaften: einem eigenen Kopf, einem kritischen Geist, einem Willen, sich der kapitalistischen Durchregulierung des medizinischen Alltags entgegenzustellen.[31] Unter ihnen sind viele, die es mit dem hippokratischen Eid sehr genau nehmen und nicht nur die eigene Impfung ablehnen, sondern auch Skrupel haben, diese jungen Menschen zu injizieren, weil sie den Nutzen für fragwürdig halten. Viele von ihnen waren entsetzt über Kontaktsperren, die dazu führten, dass alte Menschen alleine in Heimen und Kliniken starben; dass Ungeimpfte keinen Zugang zu Arztpraxen erhielten; dass der persönliche Kontakt zwischen Arzt und Patient plötzlich als reine Dispositionsmasse des Infektionsschutzes erschien. Unter ihnen finden sich auch diejenigen, die sich die verschwindend gering bezahlte Mühe machen, Impfnebenwirkungen zu dokumentieren. Mit einem Wort – dieses Personal kann ein großer ethischer Schatz für unsere heutige Gesellschaft sein, wie es auch die Altgläubigen für Russland im 19. Jahrhundert waren. Da mit einer Entlassungswelle auch eine dramatische Personalknappheit droht, wird man sich wohl schon bald an diesen Schatz erinnern: Er wird schmerzhaft vermisst werden, und man wird versuchen, wie Russland mit seinem Angebot des *edinoverie*, ihn zurückzuholen.

Anmerkungen

1 Christian Giordano und Dobrinka Kostova, „The Social Production of Mistrust", in Chris Hann (Hrsg.), *Postsocialism. Ideals, ideologies and practices in Eurasia* (London, New York: Routledge, 2002), S. 74-91;

Alina Mungiu-Pippidi, „Becoming Denmark. Historical Designs of Corruption Control", *Social Research* 80, 4 (2013), S. 1259-1286.

2   Die Literatur zum *raskol* ist äußerst reichhaltig und reicht von Einbettungen in den Gesamtkontext der russischen Geschichte (z.B. Manfred Hildermeier, *Geschichte Russlands* (München: C.H. Beck, 22013), S. 389-394), Gesamtdarstellungen (z.B. Peter Hauptmann, *Rußlands Altgläubige* (Göttingen: Vandenhoeck & Ruprecht, 2005); Roy R. Robson, *Old Believers in Modern Russia* (DeKalb, IL: Northern Illinois University Press, 1995) bis hin zu Spezialstudien mit engeren räumlichen, thematischen oder zeitlichen Bezügen. Dabei ist die russischsprachige Literatur am detailliertesten. Deren Forschungsstand wird zusammengefasst im zweibändigen Werk von Sergej Taranec, *Staroobrjadčestvo v Rossijskoj Imperii (konec XVII-načalo XX veka). Bd. 1: Vzaimootnošenija staroobrjadčeskich soobščestv s gosudarstvom i oficial'noj Cerkov'ju* (Kiev: Nacional'naja akademija nauk Ukrainy, 2012). Bd. 2: *Staroobrjadčestvo v sociokul'turnom kontekste* (Kiev: Nacional'naja akademija nauk Ukrainy, 2013).

3   Hauptmann, *Russlands Altgläubige*, S. 25-29; Robson, *Old Believers*, S. 49f.

4   Hauptmann, *Russlands Altgläubige*, S. 26.

5   Ebd., S. 28f.

6   Wolfgang Wodarg, *Falsche Pandemien. Argumente gegen die Herrschaft der Angst* (München: Rubikon, 2021), S. 152-156 und 164-194; Karina Reiss und Sucharit Bhakdi, *Corona unmasked. Neue Zahlen, Daten, Hintergründe* (Wien: Goldegg Verlag, 2021), S. 116-121.

7   Wodarg selbst hat diese Befürchtung, die er zunächst im Corona-Ausschuss äußerte, in seiner Monographie „Falsche Pandemien" (München: Rubikon, 2021) zumindest nicht wiederholt; Autorengruppe, „Erfasste und unerfasste Nebenwirkungen der Covid-19-Impfstoffe": https://7argumente.de/anlage-4/.

8   Erich Freisleben, *Ansichten eines Hausarztes. Wege aus dem Corona-Dilemma* (Engerwitzdorf: Freya, 2021), S. 143.

9   Taranec, *Staroobrjadčestvo*, Bd. 1, S. 278-281 und S. 346-365. „Mehr als 12.000 Verfahren zu gefälschten Impfpässen eingeleitet", *Spiegel online*, 19. Januar 2022: https://www.spiegel.de/panorama/justiz/corona-gefaelschte-impfpaesse-bundesweit-mehr-als-12-000-verfahren-a-82b0bdb3-f367-46ab-a6b3-a218bec5bac8.

10 Robson, *Old Believers*, S. 23.

11 Georg Bernhard Michels, *At war with the church. Religious Dissent in Seventeenth-Century Russia* (Stanford: Stanford University Press, 1999), S. 184; Taranec, *Staroobrjadčestvo*, Bd. 1, S. 307-314.

12 Vgl. z.B. Heike Kleffner und Matthias Meisner (Hrsg.), *Fehlender Mindestabstand. Die Coronakrise und die Netzwerke der Demokratiefeinde* (Freiburg: Herder, 2021).

13 Tatsächlich sind die Verästelungen des Altgläubigentums noch weitaus komplexer als hier dargestellt. Vgl. die konzise Übersicht bei Hauptmann, *Rußlands Altgläubige*, S. 124-269.
14 Heiko Schmidt, *Glaubenstoleranz und Schisma im Russländischen Imperium. Die staatliche Politik gegenüber den Altgläubigen in Livland, 1850-1906* (Göttingen: Vandenhoeck & Ruprecht, 2015), S. 78-84.
15 Robson, *Old Believers*, S. 22f.
16 „Erneut illegale Schule geschlossen – diesmal in Unterfranken", *BR24*, 9. Dezember 2021: https://www.br.de/nachrichten/bayern/erneut-illegale-schule-geschlossen-diesmal-in-unterfranken,Sr6qwyY.
17 Taranec, *Staroobrjadčestvo*, Bd. 1, S. 281ff.
18 „Erster Antrag für Impfpflicht – Bußgeld für Ungeimpfte ab Oktober?", *web.de*, 11. Februar 2022: https://web.de/magazine/news/coronavirus/antrag-impfpflicht-bussgeld-ungeimpfte-oktober-36598146.
19 Taranec, *Staroobrjadčestvo*, Bd. 1, S. 287-305.
20 Nach einer statistischen Auswertung aus dem Jahr 1863 machten die (allerdings notorisch schwer zu zählenden) Altgläubigen etwa ein Sechstel der orthodoxen Bevölkerung im Russischen Reich aus (Robson, *Old Believers*, S. 21).
21 Zu den innerkirchlichen Reaktionen auf diese Missstände vgl. z.B. Edward E. Roslof, *Red Priests. Renovationism, Russian Orthodoxy, and Revolution, 1905-1946* (Bloomington & Indianapolis: Indiana University Press, 2002).
22 Nadieszda Kizenko, *Good for the souls. A history of confession in the Russian Empire* (Oxford: Oxford University Press, 2021), S. 59-89.
23 Taranec, *Staroobrjadčestvo*, Bd. 2, S. 59-66.
24 Ebd., S. 89ff.
25 Andreas Buss, *The Russian-Orthodox tradition and modernity* (Leiden: Brill, 2003), S. 61-72.
26 Diego Gambetta, *Codes of the Underworld. How Criminals Communicate* (Princeton: Princeton University Press, 2011), S. 72.
27 Ein Indiz hierfür ist das Ergebnis einer repräsentativen Allensbach-Umfrage, wonach nur zwei Prozent der befragten Ungeimpften vorhatten, sich im Falle einer Impfpflicht tatsächlich impfen zu lassen: „Nur zwei Prozent der Ungeimpften würden sich bei Impfpflicht impfen lassen", *Welt.de*, 19. März 2022: https://www.welt.de/politik/deutschland/article237632863/Impfpflicht-Nur-zwei-Prozent-der-Ungeimpften-wuerden-sich-bei-Impfpflicht-immunisieren-lassen.html?icid=search.product.onsitesearch.
28 Auch die Gegenseite erkennt diesen Zusammenhang an, wenn auch – natürlich – negativ ausgedrückt als Zusammenhang von Religiosität, Marginalisierung und Verschwörungsglaube. Vgl. Julian Scharbert et al., „Predicting emotional, behavioral, and evaluative outcomes during the COVID-19 pandemicby political orientation, religiosity, and

perceived societal marginalization – Preliminary analyses and result", Preprint: https://osf.io/5az36/.
29 Taranec, *Staroobrjadčestvo*, Bd. 2, S. 121.
30 Hauptmann, *Rußlands Altgläubige*, S. 82-86.
31 Vgl. Nadine Frey und Oliver Nachtwey, *Quellen des ‚Querdenkertums'. Eine politische Soziologie der Corona-Proteste in Baden-Württemberg*: https://www.boell-bw.de/sites/default/files/2021-11/Studie_Quellen%20des%20Querdenkertums.pdf. Trotz der eher kritischen Rahmung ergibt sich aus dieser bekannten Studie doch, dass die Querdenker des deutschen Südwestens ein überdurchschnittliches Gesundheitsbewusstsein haben, welches sich auf den gesamten Lebensstil bezieht.

Der Streit um die Coronamaßnahmen als Gelegenheit zu Demokratieerfahrungen und Neuentdeckungen am christlichen Glauben

Jan Dochhorn

> Ein Schlachter schreit: „Frische!"
> Ein Volk steht unter Wasser
> Und wäscht sich die Knochen.[1]

Die Spaltung

Maßnahmen zur Bewältigung der Coronakrise, vergangene und für die Zukunft erwogene, sorgen immer noch für Konflikte in unserem Gemeinwesen, auch nach der abschlägigen Entscheidung des Bundestags zu einer allgemeinen Impfpflicht und obwohl der Ukrainekrieg in den Vordergrund getreten zu sein scheint. Von Spaltung ist die Rede, üblicherweise mit der Implikation, dass es derlei nicht geben solle.

    Hier ist schon einmal eine Frage erforderlich: Warum soll es „die Spaltung" nicht geben dürfen? Darf es in einer Demokratie nicht Antagonismen geben? Wenn das so wäre, dann fielen wir, was Pluralität und Streitkultur betrifft, hinter das Kaiserreich zurück. Schauen wir einmal nur kurz, was es da alles an Dissens geben konnte: Im Reichstag saßen Sozialdemokraten, an deren „Verfassungstreue", gebrauchen wir einmal den für damals anachronistischen Begriff, man Zweifel hegte. Ferner gab es den Gegensatz zwischen Katholiken und einer nichtkatholischen Mehrheit, überwiegend Protestanten. Auch hier ging es nicht um nichts: Katholiken wurden verdächtigt, einer anderen Instanz gegenüber loyal zu sein als dem Reich. Und für Liberale stand der Katholizismus dem Fortschritt entgegen – Grund genug, Repressalien gutzuheißen. Bei allen Antagonismen aber gilt: Eben dieses Kaiserreich wurde zunehmend besser darin, auf Katholiken und Sozialdemokraten zuzugehen, sie politisch zu integrieren: Es brachte einen kaisertreuen Sozialdemokraten wie Friedrich Ebert und einen preußischen

Katholiken wie Heinrich Brüning hervor, übrigens auch einen jüdischen Preußen-Liebhaber wie Hans-Joachim Schoeps. Bei aller Kritik, die man am Kaiserreich üben mag: Mit Antagonismen hat man im Laufe der Zeit offenbar umzugehen gelernt.

Und wir? Man wähnt sich in Sachen Demokratie fortgeschritten, sieht es aber nicht als Anlass zum Widerspruch, wenn der bayrische Ministerpräsident Markus Söder die AfD als „Feinde" bezeichnet.[2] Vermag er diesen Andersdenkenden keine Argumente entgegenzuhalten, mit denen er sie in einem fairen demokratischen Meinungskampf überwinden oder überzeugen könnte? Analog ist auch Kritik an den Coronamaßnahmen bedenklich schnell Angelegenheit des Bundesamts für Verfassungsschutz.[3] Sollte unsere Verfassung nicht vor allem Meinungsstreit ermöglichen? Kann unser Gemeinwesen Gegensätze in Sachfragen nicht mehr aushalten? Es ist nahezu ununterbrochen von Vielfalt und Toleranz die Rede. Weltanschauliche Pluralität, meines Erachtens typisch für eine offene Gesellschaft, scheint damit nicht impliziert zu sein.

Der Satiriker Bernd Zeller brachte diese Mentalität einmal ironisch auf den Punkt, und zwar im Zusammenhang mit Vorgängen um den bekannten Kolumnisten Harald Martenstein im Februar 2022.[4] Martenstein hatte die Kühnheit besessen, den Antisemitismusvorwurf gegen Corona-Maßnahmenkritiker zurückzuweisen; wer sich einen Judenstern anhefte, sei geschmacklos, aber kein Nazi, so die Botschaft in Kürze. Beim *Tagesspiegel* hat man seinen Text zuerst veröffentlicht und dann gelöscht. Derart düpiert, kündigte Martenstein die Zusammenarbeit mit der Zeitung. Bernd Zeller dazu: Der ohnehin schon angesehene *Tagesspiegel* sei mit dem Fortgang Martensteins nur noch angesehener geworden. Als mündiger Zeitungsleser habe er das Recht, zu wissen, was in einer Zeitung stehe, bevor er sie erwerbe. Und: „Es droht die Spaltung, wenn nicht überall dieselbe Vielfalt herrscht."

In poetischer Verdichtung stellt uns der Humorist hier die intellektuelle Malaise einer Gesellschaft vor Augen, die offenbar den demokratischen Streit erst wieder lernen muss: Wer etwas mitteilen will, beispielsweise Martenstein, sollte vorab für ein allgemeines Glücksempfinden sorgen, indem er nichts sagt, was irgendjemanden verstören könnte (den mündigen Zeitungsleser etwa). Das Recht, verstört zu sein und dies auch zu äußern, haben allerdings nicht alle, sondern nur ganz bestimmte „Irgendjemande": die linken und liberalen Diskurshegemonen. Diesen Zustand nennt man Harmonie, eine Sprache, die ihr entspricht, sensibel, diejenigen, die sich an diese Regeln halten, Demokraten, und all das ist Vielfalt.

Bei dieser Vielfalt stört allerdings „die Spaltung". Liegen in eben dieser „Spaltung" Chancen zu einer heilsamen Erneuerung unserer geistigen Situation? Solche Chancen will ich nachfolgend sondieren, zuerst im Hinblick auf die Gesellschaft und dann mit Hinblick auf den christlichen Glauben.

Der Konflikt um die Coronamaßnahmen als Chance zum Gespräch

Chance Nr. 1: Begegnungen bei Maßnahmenkritikern

Es lässt sich kaum verkennen, dass sich sehr unterschiedliche Menschen gegen die Coronamaßnahmen und die Impfpflicht zusammenfinden. Oft ist von Extremisten die Rede; ich habe noch keinen einzigen getroffen. Einen nicht unbeträchtlichen Teil der Kritiker stellen Libertäre, Freiheitliche, (Rechts-)Konservative und Nationalliberale mit mehr oder minder starker Affinität zur AfD dar; sie scheinen durch Bedenken gegen eine auch die Meinungsfreiheit gefährdende Exekutivmacht motiviert, zuweilen durch religiöse Überzeugungen. Schwer zu verkennen ist, dass man auf der Rechten seit einiger Zeit das Thema Freiheit und Bürgerrechte entdeckt hat, wie auch immer das ideengeschichtlich zu erklären ist (es gab ja einmal einen Carl Schmitt). Motiviert zur Kritik können auch politische Heimatlose der rechten Mitte sein, ferner Marktliberale, die sich um die Wirtschaft sorgen. Und dann gibt es viele aus dem Umfeld der Grünen, die nicht so recht begreifen, warum sie jetzt auf einmal Gentechnik gut finden sollen. Antikapitalistische Kritik von linker Seite bleibt ebenfalls zu erwähnen.

Nicht sehr wenige dieser Kritiker machen, wie mir scheint, im Moment eine wichtige Erfahrung: Man kann mit „den Anderen" unter den Maßnahmenkritikern wirklich reden. Man wird beispielsweise sehen, dass ich Freiheit meine, wenn ich Freiheit sage – und dabei konservative Standpunkte vertrete. Und ich sehe Leute, die ihre Texte gendern und erkennbar ähnlich wie ich um Bürgerrechte besorgt sind (vielleicht auch lernen, dass andere mit voller Legitimation anders schreiben wollen als sie). Man arbeitet wieder zusammen, lernt Differenzen pragmatisch zurückzustellen oder respektvoll zu diskutieren.

Das lässt sich fortsetzen. Unter den Maßnahmenkritikern könnte sich etwas anbahnen, das auf eine Überwindung der in der Berliner Republik allverbreiteten Igitt-Mentalität hinausliefe, auf ein Reden aller mit allen; mit „denen" reden könnte dann wieder, statt verdächtig zu sein, als Ausdruck demokratischer Kultur gelten. Vielleicht lernen wir auch, genauer zu bestimmen, was ein Nazi ist: Jemand, der sich gegen die Diskriminierung Ungeimpfter einsetzt? Wenn der Missbrauch des – eigentlich doch würdevoll zu begehenden – Gedenkens an Massenmord zum Zwecke der politischen Diffamierung endlich einmal desavouiert wäre beziehungsweise auf den zurückfiele, der ihn praktiziert, wären wir alle einen Schritt weiter.

Es deutet sich vielleicht auch ein interreligiöses und multikulturelles Komplement zu dieser Erfahrung an: Im *Christlichen Forum*, einem „Blog rechter Christen", wie ein abgrenzungs- oder gar ausgrenzungsbedürftiger Kollege es einmal nannte (sachlich wohl nicht unzutreffend), berichtete eine Spaziergängerin von ihren Erfahrungen beim Weg durch die Innenstadt: Ihre Victory-Zeichen seien nicht zuletzt von jungen Männern mit Migrationshintergrund und von Frauen mit Kopftuch erfreut aufgenommen worden.[5] Bahnt sich ein interreligiöses Zusammenfinden an, das ohne die Vermittlung durch die Funktionäre des Dialogmilieus erfolgt? Werden einmal Christen, die mit Absolutheitsanspruch Christen sind, kooperieren mit Muslimen, die ebenfalls einen absoluten Wahrheitsanspruch vertreten, weil sie beide bemerken, dass auf ihren Körper ein Absolutheitsanspruch erhoben wird, der viel unerbittlicher ist? Kann es ein unbetreutes Multikulti geben, ein Übereinkommen von identitätsbewussten Deutschen[6] mit traditionell geprägten Zuwanderern, die sich beide von den gegenwärtigen Administratoren der Multikulturalität emanzipieren und in der gemeinsamen Entdeckung, dass ihr Körper ihnen selbst gehöre, zu neuem Bürgersinn finden?

Chance Nr. 2: Die verbliebene Konnektivität der Maßnahmenkritiker zu ihren Ursprungsmilieus

Die Spaltung gehe, so wird oft beklagt, mitten durch Vereine, Freundschaften, Familien, Partnerschaften. Erkennbar ist daran etwas wahr, aber man muss auch die Frage stellen, wie viele Beziehungen trotz der Meinungsunterschiede halten. Ich persönlich bin nicht gewillt, Beziehungen zu Mitmenschen an der Impffrage oder ähnlichen Corona-Themen zerbrechen zu lassen. Die eine oder andere Unverschämtheit habe ich mir schon angehört, und da gilt: Mitmenschen sind dazu da, einen zu verärgern und zu enttäuschen; wenn man sie schon beim ersten Mal zum Teufel schickt, können sie es nicht ein zweites Mal tun – mit dem Effekt, dass ich am Ende in einer reibungslos funktionierenden Ich-Welt lebte; dann wäre ich wohl seelenärztlicher Betreuung bedürftig.

Zu fragen bleibt, welche Chancen sich damit ergeben, dass Maßnahmenkritiker zu ihren Milieus, nicht zuletzt zu ihren Weltanschauungsumfeldern, Kontakt behalten und damit konnektiv bleiben. Für meinen eigenen politischen Kontext kann ich feststellen: Ich werde, wenn nicht schon jetzt, dann vielleicht später mit konservativen Freunden darin übereinstimmen, dass die Nationalstaaten in der Coronakrise offenbar handlungsfähiger als die Europäische Union gewesen sind und dass Grenzschließungen/ Grenzkontrollen entgegen vorhergehenden Behauptungen in der Migrationskrise prinzipiell realisierbar wie auch berechtigt sein können. Ich nehme an, dass auch ein kommunitaristisches Motiv uns einen wird: Nationales Zusammenstehen in einer Notsituation ist eine für das Gemeinschaftsleben wertvolle Erfahrung. Vielleicht werden wenigstens einige derer, die mit derartigen Beweggründen Lockdowns und Impfzwangpolitik weniger skeptisch begleitet haben als ich, einmal einsehen, dass auch meine Kritik staatstragend gewesen ist: Staatliche Autorität ist auf Dauer gefährdet, wenn es unverhältnismäßige Grundrechtseingriffe gibt.

Eine neue Begeisterung für das Grundgesetz beobachte ich bei mir wie bei maßnahmenkritischen Konservativen in letzter Zeit verstärkt; das Wort Verfassungspatriotismus, wenn nicht vor allem als ein Begriff zur Abwehr von Vaterlandsliebe verwendet, gewinnt durchaus an Attraktivität für mich. Vielleicht werde ich es schaffen, einen Begriff von staatsbürgerlicher Freiheit nicht zuletzt denjenigen Konservativen näherzubringen, die etwas ausschließlicher als ich den starken Staat gutgeheißen und weniger als ich die notwendigerweise mit ihm zu verbindende Würde/ Freiheit der Einzelpersönlichkeit verteidigt haben.

Und die Christen?

Kann man Christen zu irgendwas gebrauchen? Auf den ersten Blick sieht es im Moment nicht danach aus. Wenn ich unverhältnismäßige Grundrechtseinschränkungen kritisiere, eilen sie mit Kerzen herbei und behaupten, dass Deutschland bunt bleibe. Wenn einem mir lieben Mitmenschen die Spritze aufgenötigt wird, die er nur als Vergewaltigung empfinden kann (ich selbst komme hier nicht in Frage, da ich mich habe impfen lassen), dann werden sie von seiner Rücksichtslosigkeit reden, ihm also noch hinterhertreten. Ein Bild steht mir vor Augen, das es leider wirklich gibt: ein Pfarrer und eine Pfarrerin vor einer Kirchentür, ein Plakat haltend mit der Aufschrift „Impfen = Nächstenliebe", und um das Gleichheitszeichen ein Herz in den Farben des Regenbogens.[7] Für wie dumm hält man eigentlich die Gläubigen (die Schafe?), dass man sich an sie mit derartig infantilisierten Botschaften herandrängt? Wird hier überhaupt einmal mit Christen gerechnet, die beruflich mehr zu bieten haben als ein Pfarrer, der sich von sehr weit oben mit „einfacher Sprache" ganz tief zu „den Menschen" herablässt? Es ist zum Magenumdrehen; nie im Leben werde ich mich solchen Pfarrern anvertrauen, wenn ich ein religiöses Problem habe.

Was läuft hier eigentlich schief? Die Antwort scheint mir die Folgende zu sein: Etwas Gutes läuft hier schief. Das Problem dieser Christen, sehr vieler Christen besteht darin, dass sie gut sein wollen – verbunden nicht selten mit der üblen Neigung, dieses Gutsein auch noch den Mitmenschen aufzunötigen. Und deswegen sind sie so schreckenerregend brav – und haben nicht den Schatten eines Freiheitsbewusstseins, weder für die eigene Freiheit noch für die meinige. Gott erhalte mir Freunde, die was taugen, die für mich im Zweifelsfall auch die Faust zum Einsatz bringen, die mit herrschaftlicher Geste sagen können: „Mit mir nicht – und nicht mit ihm!"

Und nun kommt die erfreuliche Botschaft: Zum Wesen des Christentums gehört Besseres als Bravheit: Es hat in der christlichen Tradition immer den Mut von Märtyrern gegeben, die *Militia christiana*, die allem Möglichen die Stirn bot, gesetzestreu und dabei bekenntnisbereit. Christen wurden in der Antike dafür bewundert. Christentum ist, das darf ich einmal als Mann zu Männern sagen, eine zutiefst männliche Angelegenheit; es ist auch eine zutiefst weibliche, ebenfalls im Sinne von Mut und Stolz, nur dass ich dies näher zu bestimmen hier meinen Kolleginnen überlasse. Überhaupt – damit auch wirklich alle genannt sind – ist es die vom Sündenzwang emanzipierte und damit zu sich selbst gekommene bzw. individuierte Persönlichkeit, auf die Christentum hinzielt.[8]

In meiner Heimatstadt ging ich einmal unter gleißender Wintersonne auf leerer Straße. Es folgte mir – in weitem Abstand – eine mir etwa gleichaltrige Dame. Als ich die Straßenseite wechselte, um das Haus meiner Eltern anzusteuern, bedankte sie sich bei mir, offensichtlich in der Meinung, ich hätte sie vor einem gefährlichen Ansteckungsrisiko bewahren wollen. Wie Corona sich überträgt, hatte man damals schon seit längerem in der Zeitung lesen können. Ich möchte, auch wenn die Frau höflich war, eine derart beklemmende Erfahrung nicht wieder machen. Leute, die sich rational schützen, auch mit Maske in großer Menschenmenge: Das passt zu einer freien Gesellschaft. Aber in den letzten Jahren sind viele zu Angstbürgern geworden, nicht zuletzt durch eine unverantwortliche Panikmache. Das Christentum hat das Zeug dazu, den Menschen Stolz zu ermöglichen. Der Mensch ist Gottes Ebenbild. Gottes Ebenbild trägt nicht eine Maske allein unter Bäumen mitten im Wald.

Anmerkungen

1. Geschrieben 1990 in Aurich.
2. Vgl. *Nordbayern* vom 23. September 2019: https://www.nordbayern.de/politik/soder-am-parteitag-feind-das-ist-fur-mich-die-afd-1.9562313.
3. Das Bundesamt für Verfassungsschutz hat im April 2021 den „Phänomenbereich Verfassungsschutzrelevante Delegitimierung des Staates" eingerichtet, vgl. hierzu *Verfassungsschutzbericht 2021*, S. 112-120. Es werden in der Tat verurteilenswürdige Vorfälle genannt wie etwa Demonstrationen vor den Privathäusern von Politikern. Aber ist die Bedrohungslage wirklich so verdichtet, dass geheimpolizeiliche Mittel, Ultima ratio in einem Rechtsstaat, erforderlich werden? Sorgen bereitet der folgende Satz, und zwar nicht mit Hinblick auf „Querdenker": „Diese Form der Delegitimierung erfolgt meist nicht durch eine unmittelbare Infragestellung der Demokratie als solche, sondern über eine ständige Agitation gegen und Verächtlichmachung von demokratisch legitimierten Repräsentantinnen und Repräsentanten sowie Institutionen des Staates und ihrer Entscheidungen." (S. 113). Was ist dann eigentlich erlaubt? Wären Kohl-Witze heute verfassungsfeindlich? Auf S. 118 notiert die Behörde, es werde von den Protestlern die Internetplatform „Telegram" „zur ungefilterten Verbreitung ideologischer Inhalte sowie zur Mobilisierung für Protestveranstaltungen genutzt." Das müsste so üblich sein in einer Gesellschaft, die das Post- und Fernmeldegeheimnis sowie das Demonstrationsrecht kennt.
4. Vgl. Bernd Zeller, 21. Februar 2022: https://www.youtube.com/watch?v=UppXN8UQK_A.
5. Vgl. Christliches Forum vom 13. Februar 2022 (die Autorin arbeitet im medizinischen Bereich und bleibt anonym): https://christlichesforum.info/duesseldorf-massenkundgebung-fuer-grundrechte-und-freie-impfentscheidung/?utm_source=mailpoet&utm_medium=email&utm_campaign=die-letzten-newsletter-total-beitrage-unseres-blogs_1.
6. Das Wort „identitätsbewusst" steht hier für ein affirmatives Verhältnis zu Größen wie Familie, Heimat, Volk, Nation, Staat, Kirche, die herkömmlich formativ sind für unser Gemeinwesen. „Nationalbewusst" will ich nicht schreiben, da es nicht nur um Nation geht, „nationalistisch" erst recht nicht, weil damit Radikalität konnotiert sein kann.
7. Vgl. *Rhein-Neckar-Zeitung*, 17. Mai 2021: https://www.rnz.de/nachrichten/metropolregion_artikel,-schwetzingen-pfarrer-stellten-sich-gegen-corona-verharmloser-_arid,673960.html.
8. Rm 7, 7-25 ist meines Erachtens zu entnehmen, dass nicht Selberseinwollen das Wesen der Sünde ist, wie so viele Theologen behaupten,

sondern Fremdbestimmung des Selbst durch die Sündenmacht und damit Nicht-Selbersein, womit umgekehrt Selbstwerdung und Selbersein ein wichtiger Aspekt der christlichen Existenz ist. Dies ist anderswo auszuführen. Material dazu findet sich bei Jan Dochhorn, „Der Adammythos bei Paulus und im hellenistischen Judentum Jerusalems. Eine theologische und religionsgeschichtliche Studie zu Rm 7", 7-25 (Wissenschaftliche Untersuchungen zum Neuen Testament 469, Tübingen 2021).

Was die Coronakrise mit Bürgerlichkeit und Bildung zu tun hat

Axel Bernd Kunze

Hat das bekannte Sprichwort „Not kennt kein Gebot" Recht? Sind in einer Notsituation alle Regeln außer Kraft gesetzt? Nein, sagt der Ethiker Peter Dabrock.[1] Würden wir diesem Wort folgen, wäre Anarchie die Folge. Richtig ist: Eine Krisensituation zwingt zur fortwährenden Lagebeurteilung und daraus abgeleiteter Entschlüsse. Veränderte Lagen beeinflussen unser Erfahrungswissen und verlangen nach Anpassungen. Doch Vorsicht: Aus dem Ausnahmezustand sollte nicht voreilig eine Ausnahmeethik abgeleitet werden.

„Sonderethik" führt auf Abwege

Unsere ethischen Grundorientierungen werden in einer Ausnahmesituation einem Stresstest ausgesetzt. Doch auch in einer Ausnahmesituation bleibt die kritische Reflexion über Moral auf eingeführte ethische Kriterien angewiesen. Zentrale Grundprinzipien ethischer Abwägung und Entscheidungsfindung sind etwa die Kriterien der sachlichen Angemessenheit, Widerspruchsfreiheit oder Verhältnismäßigkeit. Versuche hingegen, aus der Lage heraus aktuelle „Sonderethiken" zu schaffen, verschärfen eine Krise und können schnell auf Abwege führen. Wann, wenn nicht in einer Krise, sollte sich beweisen, ob die zentralen Grundprinzipien unserer Wert- und Verfassungsordnung tragfähig sind!?

Wo sich der Rechtsstaat allerdings ohne Not vorschnell in einen Notrechtsstaat wandelt, wird eine Politik effektiver und rationaler Krisenvorsorge und Gefahrenabwehr gerade nicht gestärkt – im Gegenteil: Sprunghafte, willkürliche, widersprüchliche Entscheidungen können die Folge sein. Die Krisenpolitik verliert an Vertrauen und Akzeptanz. Wo sich aber Krisenmaßnahmen nicht mehr auf Einsicht in ihren Sinn und ihre Notwendigkeit stützen können, muss der Staat zunehmend Druck aufbauen, ein Klima der Angst erzeugen und Gefolgschaft erzwingen. Sollen hingegen grundlegende Sicherungen des Rechts und der Humanität nicht preisgegeben werden, müssen neue Herausforderungen und Krisen im Rahmen bewährter rechtsstaatlicher, verfassungspolitischer und ethischer Traditionen bewältigt werden. Und ich bin mir sicher: Das wäre möglich gewesen, auch in dieser Coronakrise, wenn man es ernsthaft gewollt hätte. Doch die Politik hat in weiten Teilen einen anderen Weg eingeschlagen – mit gravierenden Folgeschäden, auch im sozialen Zusammenleben und am Menschenbild. Diese werden uns noch erhebliche Kosten hinterlassen.

Bist Du schon geimpft, geboostert, neu geboostert? Diese Fragen haben die letzten beiden Jahre geprägt (und werden es möglicherweise weiterhin tun). Unsere Selbstwahrnehmung und unser Selbstbild haben sich in der Folge, vielleicht auf Dauer, verändert. Unsere Leiblichkeit wurde zu einer vom Staat und von unserer sozialen Umgebung zu vermessenden Größe.

Soziale Lebensadern sind kontaminiert

Das soziale Miteinander hat sich seither verändert, auch unausgesprochen und unbewusst. Auch ohne formale Impfpflicht steht die neue Gretchenfrage „Wie hältst Du's mit dem Impfen?" weiterhin im Raum. Ein unvoreingenommener Umgang miteinander ist nicht mehr ohne Weiteres möglich. Die einen fühlen sich angegriffen von denen, die nicht geimpft sind oder die kritische Fragen stellen; sie lasten ihnen eine Schuld an der Krise und an den fortdauernden Freiheitseinschränkungen an. Die anderen fühlen sich angegriffen durch den sozialen Druck ihrer Umgebung. Sie müssen wahrnehmen, dass eine freie Entscheidung für oder gegen das Impfen nicht akzeptiert wird.

Unausgesprochene Vorwürfe stehen im Raum. Das Gefühl, nicht mehr frei über den inneren Kernbereich der eigenen Persönlichkeit bestimmen zu können, wirkt für viele Menschen verletzend. Werde ich zu Eingriffen in die körperliche Unversehrtheit genötigt, wiegt dies schwer. Solche Erfahrungen können sogar Traumatisierungen hervorrufen. Sie verändern das soziale Miteinander und das politische Zusammenleben.

Einer repressiven, autoritären Coronapolitik ist die Achtung vor dem freien Subjekt abhandengekommen. Viel Vertrauen wurde dadurch verspielt. Es geht seither ein Riss durch Familien, Freundeskreise, Kollegien, Kirchengemeinden, Vereine, Verbindungen und so weiter. Viel dazu beigetragen hat das unverantwortliche Narrativ einer Pandemie der Ungeimpften, das selbst von Virologen bestritten wurde. Eine Politik der Ausgrenzung, Nötigung, Diffamierung und Sündenbocksuche hat jene „unterirdischen Bäche und Rinnsale" vergiftet, von denen Franz Josef Strauß einst gesprochen hatte. Die unterirdischen Lebensadern, aus denen sich das Wurzelsystem unseres Zusammenlebens und dessen Orientierungswerte speisen, sind kontaminiert.

Narben und Verletzungen werden bleiben, auch ein Gefühl der Unsicherheit und des Misstrauens. Es bleibt bei nicht wenigen der Verdacht, sich als Rechtspersönlichkeit im eigenen Land nicht sicher fühlen zu können. Der schlampige Umgang mit Grundrechten, das mangelnde Bemühen der Politik, Freiheitseinschränkungen sauber zu begründen, eine allzu große Nähe zwischen Judikative und Exekutive, auch die erratische und letztlich gescheiterte Debatte um eine gesetzliche Impfpflicht haben diesen Eindruck aufkommen lassen.

Auch wenn einmal alle Coronamaßnahmen beendet sein sollten, was gegenwärtig alles andere als der Fall ist, wird ein Misstrauen gegenüber dem Staat und seinen Akteuren nicht gänzlich verschwinden. Es wird bei einem Teil der Bevölkerung die bittere Erkenntnis bleiben, als freiheitlich empfindender Bürger einer Minderheit anzugehören. Und es wird die Erfahrung bleiben, dass unsere Verfassung denjenigen, die sich in einer solchen Minderheitenposition erleben, nicht ausreichend Schutz gewährt.

Diese langfristigen Folgen werden von vielen gegenwärtig unterschätzt, von Politikern wie Bürgern. Dabei wissen wir im Grunde alle: Vertrauen ist schnell verspielt, aber nur langsam und mühsam wieder aufgebaut.

Umkehr und Neubesinnung sind gefragt

Wird es überhaupt zu einer Aufarbeitung dieser Verletzungen kommen? Oder werden wir weitermachen wie bisher – mit der Gefahr, dass die Konflikte weiterschwelen und sich im schlechteren Falle irgendwann einmal eruptiv entladen? Oder anders: Werden wir uns an ein autoritäres Klima im Land, an einen biopolitischen Kollektivismus gewöhnen?

Schon jetzt werden weitere Krisen beschworen, die Klimakrise etwa, die uns weitere Freiheitseinschränkungen aufnötige … Ist Corona die Blaupause für einen neuen Kollektivismus und einen andauernden Maßnahmenstaat, kontrolliert durch neue digitale Möglichkeiten? Verzicht und Gehorsam, Unterordnung und Lenkung – so könnte das neue Credo lauten, ganz gleich, ob es um die Angst vor einer Krankheit geht oder um die Angst vor Klimaveränderungen. Verstärkt werden könnte dies noch durch die Tendenz in breiten Teilen der Gesellschaft, eine politisch-mediale Untergangs- oder Panikstimmung als Eigenes zu übernehmen. Verdrängt werden könnte hingegen immer mehr die Einsicht, dass gerade freie Selbsttätigkeit, Kreativität und Innovation dabei helfen, Krisen zu meistern und neue Lösungen zu finden.

Wünschenswert wären solche Szenarien nicht. Einigkeit und Recht und Freiheit haben Schaden genommen in unserem Land. Wir sollten umkehren, politisch, gesellschaftlich, persönlich. Wir sollten uns wieder neu besinnen auf die freiheitlichen Traditionen unserer Wert- und Verfassungsordnung. Und wir sollten sachlich und nüchtern fragen, was aus der Coronakrise zu lernen ist. Denn eines ist sicher: Biopolitische Sicherheit bleibt, zumal in einer globalisierten Welt, ein fragiles Gut. Auf künftige Krisen sollte unser Staat besser vorbereitet sein. Und das heißt: Wir, gemeint sind mündige Bürger, und die von uns gewählten Vertreter sollten überprüfen, ob wir politisch immer die Gewichte richtig setzen, damit der Staat seinen Kernaufgaben innerer und äußerer Sicherheit, zu denen auch eine angemessene Krisenvorsorge sowie ein effektiver Zivilschutz gehören, robust, aber eben auch verfassungsfest nachkommen kann.

Ein echter Aussöhnungsprozess bleibt notwendig

Doch wie können wir aus der Krise wieder herausfinden? Wie kann der Weg in eine gemeinsame Zukunft von neuem geöffnet werden? Der Zwang zum guten Argument, argumentiert der Theologe Veit Neumann, sei keine gute Lösung. Eine solche Politik führe am Ende nur zu immer mehr Zwang.[2] Und sie suggeriere, die Politik wisse angesichts gravierender Problemlagen schon genau, was zu tun sei. Wir wissen aber nun: Gerade in der Coronakrise hat sich dies viel zu oft als Trugschluss erwiesen.

Der Kölner Sozialethiker Elmar Nass, einer der wenigen in dieser Krise besonnen argumentierenden Sozialethiker mit Gespür für die Schwere der zu verhandelnden Wertkonflikte, hat im Januar 2022 auf *katholisch.de*, dem offiziellen Internetportal der katholischen Kirche in Deutschland, dafür plädiert, die Debatte um eine Impfpflicht zu versachlichen und zu befrieden.[3] Und er hat hierfür einen verfahrensethischen Vorschlag vorgelegt, der dem Deutschen Ethikrat eine zentrale Rolle zuschreibt.

Doch die Debatte um die Impfpflicht stand medizinisch, rechtlich, politisch und moralisch auf mehr als tönernen Füßen. Daher greift eine verfahrensethische Lösung angesichts der gegenwärtigen Polarisierungen und Kontroversen zu kurz. Zwar sollte es auch in der Frage nach einer Impfpflicht – wie es in einer freiheitlichen Gesellschaft überhaupt der Fall sein sollte – einen freien Diskurs geben. Aber das heißt nicht, dass es zwingend auch eine ergebnisoffene Debatte geben muss. Eine Impfpflicht bei Impfstoffen mit (noch einmal verlängerter) bedingter Notfallzulassung, geringer Schutzwirkung, aber großer Eingriffstiefe widerspricht zentralen Prinzipien des freiheitlichen Rechts- und Verfassungsstaates. Wir haben es hier nicht mit alternativen politischen Positionen zu tun, die im Rahmen des Richtigen nebeneinander stehen bleiben könnten und über die nach Mehrheitsentscheidung abgestimmt werden könnte.

Es ist gar nicht so leicht, in einer Sackgasse, in der man feststeckt, zu wenden, wenn ein Wendehammer fehlt. Eine sozialethische Aufgabe müsste in dieser Situation zunächst einmal darin liegen, Wege aufzuzeigen, wie den politischen Akteuren ein Notausgang geöffnet werden kann, sodass ein Rückzug aus der polarisierten Coronadebatte gesichtswahrend möglich wird.

Ferner bedarf es eines echten, tiefergehenden Aussöhnungsprozesses. Solche Prozesse werden in Gemeinwesen dann notwendig, wenn nicht unerhebliche Teile des Souveräns sich in ihrer Rechtspersönlichkeit nicht mehr geschützt sehen und politisches Vertrauen maßgeblich zerstört worden ist. Schon früh hat der ehemalige Gesundheitsminister Jens Spahn davon gesprochen, dass wir am Ende einander viel zu verzeihen hätten. Ja, richtig. Aber Verzeihung und Aussöhnung werden nicht mit billiger Münze zu haben sein. Und sie setzen Mut zur Wahrheit voraus.

Gefragt ist eine erneuerte Bürgerlichkeit

Grundlegend sind zunächst zwei Voraussetzungen: das Eingeständnis der politischen und medialen Eliten, dass sie am anderen und seiner Freiheit schuldig geworden sind; auch das Eingeständnis von politischen Verfehlungen gegenüber grundlegenden Prinzipien unserer Wert- und Verfassungsordnung. Ferner kann echte Aussöhnung nur frei erfolgen. Moralische Entscheidungen, die dem Einzelnen unter Zwang abgepresst werden, mögen vielleicht kurzfristig politisch wirksam sein, sittlich sind sie wertlos – und sie vergiften das gemeinsame Zusammenleben. Das heißt: Die Selbstbestimmungsfähigkeit des freien Subjekts muss geachtet werden. Auch künftig sollte jede Form der Impfnötigung vermieden werden. Dies bleibt die grundlegende Voraussetzung, damit eine lösungsorientierte gesellschaftliche Debatte und weitergehend ein Weg der Umkehr und Aussöhnung möglich werden können.

Für die ethische Debatte sollte gelten: Auf Ad-hominem-Argumente, die darauf zielen, die moralische Integrität des Gegenübers zu beschädigen, ist zu verzichten. Menschen, die abweichende Gewissensentscheidungen im Blick auf ihren Körper treffen, sind nicht zu denunzieren oder abzustempeln, als Coronaleugner, Verschwörungstheoretiker, Querdenker oder anderes. Über sie ist auch nicht schlecht zu reden. Der Andersdenkende ist zunächst einmal in seinem Selbstverständnis wahrzunehmen. Wer abweichende Positionen hingegen künstlich aufbläht und so verzerrt, dass diese besser getroffen werden können, baut schnell eine Strohmann- oder Pappkameradenargumentation auf, verhindert damit aber eine sachliche und differenzierte Debatte.

Eine Politik, die sich zu den altbekannten Prinzipien im Umgang mit ethischen Konflikten bekennen würde, wäre eine Politik, die wieder rote Linien zu akzeptieren bereit ist. Solche roten Linien anzuerkennen, wäre eine zwingende Voraussetzung, damit ein nationaler Aussöhnungsprozess in Gang kommen kann.

All dies wird kein leichter Weg werden, da in dieser Krise mittlerweile nahezu alle politischen und gesellschaftlichen Akteure Partei geworden sind und mehr oder weniger moralisch Schaden erlitten haben. Dies gilt auch für die Kirchen, die mit simplifizierenden Slogans wie „Impfen = Nächstenliebe" oder Gottesdiensten mit beschränkter Zulassung (2G-Regel) gerade im kirchentreuen Flügel viele der eigenen Gläubigen vor den Kopf gestoßen haben. Dieser kirchliche Kern wird nicht aktivistisch lautstark austreten, sondern sich schleichend zurückziehen. Für die geistige Kultur, das Wertereportoire und die politisch-moralische Stabilität im Land verheißt dies nichts Gutes. Forderungen nach einem absoluten Gesundheitsschutz zeigen schon jetzt, wie ein faktischer Säkularismus die Gewichte der moralischen Debatte von einem christlich grundierten Personalismus zu einem Neokollektivismus verschiebt. Ebenso hat der Deutsche Ethikrat viel an Vertrauen verloren. Verwiesen sei etwa auf dessen Ad-hoc-Empfehlung zur Impfpflicht kurz vor Weihnachten 2021, die sich in ihrer Argumentation, wie ein Blick in den Anmerkungsapparat zeigt, kaum auf genuin ethische Fachpositionen stützt. Verstörend wirkte überdies, dass der Ethikrat nicht wie sonst üblich die vier abweichenden Minderheitenvoten selber publik machte; dies blieb der Onlineausgabe der *FAZ* vorbehalten.[4]

Ein künftiger Aussöhnungsprozess wird nicht als ein Dialog auf Funktionärsebene gelingen. Es braucht eine Selbstermächtigung der bürgerlichen Gesellschaft, aus deren Mitte heraus sich glaubwürdige Akteure finden müssen, die einen solchen Prozess anstoßen, moderieren und begleiten. Vielleicht ist es gar nicht so abwegig, an die Runden Tische der Wendezeit vor etwas mehr als dreißig Jahren zu erinnern. Die Polarisierung, die wir gegenwärtig erleben, fordert heraus, dass wir uns wieder auf das freiheitlich-widerständige Potential echter Bürgerlichkeit besinnen, wie es Norbert Bolz im Anschluss an den Philosophen Odo Marquard stark macht: „Denn zu nichts braucht man heute mehr Mut als zur Wahrnehmung des Positiven. Und damit erweist sich der Bürger auch als der letzte Träger der Aufklärung, der das ‚sapere aude' in eine Lebenspraxis der Freiheit umsetzt. Kants Mut zum Selberdenken konkretisiert sich heute als Mut zur Bürgerlichkeit. So hat Odo Marquard den Begriff Zivilcourage übersetzt. Es gibt noch Ritterlichkeit, auch wenn es keine Ritter mehr gibt. Und es gibt noch Bürgerlichkeit, auch wenn es keine bürgerliche Gesellschaft mehr geben sollte."[5]

Hoffentlich werden sich am Ende dieser moralischen Krise noch genügend Einzelne mit bürgerlichem Selbstverständnis finden, die eine ethische Neugründung unserer Wert- und Verfassungsordnung anzustoßen bereit sind. Kleiner geht es jedoch nicht. Denn es braucht eine selbstbewusste, mutige, am Freiheitsideal orientierte bürgerliche Öffentlichkeit, die sich schützend vor die Verfassung stellt, sich kollektivistischen Zumutungen entgegenstemmt und in der streitbar um das bessere Argument gerungen wird, jenseits politischer Nötigung und jenseits der Vereinnahmung des Einzelnen durch übermächtige gesellschaftliche Kollektive. Dies alles aus dem Bewusstsein heraus, dass der Gemeinschaft so am besten gedient ist. Schon Schiller wusste: Freiheit können wir einander nur lassen, nicht geben. Ethische Konflikte werden nur in einem freien Diskurs geklärt werden können. Der Staat kann hierfür den Rahmen setzen, aber er kann die freie Selbsttätigkeit der Einzelnen nicht ersetzen. Das gemeinsame Ringen um das bessere Argument braucht den starken Einzelnen, seinen bürgerlichen Mut und seine individuelle Freiheit. Dann muss uns auch nach dieser Krise um die Zukunft nicht bange sein.

Die Coronakrise ist auch eine Bildungskrise

Eine vitale Demokratie lebt entscheidend von einer produktiven, ermöglichenden „Freiheit zu", nicht von Tabus, (Denk- oder Sprech-)Verboten oder Normierung. Dies setzt die Bejahung einer pluralen gesellschaftlichen Öffentlichkeit voraus und die notwendige Ambiguitätstoleranz abweichenden Meinungen gegenüber. Hingegen fällt in dieser Krise auf, wie wenig Gespür für gravierende Grundrechtskonflikte oftmals vorhanden ist.

Daher noch ein Letztes: Bürgerlichkeit und Bildung hängen eng zusammen. Alles in allem haben wir es in der Coronakrise auch mit einer Bildungskrise zu tun. Da wird im vollen Brustton der Überzeugung erklärt, es gebe keine guten Gründe, sich nicht impfen zu lassen. Wir wissen schon: „Die" Wissenschaft hat festgestellt. Und im Ton moralisierender Überlegenheit werden Haltungsnoten verteilt, sind die Rollen von vornherein schon vergeben: Lässt Du Dich noch überzeugen, oder hat es keinen Sinn mehr, mit Dir zu reden!? Wenn aber schon vor jedem Gespräch feststeht, wer der Gute und wer der Böse ist, dann ist der Austausch von Argumenten zwecklos. Darum Vorsicht: Moralisierung ist noch keine Moral, schon gar nicht ethische Reflexion.

Und weiter: Universitäten haben ohne Bedenken auf einen Lehrbetrieb unter 2G-Regeln umgeschaltet. Wie war das mit dem Recht auf Bildung oder dem Recht auf Berufsausbildungsfreiheit? Vor Jahren haben alle noch gerufen, Bildung sei das Wichtigste – und alles musste sich dem Thema Bildungsgerechtigkeit unterordnen. Nun war Gesundheit das Allerwichtigste – und alles muss dem Gesundheitsschutz untergeordnet werden. Und morgen? Dann kommt das nächste Thema, das politisch, gesellschaftlich und medial absolut gesetzt wird und radikale Aufmerksamkeit beansprucht.

In einer zunehmend hysterischen Debatte, die für einzelne Themen immer gleich einen absoluten Vorrang postuliert, bleibt kein Spielraum für differenzierte Abwägungsprozesse. Es gibt viele Gründe, warum der öffentliche Moraldiskurs gegenwärtig so häufig gestört ist. Ein Grund ist der Verfall eines humanistischen Bildungsverständnisses, Fundament einer bürgerlichen Gesellschaft.

Wo die Freiheit zur subjektiven Selbstbeschreibung und die Selbstbestimmungsfähigkeit des Einzelnen verletzt werden, wo Wert- und Sinnfragen einseitig gemeinschaftsbezogen diskutiert werden und der Einzelne für Zwecke der Gemeinschaft funktionalisiert wird, erweist sich schnell, dass die moralische Schicht unseres Zusammenlebens mitunter nicht mehr als ein dünner Firnis ist. Kultur und Humanität sind keine sicheren Besitzstände. Sie zu erhalten, verlangt immer wieder neue ernsthafte Bildungsanstrengungen.

Wo hingegen das Leistungsprinzip verkommt und Bildung allzu häufig auf ihre äußere soziale Seite und damit auf eine soziologisch beschreibbare, sozialtechnologisch steuerbare Anpassungsleistung reduziert wird, verliert das öffentliche Gespräch an Tiefe und Niveau. Wo aber ein differenziertes, streitbares Gespräch nicht mehr möglich ist, greifen Strategien der Vereinfachung, Pauschalisierung, Emotionalisierung oder moralisierender Aggressivität um sich. Verstärkt werden diese Tendenzen durch die Abneigung, kulturelle Erwartungen und Ansprüche verbindlich einzufordern. Wo schließlich Geltungsansprüche nicht mehr zugelassen werden, ersetzt am Ende Aktion die Reflexion. Die rationale Abwägung wird durch Aktivismus ersetzt. Ein solcher schlägt schnell in Gewalt um, da gehandelt, aber das Handeln nicht mehr als begründet ausgewiesen wird.

Anmerkungen

1 Peter Dabrock, „'Not kennt kein Gebot' Ethische Perspektiven der Pandemie-Bekämpfung", *Aus Politik und Zeitgeschichte* 71 (2021), H. 24-25, S. 4-10.
2 Veit Neumann, „Rote Linie. New Booster, Bumper, Buster+: Nicht nur sprachlich verfehlt der Zwang zum guten Zweck die Wirkung", *ACADEMIA* 115 (2022), H. 1, S. 46-49.
3 Elmar Nass, „Plädoyer für eine Impfpflicht-Debatte ohne soziale Spaltung", *katholisch.de*, 19. Januar 2022: https://www.katholisch.de/artikel/32756-plaedoyer-fuer-eine-impfpflicht-debatte-ohne-soziale-spaltung.
4 Steffen Augsberg, Stephan Rixen, Frauke Rostalski und Muna Tatari, „Ist die Impfpflicht das Symbol eines politischen Aktionismus?", *Frankfurter Allgemeine Zeitung*, 23. Dezember 2021: https://www.faz.

net/aktuell/politik/inland/ethikrat-darum-stimmten-vier-mitglieder-gegen-corona-impfpflicht-17698695.html.
5 Norbert Bolz: Die ungeliebte Freiheit. Ein Lagebericht, München 2010, S. 136 [„Mut zur Bürgerlichkeit" im Original kursiv hervorgehoben].

Monofokalität.
Warum Gesellschaften weiter denken müssen

Rainer Baule[1]

In einer Erstsemestervorlesung zur Allgemeinen Betriebswirtschaftslehre wird typischerweise das Zielsystem eines Unternehmens thematisiert.[2] Es stellt sich die Frage nach der Existenz sowie ggf. der Formulierung eines obersten Unternehmensziels. Im deutschsprachigen Schrifttum ist zumeist vom Ziel der „langfristigen Gewinnmaximierung" die Rede, im angloamerikanischen Sprachraum eher von der Maximierung des Unternehmenswertes, des „Shareholder Value". Inwieweit derartige Zielsetzungen betriebswirtschaftlich sinnvoll oder ethisch vertretbar sind, soll an dieser Stelle dahinstehen. In dem nachfolgenden Beitrag geht es nicht vordergründig um ökonomische, sondern um gesellschaftliche Fragestellungen. Das betriebliche Zielsystem dient dabei – dem akademischen Hintergrund des Autors geschuldet – lediglich als Aufhänger, um gesellschaftliche Ziele zu beleuchten und zu diskutieren.

Um Ziele zu erreichen, werden Entscheidungen getroffen. Hinsichtlich von unternehmerischen Zielen und Entscheidungen einerseits sowie gesellschaftlich-politischen Zielen und Entscheidungen andererseits gibt es dabei strukturelle Ähnlichkeiten. Abgesehen von dem Fall einer Einzelunternehmung sind die Eigner einer Unternehmung ähnlich wie Mitglieder einer Gesellschaft in der Regel heterogen; sie haben unterschiedliche Wertvorstellungen und damit unterschiedliche unternehmerische Ziele. Neben das ökonomisch-monetäre Ziel der Gewinn- bzw. Unternehmenswertmaximierung mögen soziale Ziele (die Schaffung und der Erhalt von Arbeitsplätzen), ökologische Ziele (die Vermeidung umweltschädlicher Produktionsverfahren) oder auch persönliche Ziele (Macht und Prestige) treten. Dabei können die weiteren Ziele als Nebenbedingungen eines obersten (monetären) Ziels spezifiziert werden, oder aber auf gleicher hierarchischer Ebene als Komponenten einer dann multidimensionalen Zielfunktion.

Wie auch immer die Formulierung einer obersten Zielsetzung aussehen mag, sind zu deren Erreichung bestimmte betriebliche Notwendigkeiten zu beachten, ohne die das Unternehmen nicht existieren kann. Hierzu zählt beispielsweise das „finanzielle Gleichgewicht", das darin besteht, dass das Unternehmen jederzeit in der Lage ist, seinen Zahlungsverpflichtungen (gegenüber Lieferanten, Kreditgebern, Steuerbehörden etc.) nachzukommen. Bei einer dauerhaften Störung dieses Gleichgewichts könnte das Unternehmen seine fälligen Rechnungen nicht mehr bezahlen, was über kurz oder lang zu einer Insolvenz führen würde. Das finanzielle Gleichgewicht ist daher eine existenzielle Nebenbedingung im betrieblichen Zielsystem. Kein vernünftiger Unternehmer würde allerdings auf die Idee kommen, dessen Einhaltung, gleichbedeutend mit einer Insolvenzvermeidung, als oberstes Unternehmensziel zu deklarieren. Denn hieraus würde als abzuleitende Maßnahme die Einstellung sämtlicher (risikobehafteten) unternehmerischen Aktivitäten resultieren – die Insolvenzgefahr wäre gleich null, das Ziel bestmöglich erreicht – aber die Unternehmung faktisch stillgelegt.

Im gesamtgesellschaftlichen Kontext wird die Situation komplexer: Während in einem Wirtschaftsunternehmen bei aller Heterogenität der Anteilseigner die ökonomische Dimension in der Regel zumindest eine dominierende Stellung einnimmt, kann für die Gesellschaft kaum eine solch dominante Zieldimension ausgemacht werden. Der materielle Wohlstand der Bevölkerung ist sicherlich ein gesellschaftlich anzustrebendes Gut, gleichzeitig aber auch Bildung, Chancengerechtigkeit, Umweltschutz, medizinische Versorgung, psychische Gesundheit, freie Entfaltung der Persönlichkeit und vieles mehr. Hinzu kommen Fragen der Verteilung – ist beispielsweise ein Zustand mit hohem materiellen Wohlstand bei einer nennenswerten Armutsquote einem Zustand eher geringeren allgemeinen Wohlstands ohne Armut vorzuziehen? Auch wenn all diese Komponenten in einem abstrakten Begriff wie „Wohlergehen" einer Gesellschaft zusammengefasst werden,[3] das zu steigern oberste Zielsetzung sein könnte (das Königreich Bhutan etwa hat sich qua Verfassung die Maximierung des „Bruttonationalglücks" auf die Fahnen geschrieben), bleibt diese Zielsetzung doch multidimensional.

Eine Gesellschaft unterhält daher Institutionen, die in der Regel einem Teilziel aus dem abstrakten Konstrukt des gesellschaftlichen Wohlergehens verpflichtet sind. So sind Schulen und Universitäten für die Bildung zuständig, Krankenhäuser für die Gesundheit, die Armee für die äußere Sicherheit. Die jeweiligen Institutionen bzw. ihre handelnden Personen können idealtypisch ihren spezifischen Beitrag zum gesellschaftlichen Wohlergehen für sich betrachtet als oberste Zielsetzung verfolgen und alle weiteren Dimensionen allenfalls als Nebenaspekte ansehen. So sollte für den Verteidigungsminister die Gewährleistung der Landessicherheit oberes Ziel und der Umweltschutz eine Nebenbedingung darstellen, während es sich für den Umweltminister genau andersherum verhält.

Das gesellschaftliche Wohlergehen wird im Ganzen gesteigert, wenn dessen Multidimensionalität anerkannt wird. Da die verschiedenen Dimensionen als Teilziele oft miteinander konkurrieren, führt dies zwangsläufig dazu, dass Entscheidungen getroffen werden müssen, die den Erreichungsgrad eines Teilziels zugunsten eines anderen reduzieren. Durch eine monofokale Brille erscheinen solche Entscheidungen je nach Justierung des Fokus eindeutig: Sieht man nur den Naturschutz, so wirkt die Rodung eines Waldgebiets zum Bau einer Umgehungsstraße falsch. Lenkt man hingegen den Blick auf die Verkehrssicherheit, so fällt das Urteil womöglich anders aus. Eine monofokale Brille engt das Gesichtsfeld daher zu sehr sein – jede nicht völlig triviale Fragestellung sollte vor einer Entscheidung in ihrer Multidimensionalität betrachtet werden.

Nun ist die monofokale Brille nicht per se schlecht – im Gegenteil: Sie ermöglicht einen scharfen, tiefgehenden Blick auf einen Sachverhalt. Allerdings ist dieser Blick wie dargelegt einseitig – es bedarf daher in der Regel eines zweiten, dritten, vierten scharfen Blickes aus einer jeweils anderen Perspektive. Hinzu kommen mögliche Interdependenzen, die mitunter erst beim Zusammenfügen der Einzelbilder sichtbar werden. Im Kontext von komplexen

Entscheidungen zeichnet sich so eine Rollenverteilung ab: Es sollte Personen geben, die ein Problem als *Experten* tiefgehend, monofokal analysieren (und sich dabei idealerweise bereits mit ihren Kollegen zwecks Aufdeckung von Abhängigkeiten austauschen). Die *Entscheider* hingegen sollten die Analysen verschiedener Experten (mit verschieden eingestellten Brillen) einholen und unter Beachtung etwaiger Interdependenzen sowie der Multidimensionalität der Problemstellung abwägen. Weder sollte ein Experte zum Entscheider werden, noch sollte ein Entscheider nur auf Experten mit derselben monofokalen Brille hören.

Warum ist eine monofokale Sichtweise so schädlich, so gefährlich? Um noch einmal den betrieblichen Kontext zu bemühen, könnte es doch für eine Unternehmung beispielsweise ein hehres und löbliches Ansinnen sein, die Vermeidung von betriebsbedingten Kündigungen als oberste Maxime auszugeben. Zwei Punkte stehen dagegen: Zum einen geraten andere, möglicherweise ebenso wichtige Ziele aus dem Blickfeld. Massive Umweltschäden, auch Gesundheitsschäden der Bevölkerung in der Nähe von Fabrikstandorten, würden fraglos in Kauf genommen, wenn es dem Erhalt der Arbeitsplätze dient. Zum anderen geht mit der Fokussierung auf ein Teilziel der Blick auf das Wohl des Unternehmens als Ganzes verloren. Während eine rein beschäftigungsorientierte Unternehmenspolitik in wirtschaftlich guten Zeiten funktionieren mag, steht in schlechten Zeiten bei einer fehlenden Gewinnorientierung die Überlebensfähigkeit des Unternehmens auf dem Spiel. So kann eine derart monofokale Unternehmensführung letztlich zu einer Insolvenz und somit zum denkbar schlechtesten Erreichungsgrad auch des Ziels der Arbeitsplatzsicherheit führen.

Von der Theorie zur Gegenwart. Unsere Gesellschaft war über zwei Jahre weitgehend monofokal ausgerichtet. Dies ist auf mehreren Ebenen festzustellen: Dem Schutz der Gesundheit wurde bzw. wird im Kanon der Dimensionen des gesellschaftlichen Wohlergehens eine überaus dominante Position eingeräumt – teilweise schon wie eine oberste Zielsetzung, der sich alles andere unterzuordnen hat. Individuelle Freiheit (in all ihren Facetten) oder materieller Wohlstand (unmittelbar und konkret von Lockdown-Opfern wie Kulturschaffenden, Gastwirten und vielen anderen; diffuser, aber nicht weniger massiv von nachfolgenden Generationen angesichts abzutragender Staatsschulden) wirken verzichtbar. Vielleicht mag dies in der Anfangszeit angesichts einer neuartigen unbekannten Bedrohung noch zu rechtfertigen gewesen sein;[4] lange schon ist aber mehr als genug Zeit für die Rückbesinnung auf eine ganzheitliche Betrachtung unserer Gesellschaft verstrichen.

Auf der zweiten Ebene, innerhalb der Dimension Gesundheitsschutz, wird ein spezifischer Aspekt, die Bekämpfung einer bestimmten Krankheit, verabsolutiert, während etwa die psychische Gesundheit allenfalls nachrangig gewürdigt wird. Und schließlich führt die Monofokalität mitunter sogar so weit, dass originär anderen Dimensionen des gesellschaftlichen Wohlergehens verpflichtete Institutionen sich die ihnen eigentlich fremde Dimension zu eigen machen und zum obersten Ziel deklarieren. „Der Schutz der Gesundheit hat für uns oberste Priorität" ist verschiedentlich wortwörtlich beispielsweise auf Homepages von Universitäten zu lesen. Das ist natürlich absurd – oberste Priorität von Universitäten sollte es sein, Forschung und Lehre zu betreiben, wobei dem Gesundheitsschutz die Rolle einer Nebenbedingung zukommen mag. Nimmt sie ihre eigene Aussage ernst, müsste eine solche Universität zur bestmöglichen Zielerreichung ihren Betrieb einstellen – genauso wie die Unternehmung, welche die Insolvenzvermeidung als oberstes Ziel ausgibt.

Tritt Monofokalität innerhalb einer Dimension des gesellschaftlichen Wohlergehens auf, führt sie in der Regel zu Fehlallokationen und konterkariert mitunter das erklärte Teilziel. Innerhalb des Teilziels Gesundheit fokussiert die Politik auf eine ausgewählte Infektionskrankheit und setzt auf Lockdowns zum vermeintlichen Schutz. Weitere physische wie psychische Aspekte des Teilziels Gesundheit werden hintangestellt; insbesondere in den Entwicklungsländern führt dies zu Mangel, Krankheit und Tod durch Hunger – dem Gegenteil von Gesundheit.[5] Verengte Sichtweisen sind auch in anderen Bereichen festzustellen. So wird für das Teilziel Umweltschutz die Reduktion von Treibhausgasemissionen in den Status eines Dogmas erhoben. Damit fokussiert die Politik einseitig auf die regionale Nachfrage nach fossilen Energieträgern – entscheidend für die Belastung der Atmosphäre ist aber insbesondere auch deren Förderung, also das globale Angebot. Eine Nachfragereduktion in Europa führt kurzfristig zu sinkenden Preisen, kann aber mittelfristig die Produzenten zu einer verstärkten Förderung von Öl animieren, das dann eben nicht in Europa, sondern anderswo Treibhausgasemissionen bewirkt. Die derzeitige Klimapolitik läuft daher Gefahr, das Gegenteil von dem Erwünschten zu bewirken und insofern klimaschädlich zu sein, ein unter dem Begriff des „grünen Paradoxons" in Fachkreisen diskutiertes, aber durch politische und mediale Ignoranz in der Öffentlichkeit weitgehend unbekanntes Phänomen.[6]

Tritt Monofokalität auf oberster gesellschaftlicher Ebene auf, also zwischen den verschiedenen Dimensionen des gesellschaftlichen Wohlergehens, so steht noch mehr auf dem Spiel: unsere freiheitlich-demokratische Grundordnung. Eine Gesellschaft, die ein Teilziel über alle anderen stellt, negiert gleichzeitig mit der Pluralität der Ziele auch die der Menschen, ihrer individuellen Wertvorstellungen, Bedürfnisse und Lebensentwürfe. Sie negiert somit Individualität und Freiheit; an ihre Stelle treten das Kollektiv und die Unterordnung unter die „gemeinsame Sache". Historisch gibt es für demokratische Gesellschaften nur eine Situation, auf die das Beschriebene zutrifft: den Kriegszustand.

Nicht ganz zufällig erscheint daher die Wortwahl mancher Politiker zur Rechtfertigung von freiheitseinschränkenden Maßnahmen insbesondere zu Beginn der Pandemie im Frühjahr 2020. Zumindest in Deutschland hat ein martialischer verbaler Einschlag zwar kaum reüssieren können; die monofokale Brille haben Politiker, mediale Meinungsmacher und auch ein Großteil der Bevölkerung hingegen nie abgesetzt. Hieraus resultieren Argwohn und Ausgrenzung bis hin zu unverhohlenem Hass gegenüber all denjenigen, die diese Brille nicht tragen und somit in den Augen der Mehrheit nicht scharf sehen können.

Vielleicht besteht im Erkennen dieser Problematik aber auch der erste Schritt, um die ungeachtet ihrer Leugnung durch manche Politiker[7] real existierende Spaltung der Gesellschaft[8] zu überwinden: Wir müssen uns gegenseitig zugestehen, dass unsere eigene Sichtweise nicht alternativlos ist, dass unser Nachbar abweichende individuelle Ziele und Wertvorstellungen haben kann, ohne deshalb ein schlechter Mensch zu sein. Diese Pluralität der Meinungen, der Ziele und letztlich der Menschen ist es, was eine freiheitlich-demokratische Gesellschaft ausmacht.

Anmerkungen

1   Ich bedanke mich bei Andrea Baule, Tanya Lieske und Robert Obermaier für wertvolle Anmerkungen.
2   Vgl. hierzu z.B. grundlegend Günter Wöhe, Ulrich Döring, Gerrit Brösel, *Einführung in die Allgemeine Betriebswirtschaftslehre*, 27. Auflage (München: Vahlen, 2020).
3   Vgl. z.B. Matthew D. Adler, *Well-Being and Fair Distribution: Beyond Cost-Benefit Analysis* (Oxford: Oxford University Press, 2012).
4   Vgl. hierzu auch in diesem Buch Robert Obermaier, *Entscheidungen unter Ungewissheit: Worst-Case-Denken und die Folgen*, S. 63.
5   Vgl. z. B. Alliance 2015, *Covid-19 & Community Resilience* (Report, Februar 2021). Zudem weisen verschiedene Autoren darauf hin, dass die volkswirtschaftlichen Schäden durch Lockdowns auch in Industrieländern aufgrund gebremsten medizinischen Fortschritts zu einer Verringerung der Lebenserwartung führen können, wodurch der Netto-Effekt auf die Gesundheit massiv negativ wäre; vgl. z.B. Bernd Raffelhüschen, „Verhältnismäßigkeit in der Pandemie: Geht das?", *Wirtschaftswissenschaftliches Studium* 49, 10 (2020), S. 33-39.
6   Vgl. Hans-Werner Sinn, *Das grüne Paradoxon*, korrigierte 3. Auflage (Sargans: Weltbuch, 2020).
7   So z.B. Bundeskanzler Olaf Scholz im ARD-Interview am 8. Dezember 2021: https://www.tagesschau.de/inland/innenpolitik/scholz-farbe-bekennen-103.html.
8   Gemäß einer Umfrage des Meinungsforschungsinstituts YouGov im Auftrag der Nachrichtenagentur dpa Ende Januar 2022 sehen dies 79 Prozent der Bevölkerung so, vgl. z.B. *Zeit Online*: https://www.zeit.de/news/2022-01/26/umfrage-impfpflicht-traegt-zur-spaltung-der-gesellschaft-bei.

Autorinnen und Autoren

Rainer Baule, Prof. Dr., ist seit 2012 Inhaber des Lehrstuhls für Betriebswirtschaftslehre, insbesondere Bank- und Finanzwirtschaft, an der FernUniversität in Hagen. Neben allgemeinen gesellschaftlichen Fragen beschäftigt er sich mit Risiken auf Finanzmärkten, strukturierten und derivativen Finanzprodukten sowie dem Verhalten von Privatanlegern an Kapitalmärkten. Er veröffentlichte u.a. das Buch *Finanzwirtschaftliches Bankmanagement* (Schäffer-Poeschl 2019).

Klaus Buchenau, Prof. Dr., ist seit 2013 Professor für Geschichte Südost- und Osteuropas an der Universität Regensburg. Seine Forschungsschwerpunkte verlagerte er im Lauf seines wissenschaftlichen Werdegangs von der Soziolinguistik zur Religionsgeschichte des östlichen Europas. Seit der Finanzkrise 2008 forscht er vor allem zur Ressourcenverteilung, zum Staatsmisstrauen und der Geschichte der Korruption. Er veröffentlichte u.a. (zusammen mit Ulf Brunnbauer) das Buch *Geschichte Südosteuropas* (Reclam 2018).

Jan Dochhorn, Prof. Dr., ist Theologe. Er ist seit 2014 Associate Professor für *New Testament Studies* an der Durham University. Seine Forschungsschwerpunkte sind: Offenbarung des Johannes, Paulusforschung, Apokryphen und Parabiblica zum Alten und Neuen Testament, Sprachen und Kulturen des Christlichen Orients. Zuletzt publizierte er: (zusammen mit Alexander Dietz, Axel Bernd Kunze und Ludger Schwienhorst-Schönberger) *Wiederentdeckung des Staates in der Theologie* (Evangelische Verlagsanstalt 2020) und *Der Adammythos bei Paulus und im hellenistischen Judentum Jerusalems* (Mohr Siebeck 2021).

Ole Döring, Prof. Dr., ist promovierter Sinologe und habilitierter Philosoph. Er ist Professor an der Hunan Normal University in Changsha (VR China) und Privatdozent am Institut für Technikzukünfte am Karlsruher Institut für Technologie. Zuletzt veröffentlichte er u.a.: *Das Luther-Gen. Zur Position der Integrität in der Welt* (ibidem 2019) und den Aufsatz „Menschen und Cyborgs. Versuch einer deutsch-chinesischen Verständigung über das Menschsein 人性", im von Armin Grunwald herausgegebenen Band *Wer bist Du, Mensch?* (Herder 2021).

Michael Esfeld, Prof. Dr., ist Philosoph. Er ist seit 2002 Professor für Wissenschaftsphilosophie an der Universität Lausanne. Seit 2010 ist er Mitglied der Leopoldina, Deutsche Nationale Akademie der Wissenschaften; 2013 erhielt er den Forschungspreis der Alexander-von-Humboldt-Stiftung. Zuletzt veröffentlichte er die Bücher: *Wissenschaft und Freiheit. Das naturwissenschaftliche Weltbild und der Status von Personen* (Suhrkamp 2019) sowie zusammen mit Christoph Lütge *Und die Freiheit? Wie die Corona-Politik und der Missbrauch der Wissenschaft unsere offene Gesellschaft bedrohen* (riva 2021).

Matthias Fechner, Dr., studierte Komparatistik, Politik und Philosophie. An eine literaturhistorische Promotion schloss er ein pädagogisches Aufbaustudium an. Er war 16 Jahre als Lehrer in Baden-Württemberg und Hessen tätig. Seit einigen Jahren arbeitet er wieder an Hochschulen, zuletzt als Fellow, Nachwuchsgruppenleiter und Research Associate im DFG-Forschungskolleg „Lyrik in Transition" an der Universität Trier (2018–2022). Zuletzt publiziert er: (mit Nikolas Immer und Henrieke Stahl) *Wiederkehr des Subjekts? Perspektiven auf Philosophie, Poetik und Lyrik der Gegenwart* (Peter Lang 2022)

Agnes Imhof, Dr., ist Islamwissenschaftlerin und Schriftstellerin. Sie ist an die Universität Erlangen assoziiert. Ihre wissenschaftlichen Interessen liegen im Bereich der Philosophie der islamischen Welt und der italienischen Renaissance sowie der Geschichte heterodoxer und nonkonformistischer Gruppen in der arabisch-, aber auch der lateinischsprachigen Welt. Zu ihren aktuellen wissenschaftlichen Publikationen gehört: „Bury me under the Grapevine: Comparative Aspects on an Arabic-Latin Motif of Transgression", im von Kirill Dmitriev und Christine van Ruymbeke herausgegebenen Band *Passed around by a Crescent* (Ergon 2022). Außerdem schreibt sie, teils unter Pseudonym, Romane und Sachbücher.

Sandra Kostner, Dr., ist Historikerin und Soziologin. Seit 2010 ist sie als Migrationsforscherin und Geschäftsführerin des Masterstudiengangs Interkulturalität und Integration an der PH Schwäbisch Gmünd tätig. Ihre Forschungsschwerpunkte sind: Migrations- und Integrationspolitik; Identitätspolitik und die Zukunft des Liberalismus im Westen. Zuletzt veröffentlichte sie die Bände: (mit Elham Manea) *Lehren aus 9/11. Zum Umgang des Westens mit Islamismus* (ibidem 2021) und *Identitätslinke Läuterungsagenda. Eine Debatte zu ihren Folgen für Migrationsgesellschaften* (ibidem 2019).

Boris Kotchoubey, Prof. Dr., ist Psychologe. Er arbeitete von 1995 bis 2019 an der Eberhard-Karls-Universität Tübingen, wo er auch weiterhin Forschungsprojekte leitet. Seine Publikationen umfassen die Bücher *Why Are You Free: Biology and Psychology of Voluntary Action* (Nova Science Publisher 2012) und *Irrsinn der Sterbehilfe* (Tübingen Library Publishing, 2018) sowie zahlreiche Aufsätze, wie zuletzt den im *European Journal of Neuroscience* erschienen (verfasst mit Yuri Pavlov): „Temporally distinct oscillatory codes of retention and manipulation of verbal working memory" (2021).

Axel Bernd Kunze, PD Dr., ist promovierter Christlicher Sozialethiker und habilitierter Pädagoge. Er ist Privatdozent für Erziehungswissenschaft an der Universität Bonn und ist zudem als Schulleiter und Publizist tätig. Seine Forschungsschwerpunkte sind bildungs-, kultur- und staatsethische Fragen. Er publizierte u.a.: *Bildung und Religion. Die geistigen Grundlagen des Kulturstaates* (LIT 2022) und zusammen mit Alexander Dietz, Jan Dochhorn und Ludger Schwienhorst-Schönberger) *Wiederentdeckung des Staates in der Theologie* (Evangelische Verlagsanstalt 2020).

Salvatore Lavecchia, Prof. Dr., ist seit 2004 Professor für Altgriechische Literatur und Geschichte der Antiken Philosophie an der Universität von Udine. Seine Forschungsschwerpunkte sind: Das sokratische Gespräch, die Lichtmetaphysik Platons und des Platonismus, die Philosophie des Selbst/Ich im Gespräch zwischen philosophischen sowie spirituellen Strömungen des Westens und des Ostens sowie der Kunstbegriff der Antike. Zuletzt veröffentlichte er u.a.: *Ich als Gespräch. Anthroposophie der Sinne* (Freies Geistesleben 2022) und *Ichsamkeit. Verdichtungen* (AQUINarte edition 2018).

Christian Lehmann, Dr., ist Musikwissenschaftler mit einem weiteren akademischen Hintergrund in Biologie und Verhaltensforschung. Er lehrt an den Universitäten München und Regensburg und ist zudem als professioneller Sänger tätig. Einer seiner Interessenschwerpunkte ist die evolutionäre Anthropologie der Musikalität und des musikalischen Verhaltens. Als populärwissenschaftlicher Autor auf diesem Gebiet wurde Christian Lehmann durch das in drei Fremdsprachen übersetzte Buch *Der genetische Notenschlüssel. Warum Musik zum Menschsein gehört* (Langen-Müller 2021) und die TV-Dokumentation *Wiegenlied und Schlachtgesang* (BR/arte) bekannt.

Tanya Lieske studierte Komparatistik, Romanistik, Theaterwissenschaft und Neuere Geschichte. Sie arbeitet seit 1997 als freiberufliche Publizistin, Autorin und Moderatorin. Sie moderiert eine Literatursendung, schreibt Bücher für Kinder und für Erwachsene und hat eine eigene Technik des Schreibcoachings entwickelt. Zu ihren Veröffentlichungen als Autorin gehören die Bücher: *Sommernachtstraum* (Fischer KJB 2016) und *Spion wider Willen* (Droste 2009). Ihre literarischen Rezensionen sind erschienen im Deutschlandfunk und beim WDR, in der FAZ und in der Tageszeitung DIE WELT.

Gerd Morgenthaler, Prof. Dr., ist Inhaber eines Lehrstuhls für Öffentliches Recht an der Universität Siegen. Seine aktuellen Forschungsschwerpunkte liegen in den Bereichen des Verfassungsrechts (Freiheitsgrundrechte, Nachhaltigkeit, Rechtsstaat) und der europäischen Integration (Krisen, Zukunftsperspektiven). Zu seinen Freiheitsfragen fokussierenden Publikationen gehören insbesondere: *Freiheit durch Gesetz. Der parlamentarische Gesetzgeber als Erstadressat der Freiheitsgrundrechte* (Mohr Siebeck 1999) und „Kommentierung der Artikel 92 bis 101 Grundgesetz (Abschnitt: Die Rechtsprechung)", in Volker Epping und Christian Hillgruber (Hrsg.), *Beck'scher Online-Kommentar zum Grundgesetz. Printversion* (C.H. Beck 2020, 3. Auflage).

Henning Nörenberg, Dr., ist wissenschaftlicher Mitarbeiter am Institut für Philosophie der Universität Rostock. In seiner Forschung beschäftigt er sich aktuell mit den Variationen des Rechtsempfindens („deontological feelings") und deren Bedeutung für die Sozialphilosophie. Er publizierte u.a.: *Der Absolutismus des Anderen. Politische Theologien in der Moderne* (Alber 2014) sowie zahlreiche Aufsätze.

Robert Obermaier, Prof. Dr., ist Inhaber des Lehrstuhls für Betriebswirtschaftslehre mit Schwerpunkt Accounting und Controlling an der Universität Passau, deren Vizepräsident für Forschung er auch ist. In Forschung und Lehre liegen seine Schwerpunkte in den Bereichen Controlling, Entscheidungstheorie, Unternehmensbewertung sowie Produktion und Digitale Transformation (Industrie 4.0). Darüber hinaus beschäftigt er sich mit wirtschaftshistorischen und ordnungspolitischen Fragestellungen. Zu seinen jüngeren Publikationen zählen: (mit Edgar Saliger) *Betriebswirtschaftliche Entscheidungstheorie* (De Gruyter 2020, 7. Auflage) und *Handbuch „Industrie 4.0" und Digitale Transformation – Betriebswirtschaftliche, technische und rechtliche Herausforderungen* (Springer Gabler 2019).

Markus Riedenauer, Prof. Dr., ist Philosoph und katholischer Theologe. Seit 2018 hat er den Lehrstuhl für Philosophische Grundfragen der Theologie an der Katholischen Universität Eichstätt-Ingolstadt inne. Seine Forschungsinteressen sind Individualethik und politische Ethik, philosophische Theologie, Philosophiegeschichte und philosophische Praxis. Zu seinen Publikationen gehören: (mit Andrea Tschirf) *Zeitmanagement und Selbstorganisation in der Wissenschaft* (utb 2022, 2. Auflage) sowie zahlreiche Aufsätze.

Sokrates (469–399 v.Chr.), Sohn einer Hebamme und eines Bildhauers, bekam vom Gott Apollon die Aufgabe, die Menschen zur Selbsterkenntnis, das heißt sie zum unbefangenen, autonomen, mündigen Denken zu erwecken, das sie von jeglicher rein äußerlichen Autorität befreien sollte. In dieser Aufgabe bestand für ihn die authentische Philosophie. Er wurde zum Tode verurteilt, weil er durch sein Wirken angeblich Unfrömmigkeit zeigte, neue Götter einführte, die Jugend verdarb. Er wird heute geachtet für seine Liebe zur wahren Erkenntnis und gilt (*ich weiß, dass ich nichts weiß*) als Begründer des freien wissenschaftlichen Denkens.

ibidem.eu